宝鸡文理学院科研项目"皇侃哲学思想研究"（ZK14029）成果

宝鸡文理学院哲学重点学科建设经费资助

横渠書院 丛书 ・王志刚 刘学智/主编

皇侃哲学思想研究

张　波◇著

中国社会科学出版社

图书在版编目（CIP）数据

皇侃哲学思想研究/张波著. —北京：中国社会科学出版社，2016.1
ISBN 978 - 7 - 5161 - 7089 - 2

Ⅰ.①皇… Ⅱ.①张… Ⅲ.①皇侃（488～545）—哲学
思想—研究 Ⅳ.①B235.9

中国版本图书馆 CIP 数据核字（2015）第 274572 号

出 版 人	赵剑英
责任编辑	周晓慧
责任校对	无 介
责任印制	戴 宽

出　　版	中国社会科学出版社
社　　址	北京鼓楼西大街甲 158 号
邮　　编	100720
网　　址	http://www.csspw.cn
发 行 部	010 - 84083685
门 市 部	010 - 84029450
经　　销	新华书店及其他书店

印刷装订	三河市君旺印务有限公司
版　　次	2016 年 1 月第 1 版
印　　次	2016 年 1 月第 1 次印刷

开　　本	710 × 1000　1/16
印　　张	16.25
插　　页	2
字　　数	302 千字
定　　价	62.00 元

凡购买中国社会科学出版社图书，如有质量问题请与本社营销中心联系调换
电话:010 - 84083683

目　录

绪　论

一　研究动机与目的

一般而论，中国传统文化以儒学为主流，而儒学的基本典籍则为群经。自古以来，宗经之论，隆盛不衰。如南朝梁刘勰云："三极彝训，其书曰经。经也者，恒久之至道，不刊之鸿教也。故象天地，效鬼神，参物序，制人纪，洞性灵之奥区，极文章之骨髓者也。"（《文心雕龙·宗经》）①《四库全书总目》亦云："经禀圣裁，垂型万世，删定之旨，如日中天，无所容其赞述。"（《经部总叙》）此类宗经之论大致相通。经为垂范后世的"圣典"，虽其内容博杂，但无非展现了儒家思想中强烈的政治、伦理、文化等教化功用，其小可以规范文章、教化人伦，其大可以经国治世。如孔子所谓："入其国，其教可知也。其为人也，温柔敦厚，《诗》教也；疏通知远，《书》教也；广博易良，《乐》教也；洁静精微，《易》教也；恭俭庄敬，《礼》教也；属辞比事，《春秋》教也。"（《礼记·乐记》）此为"六经"之教。据此，"圣人之志，籍经以存；儒者之学，研经为本"②，儒家"群经"在传统文化中的地位与作用，灿然可知矣！

洎乎两汉，儒经注疏之风日炽。通过对经典的解读展示注疏者当下的理解，这种理解又无不蕴藉着时代学术思潮的发展状况与学术风气。

---

① 王利器校笺：《文心雕龙校证》，上海古籍出版社 1980 年版，第 11 页。说明：在以下注释中，凡援引常见史书及其他古籍均采取文中加注的形式；其他相关文献则采取首注详细标明作者、书名、出版社、时间、页码（或卷数）。

② 纪昀：《诗序补义序》》，《纪晓岚文集》第 1 册，河北教育出版社 1995 年版，第 156页。引文标点略作改动。

以此而论，研究儒经注疏不仅能体贴圣人言教，入群经之雅殿；也可以揭示注疏者的思想，洞察一时期学术发展的状况。此亦本书选择围绕皇侃疏经著作研究其思想的动机与目的之所在。就具体研究而论，厥有二焉：

其一，皇侃著述主要有三：《礼记义疏》《论语义疏》《孝经义疏》。①汉代以降，《礼记》辑成②，《论语》入经③，《孝经》受崇④，"三经"即为经中"显学"，为历代所重，褒评不已。典型之论如《礼记》之评，程颐云其"有圣人格言，亦有俗儒乖谬之说。乖谬之说，本不能混格言，只为学者不能辨别，如珠玉之在泥沙"⑤；陈澔视之为"千万世道学之渊源"⑥。《论语》之评，赵岐云其为"五经之馆辖，六艺之喉衿也"⑦，陈澧云"经学之要，皆在《论语》之中"⑧。《孝经》一书，《汉书·艺文志》以为"孔子为曾子陈孝道也"；邢昺云其为"百行之宗，五教之要"⑨。故而考察皇侃经学著述既可以探赜皇侃思想，也可以体贴"三经"

---

① 详见第二章"皇侃生平、著作及学术背景"。

② 参见王锷《礼记成书考》第四章"《礼记》的成书及其在东汉的流传"，中华书局2007年版。

③ 《论语》何时入经？在当代学者中存有三说：一是汉代入经。以周炽成为代表（见周炽《〈论语〉成为经的时间考辨》，《现代哲学》2008年第5期）。二是宋代入经。以秦晖、李零为代表（见秦晖《〈论语〉是怎样成为经典的？》，《南方周末》2007年7月2日；李零《传统为什么这样红？》，2007年4月19日中国人民大学清史所讲演论题。演讲云："只有十三经，才把《论语》列为经，这是后起的概念。"十三经在宋代出现，显然李氏持此说）。三是元代入经。以蒋非非为代表（见《流传千载的一句谎言：半部〈论语〉治天下》，《光明日报》2007年11月23日。该文认为："《论语》在汉代并不具经书地位"，唐代《孝经》、《论语》只称"兼经"，宋与唐同，元时《四书》取代了《九经》的地位）。实际上，在汉唐之际出现的"七经"、"九经"、"十二经"说，均围绕《论语》的入经问题，存在诸多异说（参见周予同《群经概论》，上海书店1990年版，第5—7页；刘师培《经学教科书》，上海书店1990年版，第1—2页）。从历史记载看，在西汉时，《论语》的地位就相当突出了。赵岐《孟子题辞》云孝文帝时即立《论语》博士。《汉书·艺文志》将《论语》与《易》《书》《诗》《礼》《乐》《春秋》并编，列入六艺类。西汉《论语》类著述至少有15种之上（据王凯鹏《历代论语著述综录》第2章，花木兰文化工作坊2005年版）。故据实情而论，西汉时《论语》已被视为"经"。

④ 虽然"汉时传《论语》、《孝经》者，皆他经大师，无以此二书专门名家者"，但是"《论语》《孝经》之传，实广于五经也"（见王国维《观堂集林》，中华书局1959年版，第182页）。

⑤ 程颢、程颐：《二程集》，中华书局2004年版，第240页。

⑥ 陈澔：《礼记集说序》，《四库全书珍本·九集》第38册。

⑦ 赵岐：《孟子题辞》，《孟子正义》，中华书局1987年版，第4页。

⑧ 陈澧：《东塾读书记（外一种）》，生活·读书·新知三联书店1998年版，第19页。

⑨ 李隆基注，邢昺疏：《孝经注疏·序》，北京大学出版社2000年版，第3页。

之教。

其二，从研究现状来看，学术界素来多认为皇侃为梁时著名的经学家，对其著作的研究也往往置于经学研究的架构中，侧重揭示其注疏特点，甚少能深入文本，探究皇侃本人的思想，这也导致学术界得出一些印象式的评价。如云"皇氏元（玄）虚之语尤多"，或云"所解怪异不经"，又或云"皇疏认为魏晋至南朝的玄学是对孔子精神的继承和发扬"，① 等等。然而，此类评价或论断，不仅存在判断上的某些偏失，也对学术界进一步研究皇侃思想产生了诸多误导。究其因在于上述"印象性"结论的得出，并不是以充分展现皇侃著作中所蕴涵的哲学思想为基础的，缺乏理论检讨的深度，从而造成对文本的误判。因此，本书期以通过研究，较为系统地揭示皇侃著作中所蕴涵的哲学思想，还原一个具有较强思辨色彩的思想家皇侃。

二　研究成果的回顾与检讨

如上所言，以往学术界往往将皇侃视为经学家加以研究，故而检视前人深入研究皇侃哲学思想的成果，可以说是非常缺乏的。但是前人的许多研究也为从哲学的进路考察皇侃思想提供了基础性的成果，尤其是其中的一些成果突破了经学研究的框架，有效地揭示出皇侃的某些哲学思想。本书侧重揭示皇侃的哲学思想，故仅就与皇侃哲学思想研究相关的前人成果做一回顾与检讨。② 皇侃著作仅有《论语义疏》③ 以完书存世，前人的研究也主要围绕此书而展开。故下述研究成果的回顾与检讨，也以《论语义疏》思想的研究为主。大致而言，以往的研究可以分为两个层面：一是总体性的评价；二是哲学范畴的研究。

---

① 上述三处引文，分别见于陈澧《东塾读书记（外一种）》，第 24 页；董季棠《评论语皇侃义疏之得失》（下），《孔孟学报》1975 年第 29 期；张文修《皇侃〈论语义疏〉的玄学主旨与汉学佛学影响》，《燕山大学学报》2003 年第 4 期。

② 其他相关研究成果的回顾与检讨，参见本书附录一："《论语义疏》研究述评"。

③ 初时该书"疏"与"注"不相合，但传入日本后皇侃疏被割裂，并被散置于何晏《论语集解》各条之下（参见杨守敬《日本访书志补》，《杨守敬集》第 8 册，湖北人民出版社、湖北教育出版社 1988 年版，第 393 页；王重民《敦煌古籍叙录》，中华书局 1997 年版，第 71 页）。故本书遵从原初版本，不云"《论语集解义疏》"。行文时或称之为"皇《疏》"，或云"皇疏"。

（一）总体性的评价

清季以来，学术界关于《论语义疏》的研究，主要集中于对其思想总体性的评价之上。概言之有二：

其一，"以玄虚说《论语》"。此说认为《论语义疏》深受正始以来玄学（道家）的影响，具有鲜明的玄学（道家）特点或倾向。以皮锡瑞、陈澧、刘恭冕、吴承仕、钱穆等人为代表。皮锡瑞云："皇侃《论语义疏》，名物制度，略而弗讲，多以老、庄之旨，发为骈俪之文。"[①] 陈澧云："何注始有元（按：当为玄，避清圣祖玄烨讳）虚之语。……自是以后，元（玄）谈竞起。……而皇氏元（玄）虚之说尤多，甚至谓原壤为方外圣人，孔子为方内圣人。"[②] 刘恭冕云："梁皇侃依《集解》为疏，所载魏、晋诸儒讲义，多涉清玄。"[③] 吴承仕云："自何氏《集解》以迄梁、陈之间，说《论语》者，义有多家，大抵承正始之遗风，标玄儒之远致，辞旨华妙，不守故常，不独汉师家法荡然无复存，亦与何氏所集者异趣矣。皇氏本通《三礼》，尤好玄言，故其为《论语疏》，颇采华辞以饰经说。"[④] 钱穆亦云："有何晏、皇侃以玄虚说《论语》。"[⑤] 此类论述，也广为现代学术界所认同。戴君仁、董季棠、孙述圻、牟钟鉴、宋钢等进一步立足于文本分析，深化上述观点。[⑥] 甚至此说在当前学术界也被一些学者推演为"玄学主旨"论。如云："在本体论、认识论、人生观方面，《论语义疏》则建立了玄学化的经学理论体系。"[⑦]

其二，"持佛理以解儒书"。此说揭示了《论语义疏》深受佛教的影响。以陈澧、黄侃、陈寅恪等人为代表。陈澧云："皇《疏》云：'外教

---

① 皮锡瑞：《经学历史》，中华书局2004年版，第123页。

② 陈澧：《东塾读书记（外一种）》，第23—24页。

③ 刘宝楠：《论语正义·后叙》，中华书局1990年版，第797页。

④ 吴承仕：《经典释文序录疏证》，中华书局1984年版，第146页。

⑤ 钱穆：《国学概论》，商务印书馆1997年版，第169页。

⑥ 参见戴君仁《皇侃〈论语义疏〉的内涵思想》，《孔孟学报》1977年第21期，第15—29页；董季棠《评论语皇侃论语疏之得失》（下），《孔孟学报》1975年第29期，第186—189页；孙述圻《论皇侃的〈论语义疏〉》，载林庆彰主编《中国经学史论文选集》（上册），文史哲出版社1992年版，第608—611页；牟钟鉴《魏晋南北朝时期的经学》，《中国经学史论文选集》（上册），第469页；宋钢《六朝论语学研究》，中华书局2007年版，第194—198页。

⑦ 张文修：《皇侃〈论语义疏〉的玄学主旨与汉学佛学影响》，《燕山大学学报》2003年第4期。

无三世之义。周孔之教，唯说现在，不明过去、未来。'此用佛氏语说经，殊乖说经之体。且谓周孔为外教，尤非儒者之语矣。"① 黄侃云："皇氏《论语义疏》所集，多晋末旧说，自来经生持佛理以解儒书，殆莫先于是书也。其中所用名言，多由佛籍转化。"② 陈寅恪亦云："南北朝佛教大行于中国，士大夫治学之法亦有受其熏习者。……惟皇侃《论语义疏》引《论释》以解《公冶长章》，殊类天竺《譬喻经》之体，殆六朝儒学之士渐染于佛教者至深，亦尝袭用其法，以诂孔氏之书耶?"③ 继后，张恒寿、董季棠、孙述圻、唐明贵等进一步将皇疏与佛典加以多方面的比较，深入佐证此说。④

检讨以上论述，关于《论语义疏》思想的总体性评价，集中于揭示其中所蕴含的玄、佛倾向，基本上不涉及深层的义理分析。故而，也不可避免地出现了一些"过度"性的评价。事实上，此类研究与学术界以经学的研究范式解读文本密不可分：在对文本进行了文字章句、体例结构等分析之后，得出某些结论。此类结论也多停留于表层性地甄别其中融混的三教思想乃至间杂的阴阳五行学说。⑤ 一如高荻华所评价："关于皇侃《论语集解义疏》的研究，一直较偏向于外围的考据以及认为其杂染佛、老思想所起之批评。"⑥ 高氏之论，切中肯綮!

（二）哲学范畴的研究

较之总体性的评价研究，学术界关于皇侃哲学范畴的研究相当薄弱。据笔者寓目所及，采取哲学进路（或侧重思想揭示）的研究性重要论著，仅有高荻华的《皇侃〈论语集解义疏〉研究》、周丰董的《皇侃性情论——〈论语义疏〉性情思想探讨》、邱培超的《皇侃〈论语义疏〉之礼学观》等

① 陈澧：《东塾读书记（外一种）》，第24页。
② 黄侃：《汉唐玄学论》，《黄侃论学杂著》，上海古籍出版社1980年版，第486页。
③ 陈寅恪：《论语疏证序》，《论语疏证》，《论语》（四部要籍注疏丛刊），中华书局1998年版，第2485页。
④ 参见张恒寿《六朝儒经注疏中之佛教影响》，张恒寿：《中国社会与思想文化》，人民出版社1989年版，第389—410页；董季棠《评论语皇疏之得失》（下），《孔孟学报》1975年第29期；孙述圻《论皇侃的〈论语义疏〉》，《中国经学史论文选集》（上册），第612—616页。
⑤ 董季棠：《评论语皇侃义疏之得失》（下），《孔孟学报》1975年第29期。
⑥ 高荻华：《皇侃〈论语集解义疏〉研究》提要，"国立中央大学"中文研究所1990年硕士论文。该文于2007年由花木兰文化出版社出版。本书的研究深受其启发，借鉴处较多，谨作说明并以谢忱。

寥寥数文①，但是上述诸文均得出了一些创见，尤其是高文。故就其中的创见略而析之：高文紧密围绕《论语义疏》中的"性"、"命"、"仁"、"道"、"德"五个哲学范畴展开论述，其突出创见大致有三：一是认为皇疏中的"性"为"禀气之性"，具有"无善无恶"的特质，不具有先天超越性。人的价值彰显亦不在于性，而在于德行实践。二是揭示皇疏中的"仁"有"仁性"（个性特质）与"行仁"（行为实践）两种面相，而又重在阐发"利他"、"施予"、"付出"的"行仁"实践。三是认为皇侃通过由"道"而"德"而"仁"的思考进路，关注人的个体理想实现与在群体中立身处世之间的问题。周文的创见则在于揭示出皇侃性情论的核心包括两个方面："全生之谓性"与"情之谓成"。"全生之谓性"，未涉乎用，是先天之生，不能用善恶来说明。而"情之谓成"则涉乎用，进入了后天经验领域。故认为性无善恶，情也无所谓善恶，但是情的活动却有邪正。邱文则从"礼理起于大一"、"圣人以人情制礼"、"中庸原则的实践"、"礼乐与家国社会的关怀"等方面对皇侃礼学思想做一概述。

　　检讨以上论述，从总体上看虽然研究成果不多，系统化、深入化的成果更为缺乏，但是在上述成果中最为突出的贡献当是认识到"性"在皇侃思想体系中的基础性地位，并做出了较为深入的研究。以下仅就上述高荻华、周丰董等学者的研究成果，论其数端：其一，揭示了皇侃"性"论中"性无善恶"的特质，但又存在较大的分歧，是高氏所谓的气性论，还是周氏所谓的至善全性，尚需进一步甄别。其二，虽然在上述研究中，或揭示玄学（道家）性论，或揭示汉代气性论对皇侃思想的影响，但是在魏晋南北朝时期各种性论纷沓而出，各种论"性"进路与方法亦频频出现，故而对皇侃性论的哲学史资源的揭示，尚需深入研究。其三，关于"性"与"情"的关系。高氏未见详述，而周氏所谓的先天之性无善恶，情也无善恶；但后天之情却又存在活动上的邪正，性情关系仍存在一定的

---

① 周丰董：《皇侃性情论—〈论语义疏〉性情思想探讨》，北京大学2007年硕士学位论文，期刊网；邱培超：《皇侃〈论语义疏〉之礼学观》，载《第三届儒道国际学术研讨会·魏晋南北朝》（2007年刊印）。此外，尚有个别论著也做过一些相关分析，诸如强昱《简析皇侃〈论语义疏〉的性情问题》（《天津社会科学》2007年第2期）对皇侃性情问题略作分析；桂文灿《论语皇疏考证》（《丛书集成续编》第13册，上海书店1994年版）、《皇侃论语义疏跋》（张维屏：《学海堂三集》卷13，清咸丰九年启秀山房刊本）、章凤翰《皇侃论语义疏跋》（《学海堂三集》卷13，清咸丰九年启秀山房刊本），陈澧《东塾读书记》，乐胜奎《皇侃与六朝礼学》（武汉大学2002年博士学位论文）等，对皇侃礼制思想也做出某些揭示。

隔绝。若确如周氏所判分的性情论，则如何看待这一"鸿沟"？若非周氏之说，其性情关系又当如何？这也需进一步做考察。其四，《论语》中"仁"为最核心的哲学范畴，皇侃如何诠释这一范畴及其与"礼"、"性"、"情"等哲学范畴的关系。若如高氏对仁进行的"仁性"与"仁行"的划分：一为先天特质；一为后天实践。二者的关系如何？二者又是如何转化的？与其他哲学范畴关系如何？等等。对此仍需进一步的考察。其五，在《论语》中，"礼"是仅次于"仁"的哲学范畴。作为南朝时著名的礼学家，皇侃又著有《礼记义疏》。皇侃是如何诠释"礼"的？礼的性质、功用乃至礼与仁、礼与乐的关系又如何？面对汉魏以来，学术界普遍受到郑玄、王肃礼学之争的影响，皇侃礼学是如何回应这一礼学思潮的？其六，"孝"不仅是《论语》《孝经》的重要范畴，也是皇侃生命践履和理论阐述中的重要关注点，皇侃是如何阐述"孝"的？"孝"与其他哲学范畴的关系又如何？其七，君子为《论语》中最重要的人格形象，为历代《论语》注释者所重视，而学界在解读皇侃《论语义疏》时往往则重其圣人形象，忽略对其君子人格的研究与探讨，更鲜有人问津圣人与君子的关系如何？君子观的理论基础是什么？等等。这些在当前学术界也鲜有问津。

因此，本书的研究不仅需要在吸收和反思前人研究成果的基础上，深入揭示皇侃主要哲学范畴的内涵，而且需要进一步考察各个范畴之间的关系、皇侃与皇侃之前已有的哲学思想的关系，以期达到较系统地呈现皇侃思想体系的目的。

三　研究方法与思路

基于上述，本书的研究试图把哲学史与哲学都看作"发展中的系统"，注重"历史上的那些哲学系统的次序，与理念里的那些概念规定的逻辑推演的次序是相同"[①] 的；同时，又突出哲学史与哲学概念的互动，既要从哲学史的发展中看待哲学范畴的嬗变，又要从哲学范畴的嬗变中反观哲学史的发展。落实到皇侃思想的研究上，拟采取三种研究方式：

其一，在探讨皇侃思想中的哲学范畴时，注重将研究视域置于各个哲

---

① 黑格尔：《哲学史讲演录》第 1 卷，商务印书馆 1959 年版，第 34 页。

学范畴的发展史中，探论皇侃思想的理论来源、动机及其目的，乃至皇侃思想中各个哲学范畴之间的联系，以期较为系统地呈现皇侃的思想体系。

其二，在进行哲学范畴的探讨时，本书拟采取比较的方法揭示皇侃与前代、后世学者对同一文本分析的异同，进一步呈现皇侃思想的特点及其学术史价值。

其三，在研究中，立足于文本，兼顾以往的研究成果，尽可能地分析、辨别异说，以期做出合理的判断。

本书研究思路体现于以下章节的安排上：

第一章"皇侃生平、著作及学术背景"，揭示皇侃生平中影响其思想形成的人物及重要事件，梳理其著作的存佚情况。并从学风嬗变与学术实践两方面对皇侃思想形成的学术背景做出考察，以期揭示其思想形成的学术氛围。又从体式、语言、思维方式等方面揭示皇侃现存著作《论语义疏》的阐释特征，及其阐释特征对皇侃哲学思想建构的影响。

在第二、三、四、五章中，通过较为系统地梳理皇侃论"性"、"仁"、"命"、"情"、"孝"、"礼"的言论，以期深层次地揭示这些哲学范畴的含义及其相互关系，从而较为完整地呈现皇侃的思想体系。

第六章"君子论"，揭示皇侃思想中君子的不同义项，及其"君子之道"。"君子"为《论语》中最重要的人格形象和儒学成德之教的重要目标，从这种意义上看，皇侃对君子的解读反映了其儒学观。

在第七章与"结语"中，揭示皇侃思想的哲学史价值，并对皇侃思想做一回顾。

附录一"皇侃《论语义疏》研究述评"，主要评述关于该书的流传、版本辨伪、内容校勘、注疏特点、思想阐述等方面的研究，以期对清代以来国内学术界的研究做一回顾与检讨。

附录二"皇侃《论语义疏》与朱熹《论语集注》相合考"，通过逐章对比二书，期以解决清季以来，学术界关于朱熹是否受《论语义疏》影响的公案。

第一章　皇侃生平、著作及学术背景

一　皇侃生平及著作

（一）生平

《梁书·皇侃传》云：

> 皇侃，吴郡人也，青州刺史皇象九世孙。侃少好学，师事贺玚，精力专门，尽通其业，尤明三《礼》、《孝经》、《论语》。起家兼国子助教，于学讲说，听者数百人。撰《礼记讲疏》五十卷，书成奏上，诏付秘阁。顷之，召入寿光殿讲《礼记》义，高祖善之，拜员外散骑侍郎，兼助教如故。性至孝，常日限诵《孝经》二十遍，以拟《观世音经》。丁母忧，解职还乡里。平西邵陵王钦其学，厚礼迎之，侃既至，因感心疾，大同十一年，卒于夏首，时年五十八。所撰《论语义》十卷，与《礼记义》并见重于世，学者传焉。

《梁书·武帝本纪下》又云：

> （大同三年）冬十二月丁亥，兼国子助教皇侃表上所撰《礼记义疏》五十卷。

由上可知，皇侃生平事迹较为简略，值得注意处约有以下数端：

其一，皇侃生于南朝齐武帝永明六年（488），卒于梁武帝大同十一年（545），享年58岁。虽然其生年横跨齐、梁二代，但是自其发迹至病卒均在梁武帝时期。这一时期皇侃度过了其人生中最为辉煌的日子，以国子助教的身份讲学，闻名于世；且受到梁武帝的善待，曾被召入寿光殿讲《礼记》，擢迁为员外散骑侍郎。因母丧丁忧，解职还乡。后又受到皇子平西将军邵陵王萧纶的礼遇。萧纶为梁武帝第六子，在大同六年（540）二月至大同七年（541）二月间为平西将军①。故据《皇侃传》云"平西邵陵王"知，皇侃受其礼遇也当在此一时期。值得注意的是，梁武帝父子均为饱学之士，并以其政治权势影响一时代学术思潮的发展。②梁武帝"少而笃学，洞达儒玄。虽万机多务，犹卷不辍手"，常与群臣辩释经籍（《梁书·武帝本纪下》）。据《隋书·经籍志》载，有关梁武帝的著作，除沈约所注的《梁武帝连珠》、邵陵王纶及陆缅所注的《梁武帝制旨连珠》外，其本人著作多达24种，694卷，涉及《周易》《礼记》《毛诗》《中庸》《尚书》《孝经》《老子》、"兵法"等诸多方面。③同时，梁武帝又"笃信正法，尤长释典，制《涅槃》、《大品》、《净名》、《三慧》诸经义记，复数百卷"（《梁书·武帝本纪下》）。其子邵陵王纶也熟通三教经典，曾自讲《大品经》（见《南史·马枢传》），《隋书·经籍志》亦载录《邵陵王纶集》六卷④。据此而论，皇侃能被二人称善、钦服，足见其学识斐然，推步于当时学林！

其二，皇侃先九世祖为皇象，曾为青州刺史。历代关于皇象的史料十分简略：《三国志·吴书·赵达传》裴松之注引张勃《吴录》云："皇象字休明，广陵江都人。幼工书。时有张子并、陈梁甫能书。甫恨逋连，并恨峻，象斟酌其间，甚得其妙，中国善书者不能及也。"唐窦蒙《述书赋注》又云："皇象，字休明，广陵人。终侍中，吴青州刺史。"可见，史书有关皇象生卒年⑤及其事迹多不详，但载其在三国时期以书法著称于世，后世亦论其"草书入神，八分入妙，小篆入能"（张怀瓘《书断》），

①《梁书》卷3《武帝本纪下》："（大同六年）二月己亥，舆驾亲耕籍田。景午，以江州刺史邵陵王纶为平西将军、郢州刺史，云麾将军豫章王欢为江州刺史。……（七年）二月乙巳，以行宕昌王梁弥泰为平西将军、河凉二州刺史、宕昌王。"故知，大同六年（540）二月邵陵王萧纶始任平西将军，而至大同七年（541）二月则为梁弥泰所代替。

②参见周一良《论梁武帝及其时代》，《周一良集》第1卷，辽宁教育出版社1998年版，第401—442页。

③《梁书·梁武帝本纪下》载有《制旨孝经义》等200余卷，文集百廿卷，与《隋书·经籍志》有出入。

④《隋书·经籍志》载有《邵陵王纶集》6卷，与《新唐书·艺文志》所载四卷有出入。

⑤朱世源考证皇象生卒年约为195—278年，"存世最多八十四岁"。参见朱氏著《扬州历代书法考评》，学林出版社1998年版，第281页。

"文而不华，质而不野，沉着痛快，世以'书圣'称"①。虽然皇象之后，皇氏家族或有所衰落，但是此类家世在重视门第的魏晋南北朝时期堪为高门、名门。从时代风气看，梁武帝在其受禅登位之前，即上表批评"谱牒讹误，诈伪多绪，人物雅俗，莫肯留心。是以冒袭良家，即成冠族；妄修边幅，便为雅士；负俗深累，遽遭宠擢；墓木已拱，方被徽荣"（《梁书·武帝本纪上》）的现象，力图维护门阀贵族的纯洁性。天监五年（506）又下诏云："凡诸郡国旧族邦内无在朝位者，选官搜括，使郡有一人。"（《梁书·武帝本纪中》）可见，梁武帝长期坚持在政治上优待以往的门阀子弟。故而在此种时风之下，皇侃较有可能享受到贵族子弟的优容与自由，也应具备较好的求学和治学条件。再从文化传承来看，魏晋南北朝时期的学术文化"莫不寄存于门第之中，由门第之护持而得传习不中断，亦因门第之培育，而得以生长有发展"②，而以孝道为基本伦常的儒家礼教，是维持门第社会的重要文化因素。据此，皇侃性至孝，常日限诵《孝经》二十遍，则可见其深受时风影响而信守儒家礼教。

其三，皇侃曾师事大儒贺玚，精通三《礼》《孝经》与《论语》。据《梁书·贺玚传》知，贺玚（字德琏，452—510）承续家学，善三《礼》。在天监初年，即为梁武帝所器重，召其讲说《礼》义。至天监四年（505），梁武帝设立国学，诏开五馆，以五经教授，并各置五经博士一人。是时贺玚即与明山宾、陆琏、沈峻、严植之各主一馆；并被诏为皇太子定礼，撰写《五经义》。其著作有"《礼》、《易》、《老》、《庄》讲疏，《朝廷博议》数百篇，《宾礼仪注》一百四十五卷"（《梁书·儒林·贺玚传》），未见其撰有《论语》著述；但记其子贺革时云"少通《三礼》，及长，遍治《孝经》、《论语》、《毛诗》、《左传》"（《梁书·儒林·贺玚传附传》）。据此看，贺玚亦应治《论语》。而皇侃在《论语义疏》中，又屡屡称引"师说"。据此亦可知，皇侃受贺玚影响至深。

综上，皇侃以其出身及与梁武帝、邵陵王、贺玚的机缘，不但影响了皇侃的生平况遇，而且在不同程度上直接或间接地影响了皇侃哲学思想的形成。换句话说，包括《论语义疏》在内的皇侃著作的成书也应与上述

---

①　潘运告主编，桂第子译注：《宣和书谱》，湖南美术出版社1999年版，第252页。

②　钱穆：《略论魏晋南北朝学术文化与当时门第之关系》，《中国学术思想史论丛》（三），东大图书公司1981年版，第198页。

机缘存在或多或少的联系。

（二）著作

皇侃生平致力于《礼记》《论语》与《孝经》的疏释工作。其著作虽不多，但在历代史书、书目记载中却屡见分歧。故拟在前贤研究的基础上①，对皇侃著作进行如下梳理与探讨。

1. 关于《礼记》注疏的著作

皇侃此类著作在书名和卷数上均存在着分歧，拟以书名为目梳理之：其一，《礼记讲疏》。《梁书·皇侃传》与《南史·皇侃传》载为 50 卷、《隋书·经籍志》载为 48 卷、《旧唐书·经籍志》与《新唐书·艺文志》载为 100 卷。此后历代书目未见有载录。其二，《礼记义疏》。《梁书·武帝本纪下》载为 50 卷、《经典释文·叙录》载为 50 卷、《隋书·经籍志》载为 99 卷、《旧唐书·经籍志》与《新唐书·艺文志》载为 50 卷。《玉海》中亦有引用。此后历代书目未见有载录。其三，《礼记义》。《梁书》《南史》均载录，但又未注明卷数。其四，《礼记子本疏义》。《日本见在书目》称《礼记子本义疏》，并载为 100 卷。② 其五，《丧服答问目录》。《梁史》《南史》未见载录，《隋书·经籍志》载为 13 卷。此后历代书目未见有载录。其六，《丧服文句义疏》（或《丧服文句义》）。《隋书·经籍志》载《丧服文句义疏》10 卷、《旧唐书·经籍志》与《新唐书·艺文志》均载《丧服文句义》十卷。此后历代书目未见有载录。

关于上述书名与卷数的不同，罗振玉云："卷端已断缺，书题及撰人名不可见，末书'丧服小记子本疏义第五十九'。书中每见'灼案'字。考《陈书·郑灼传》言'灼少受业于皇侃，尤明《三礼》，家贫钞义疏，以日继夜'云云，则此卷者郑灼所钞之义疏，而'灼案'诸条则灼钞时所增益也。"又推论："《日本现在书目》：'《礼记子本疏义》百卷，梁国子助教皇侃撰。'《信西书目》亦有'《礼记子本疏》两秩'，此目例不注

---

① 关于皇侃著作，陈金木《皇侃之经学》（国立编译馆 1995 年版，第 299—300 页）、徐望驾《〈论语义疏〉语言研究》（中国社会科学出版社 2006 年版，第 2—3 页）已加以介绍，但偶有错误或遗漏。诸如徐著将《梁书·皇侃传》所载《论语义》归置于"礼记义疏"之下、《旧唐书·经籍志》载"《论语疏》十卷"漏掉卷数、《隋书·经籍志》载《孝经义疏》3 卷而误记为 10 卷等。故本书在上述基础上，重新梳理并作出个人的检讨。

② 乔秀岩云："日本早稻田大学现藏《礼记子本疏义》残卷，仅存第五十九卷，为《丧服小记》之一半。"（乔秀岩《义疏学衰亡史论》，万卷楼图书股份有限公司 2013 年版，第 129 页）

著者人名，其为皇侃疏无疑。两书称名并与此卷合，惟'疏义'目作'义疏'耳。"① 日本学者武内义雄根据日本早稻田大学所藏《礼记子本疏义》（《日本见在书目》称《礼记子本义疏》）第59《丧服小记》残卷，推论云：《礼记子本疏义》不录于两唐《志》，但其引文与《礼记正义》中的皇侃疏一致。又依《丧服小记》在其卷59推测，《礼记子本疏义》即为两唐《志》所谓《礼记讲疏》200卷。② 武内氏又据残卷中出现的"灼案"、"灼谓"等语，及其引申皇侃之说，推测："百卷本之义疏乃非皇侃之原本，而皇侃门人郑灼，拮据勉励而抄写之义疏。皇疏以外，加以郑灼之说者。而隋唐之四十八卷本、两唐志之五十卷本即为皇侃之原本。隋志之九十九卷本、两唐志之百卷本乃误郑灼所抄本，而被以皇侃之名也。子本疏义乃其别称。"③ 又《南史·郑灼》云："郑灼字茂昭，东阳信安人也。幼聪敏，励志儒学。少受业于皇侃。……灼性精勤，尤明三《礼》。少时，尝梦与皇侃遇于途，侃谓曰：'郑郎开口。'侃因唾灼口中，自后义理益进。灼家贫，抄义疏以日继夜，笔豪尽，每削用之。"（《南史·郑灼传》）可见，罗氏、武内氏视《礼记子本疏义》为郑灼抄益皇侃《礼记》疏亦有史料相佐证，现代学界亦多认同，如乔秀岩就上述罗氏言论案云："罗氏考史传及日本书目，谓此即皇侃《礼记子本疏义》残卷，卷中'灼案'之语当出皇侃弟子郑灼，是郑灼钞皇侃《礼记》疏时益以己言者，此盖不易之说，可无义。"④ 在上述言论中，武内氏援引两唐《志》进行参较也有助于厘清皇侃《礼记》疏前后卷数的不同，裨益于学界进一步的研究。

然而，武内氏的推论值得深入探讨，既然云"隋唐之四十八卷本、

---

① 罗振玉：《六朝写本礼记子本疏义残卷跋》，《罗雪堂先生全集·七编》（三），台湾大通书局1976年版，第893页。

② 罗振玉认为，《礼记子本疏义》为郑灼据《礼记义疏》与《丧服义疏》两义疏抄掇而成，并加以己说，即两唐《志》载录的百卷本《礼记讲疏》［罗振玉《六朝写本礼记子本疏义残卷跋》，《罗雪堂先生全集·七编》（三），第893页］。陈金木先生则认为，"若以谓合丧服义疏，礼记义疏二者而成，然由于其丧服义疏殆已亡佚，且无佚文可资证明。至于武内义雄氏以郑灼抄本，即新旧唐志之'礼记义疏百卷本'，则揆之史志均未载郑灼有著作传焉"，进而，陈金木先生根据佛家讲经存在定文母本的现象，认为此子本义疏乃郑灼抄录之记录，实本皇侃之说，但有所增益，"若直谓系郑灼之著作，则未可也"（《皇侃之经学》，第38页）。

③ 武内义雄：《校论语义疏杂识》，载《先秦经籍考》（中册），上海文艺出版社1990年版，第70页。

④ 乔秀岩：《义疏学衰亡史论》，万卷楼图书股份有限公司2013年版，第129页。

两唐志之五十卷本即为皇侃之原本。隋志之九十九卷本、两唐志之百卷本乃误郑灼所抄本，而被以皇侃之名也。子本疏义乃其别称"，那么《礼记义疏》与《礼记讲疏》的关系又如何？为何会出现卷数的不同？武内氏未能进一步深入研究。此一问题实关涉《礼记讲疏》与《礼记义疏》的关系，乃至与《礼记义》的关系。陈金木则认为，《旧唐书·经籍志》乃据《古今书录》而成，《古今书录》为唐代秘府的藏书目录，必实见其书，才能著录。故可确定《礼记义疏》50卷、《礼记讲疏》100卷为真。虽然《礼记讲疏》百卷至今无存，但确有此书，"或缘由礼记义疏简省讲疏，是义疏行而讲疏废"①。但是陈氏此说也仅是说明《旧唐书·经籍志》载录的《礼记讲疏》百卷本、《礼记义疏》50卷确实存在；而之前较早隋《志》所载录的《礼记讲疏》48卷与《礼记义疏》99卷，虽卷数与《旧唐书·经籍志》不同，未必不是据实书而收录，也不可否认其存在。事实上，最早言及二书的当为《梁书》与《南史》。《梁书·皇侃传》云："起家兼国子助教，于学讲说，听者数百人。撰《礼记讲疏》五十卷，书成奏上，诏付秘阁。顷之，召入寿光殿讲《礼记》义，高祖善之，拜员外散骑侍郎，兼助教如故。……所撰《论语义》十卷，与《礼记义》并见重于世，学者传焉。"《梁武帝本纪下》又云："（大同三年）冬十二月丁亥，兼国子助教皇侃表上所撰《礼记义疏》五十卷。"《南史》则从《梁书·皇侃传》之说。无论云《礼记讲疏》，还是说《礼记义疏》，卷数均为五十卷，且为奏上之作。同为皇侃的《礼记》疏释著作，必然在内容上相似，怎么能两次奏上？这很不合乎情理。故笔者推测《皇侃传》中所言及的《礼记讲疏》当为《礼记义疏》，也可略称为《礼记义》。②进而，亦可知《礼记义疏》的成书时间约在大同三年。

值得注意的是，关于卷数的不同，罗振玉推测："九十九卷殆即百

---

① 陈金木：《皇侃之经学》，第37—38页。
② 戴君仁先生也疑其可能为一书，但可能存在文字或略有详略的情况（戴君仁《经疏的衍成》，《经学论文集》，黎明文化事业股份有限公司1981年版，第121—122页）。而陈金木先生则认为，《旧唐书·经籍志》乃据《古今书录》而成，《古今书录》为唐代秘府之藏书目录，必实见其书，才能著录。故可确定《礼记义疏》50卷、《礼记讲疏》100卷为真，为两书。此外，周一良先生云："据隋志及两唐志，皇侃所著有礼记讲疏及义疏两种，盖讲疏为门人笔记，义疏则侃自执笔，二者有别，故名称亦异。"（周一良《魏晋南北朝札记》，中华书局2007年版，第415页）也认为为两书。

卷，乃因为古人著书例有序篇在卷末，九十九卷者除序篇言之耳。"① 虽文献已不可考，但罗氏的推测极有可能。笔者倾向此说，故推测：隋唐《志》所载 48 卷本《礼记讲疏》与 50 卷本《礼记义疏》，虽异名异卷，但均为皇侃原书，为一书；99 卷本《礼记义疏》与百卷本《礼记讲疏》亦虽异名异卷，但也为一书，乃郑灼抄写引申之作。

关于皇侃论"丧服"的著作，有二：其一，《丧服答问目录》。《梁史》《南史》《经典释文·叙录》、两唐《志》均未载录，仅载录于《隋书·经籍志》。故推测，该书在皇侃生时并未有完书，或是后世学者从各类版本的《礼记义疏》《礼记讲疏》中别离而出，冠以书名；或为皇侃门人将皇侃所讲丧服的言论加以记录整理之作。② 其二，《丧服文句义疏》（或《丧服文句义》）。《梁史》《南史》《经典释文·叙录》等未载录，《隋书·经籍志》、两唐《志》均记为十卷，但其后的《宋史·艺文志》《玉海》《郡斋读书志》《直斋书录解题》《遂初堂书目》等又均未载录。故可推测，此书在皇侃生前未有完书，为他人所整理，后亡佚于宋。③

关于皇侃《礼记义疏》的辑佚情况。清人马国翰辑得《礼记皇氏义疏》2 卷，共 315 条。④ 在马氏辑佚的基础上，今人更为辑佚《皇侃礼记义疏》，台湾学者何希淳辑得 239 条，叶程义辑得 315 条，柯金虎辑得 347 条，陈金木辑得 448 条。⑤

2. 关于《论语》注疏的著作

皇侃此类著作的书名，有四：《论语义》《论语疏》（或皇侃《疏》）《论语义疏》。其一，《论语义》。《梁书·皇侃传》载为 10 卷，《南史·皇侃传》亦载录，但未记卷数。其二，《论语疏》（或皇侃《疏》）。《旧唐书·经籍志》《郡斋读书志》《宋史·艺文志》《中兴书目》载"《论语疏》十卷"，《新唐书·艺文志》载"皇侃《疏》十卷"，《遂初堂书目》

---

① 罗振玉：《六朝写本礼记子本疏义残卷跋》，《罗雪堂先生全集·七编》（三），第 893 页。

② 陈金木先生考索历代书目，清人黄奭、马国翰所辑轶书，及柯金虎《魏晋南北朝礼学书考佚》、简博贤《今存南北朝经学遗籍考》等，均未见有辑佚；并云"或疑为讲学时之问答之简记乎？"（《皇侃之经学》，第 36 页）

③ 陈金木：《皇侃之经学》，第 37 页。此外，罗振玉认为，《丧服文句义疏》为皇侃亲撰〔参见《六朝写本礼记子本疏义残卷跋》，《罗雪堂先生全集·七编》（三），第 893 页〕。

④ 马国翰：《玉函山房辑轶书》卷 26，《续修四库全书》第 1202 册。

⑤ 参见陈金木《皇侃之经学》，第 50、301—442 页。

仅载《论语疏》，未记卷数。其三，《论语义疏》。《隋书·经籍志》《崇文总目》《日本国见在书目》载为 10 卷，《经典释文·叙录》《敦煌秘笈留真新编》未记卷数。其四，《论语集解义疏》。日本根本逊志校勘本始作《论语集解义疏》，此本传回国内而衍生的《四库全书》本、《知不足斋丛书》本等均沿用此书名。因此，从书名看虽存在不同的说法，但就上述《礼记义疏》为《礼记义》的情况看，《论语义疏》也可称之为《论语义》。至于自根本逊志校勘才始得的"论语集解义疏"书名，与中国历代书目记载及日本现存其他古抄本题名不符，为后出书名。再从卷数看，历代书目记载与现存《论语义疏》也一致（忽略不载情况）。故可以判断，虽然《论语义疏》的流传过程多有波折（参见附录一"皇侃《论语义疏》研究述评"），但是，从整体上看其完貌尚存。

关于《论语义疏》的成书时间史无记载，故仅做一大致蠡测：据《梁书·儒林传序》知，天监四年（505）梁武帝置"五经博士各一人，广开馆宇，招内后进"，梁国子学始立。天监七年（508），又诏云："建国君民，在教为首，砥身砺行，由乎经术。朕肇基明命，光宅区宇，虽耕耘雅业，傍阐艺文，而成器未广，志本犹阙，非以熔范贵游，纳诸轨度，思欲式敦让齿，自家刑国。今声训所渐，戎夏同风，宜大启庠教，博延胄子，务彼十伦，弘此三德，使陶钧远被，微言载表。"于是，皇太子、皇子、宗室、王侯等始就业于国子学。《论语义疏自序》又有"侃今之讲"之语。据此知，是书撰写于皇侃为国子学助教、为诸生讲授之时。其撰写时间至早不超过天监四年。又据《梁书·武帝本纪下》知，大同三年（537），皇侃将《礼记义疏》奏上[1]，"顷之，召入寿光殿讲《礼记》义，高祖善之，拜员外散骑侍郎，兼助教如故"。故知，皇侃加官员外散骑侍郎的时间当在是年。而现存《论语义疏》版本首末完好者，最早的版本为日本文明九年（1477）本[2]，该版本卷首标明"梁国子助教吴郡皇侃撰"。故可知，是书当撰于皇侃任国子助教，但尚未加官员外散骑侍郎之时。故推知，《论语义疏》的成书时间至晚不超过大同三年。

3. 关于《孝经》注疏的著作

在历代史书、书目的记载中，此类著作也存在书名上的差别：其一，

---

① 《梁书·皇侃传》云所奏为《礼记讲疏》。
② 武内义雄：《论语义疏校勘记条例》，《论语义疏》，第 7 页。

《孝经义疏》。《隋书·经籍志》《旧唐书·经籍志》《新唐书·艺文志》均载为 3 卷。其二，《孝经疏》。《日本国见在书目》载为 3 卷。其三，《新撰孝经疏拾遗》。《日本国见在书录》载为 1 卷。《宋史·艺文志》、宋代其他私家书录等，均未见载录此书。然而宋邢昺撰修《孝经注疏》时，云："自西汉及魏，历晋、宋、齐、梁，注解之者迨及百家。……并有梁博士皇侃《义疏》，播于国序，然辞多纰谬，理昧精研。"① 又据《梁书》《南史》皇侃本传看，虽未言及皇侃有《孝经》疏释的著作，但均记载了皇侃尤明《孝经》、笃信《孝经》之事。故可推测皇侃疏释《孝经》当在情理之中，后世流传此类著作应为真作。而上述《孝经义疏》《孝经疏》均为 3 卷，故推测为同书异名的情况。据邢昺撰修《孝经注疏》时，皇侃《孝经义疏》尚存的情况推测：该书于邢昺《孝经注疏》成书后，于中国逐渐亡佚。曾赖隋唐间传入日本，而流传一时，但其后又难逃亡佚劫难。②《日本国见在书录》所载录的皇侃《新撰孝经疏拾遗》1 卷，当为日本学者所辑编，今也不见存世。

关于皇侃《孝经义疏》的辑佚情况。马国翰辑《孝经皇氏义疏》1 卷，共 18 条。③ 陈金木则在马氏辑佚的基础上，共得佚文 24 条。④

二 皇侃思想形成的学术背景

钱穆云："论一时代之学术者，首贵乎明其思想主潮之所在，此固也。然参伍错综，有其新苗，有其旧遗，旁衍横溢，潜滋暗长于时代主潮之下，而与为推迁。逮夫时换代变，风尚翻新，则此潜滋暗长者，乃跃起而为新时代之归向。"⑤ 此实为知者之言！自汉武帝以来，广弘儒术，上至太学，下至郡国黉舍，均崇尚经学。洎自曹魏正始，谈玄论道，蔚然成风，公卿士庶，罕通经业。此为汉魏学术主潮的一大变化。晋室南渡，南北分立。江左草创，疲于政乱。宋、齐之际，国学时或开置。至梁武帝天

① 李隆基注，邢昺疏：《孝经注疏·序》，北京大学出版社 2000 年版，第 3 页。
② 参见陈金木《皇侃之经学》，第 39—40、133 页。陈先生一处云"想亡于宋代以前"，另一处又援引邢昺语，称其"援引者少"。故从邢昺得见，之后方散佚之说。
③ 马国翰：《玉函山房辑轶书》卷 40。与陈金木先生所辑佚情况相较，马氏所辑存在一处"三条并为一条"的现象。
④ 陈金木：《皇侃之经学》，第 117—132 页。
⑤ 钱穆：《国学概论》，商务印书馆 1997 年版，第 163 页。

监（502—519）年间，方开设五馆，置五经博士，倡导崇儒重教。此外，汉魏以来，佛教东传，其风渐靡。虽其风教，本乖中土，但饱经玄风，格义会通，茁壮自立；时至南朝，遍染全国，渐可与儒、道平分学术之天下。此又为南渡后学术主潮的一大变化。故对皇侃著述的考察、对皇侃思想的解读离不开上述两大学术主潮的变化；而主潮之下各种思想又参伍错综、旁衍横溢、潜滋暗长，学风时或翻新，时或延续传统，这也是影响皇侃思想形成的重要因素。①

（一）自由阐释的学术风尚

汤用彤云："汉魏之际，中华学术大变。然经术之变为玄谈，非若风雨之骤至，乃渐使之然。"② 由经术变为玄谈，虽为学术形态的变化，但也反映了汉魏学风的嬗变。故以学术形态的转变为基础，梳理汉魏至南北朝学风的嬗变。

两汉重经术，经术中的家法与师法交相杂融、今学与古学相递互争，其间的变化集中展现在两汉学术主潮的演变上。而学术主潮的转变又与解经体式的不同密不可分，故以解经体式为切入点，管窥两汉学风的嬗变情况。汉时解经体式，名目众多，见诸史书者，有"故"、"解故"、"解说"、"章句"、"注"、"笺"、"释"、"训"、"训诂"、"微"等。张舜徽曾总结为传、注、记、说、"微"、"训"、"故"、"解"、"笺"、"章句""十科"。③ 论者多将汉儒解经体式以训诂（或谓"解故"）、章句两种涵括之。④ 这两种体式亦是不同学风的展示，其不同处在于："章句者，离章辨句，委屈支派，而语多傅会，繁而不杀，蔡邕所谓'前儒特为章句者，皆用其意傅，非其本旨'。刘勰所谓'秦延君之注《尧典》十余万字，朱普之解《尚书》三十万言，所以通人恶烦，羞学章句也'。诂训则博习古文，通其转注、假借，不烦章解句释，而奥义自辟，班固所谓

---

① 本书并不否定学术界常采取的以社会政治情况作为学术背景的研究倾向，但认为相对而言以学风、学术思潮、学术实践作为学术背景，对解读思想家及其学术著作更具有直接性。

② 汤用彤：《魏晋玄学论稿》，上海古籍出版社 2001 年版，第 76 页。

③ 张舜徽：《广校雠略（附释例三种）》，中华书局 1963 年版，第 54 页。

④ 参见戴君仁《经疏的衍成》，《经学论文集》，黎明文化事业股份有限公司 1981 年版，第 119 页。甘祥满《〈论语义疏〉的体式与结构及其诠释学意义》，《儒家典籍与思想研究》第 1 辑，北京大学出版社 2009 年版，第 270 页。

'古文读应《尔雅》，故解古今语而可知'也。"① 就学风看，章句因就章段句节疏释，故展现出委屈支派、繁琐传会的特点；训诂因就字词名物考察，故展现出简要支离、奥义自辟的特点。然而，无论如何，区分解经体式，儒经阐释不外乎两个方面：一是对经典的直接注释或传述；二是对注释的衍说。这两个方面最终面对的都是儒经文本。据此可知，汉儒解经对经典多持崇敬的心态，少有偏离文献而阐论玄虚的情况，此当是汉代经学注释学风的总体展现。

　　然而，究两汉学风的具体变化，则以"训诂"与"章句"体式的更迭为引领。汉初学风注重训诂。《汉书·申公传》云："申公独以《诗经》为训故以教，亡传，疑者则阙。"《丁宽传》又云："作《易说》三万言，训故举大谊而已。"（王先谦补注云："故、诂字同。"）②《刘歆传》亦云："初《左氏》传多古字古言，学者传训故而已。"可见，汉儒治经初为训诂，仅举大谊，学风不免疏略。③ 然而，自汉武帝置五经博士，皆为今文经学，其后以今文说经成了利禄之途，于是说经者与日愈众，经说益为详密。④ 尤其至西汉中后期，今文家更为章句解经，经生坐守师法，"专相传祖，莫或讹杂"，达到师之所传，弟子所受，一字毋敢出入的地步。不仅出现经生多专一经，罕有兼通的现象，⑤ 而且还出现经生皓首于对经典一二篇什的注释中而不能自拔。事实上，对经籍的注释越是详密，产生的异说与分歧也越是严重。至汉宣帝（前73年—前49年在位）时，则不得不谋求齐整经说，召集诸儒于石渠阁论《五经》的异同。但是此次齐整经说之举不仅没有齐定诸家的异同，反而助长了经师辩难之风。经师辩难，在于发明师说，应敌他说。"应敌"则更需要对儒经分章逐句的注释，以求自说精密，不为论敌所乘，故不免援引他经，左右采获，具文饰说，故章句之学盛行。诸如，治《尚书》的夏侯建，"师事夏侯胜，及夏侯高，左右采获。又从《五经》诸儒问与《尚书》相出入者，牵引以次章句，具文饰说。"（《汉书·夏侯胜传》）乃至出现了"《牟氏章句》浮

---

① 马瑞辰：《毛诗传笺通释·毛诗诂训传名义考》，中华书局1989年版，第4页。
② 王先谦：《汉书补注》，中华书局1983年版，第1516页上。
③ 参见钱穆《两汉经学今古文平议》，商务印书馆2001年版，第226页。
④ 同上书，第218页。
⑤ 此处所论泛指汉武帝立五经博士之后逐渐形成的现象。汉初并没有专经之限，自博士官置后，教授弟子，渐趋分经分家的专门之途。参见钱穆《两汉博士家法考》，载《两汉经学今古文评议》。

辞繁多，有四十五万余言"（《后汉书·张奂传》），"说《尧典》，篇目两字之说，至十余万言"，但说"曰若稽古三万言"（《新论·正经》）的现象。至于古文经学，虽然自西汉哀帝、平帝以来，由于刘歆的不懈努力，注重文字训诂与典章制度的古文经学曾一度被立学宫，但旋即被废，长期处于被压抑的地位。纵然古文经学朴实严谨的学风或在民间或在朝堂得到某些发展，但无法改变西汉经学支离破碎的局面。据此可知，从总体上看，汉初关注大义的疏略学风至西汉中后期则转向了具文饰说的偏执学风。

东汉以降，今学古学之辨日盛，今学治章句，古学常治训诂。①针对今学章句"浮辞繁长，多过其实"的弊病，亦有一些今文家纷纷删减章句。诸如，桓荣删朱普章句为 23 万言，桓郁"复删省定成十二万言"（《后汉书·桓荣传》）。张霸"以樊儵删《严氏春秋》犹多繁辞，乃减定为二十万言"（《后汉书·张霸传》）。甚至，汉章帝（75—88 年在位）召开了白虎观会议，议以删减章句，试图改变繁琐支离的注经之弊。但是此时谶纬之风已兴起，今学家又纷纷援引图谶解经，积习如故，饰说成分仍未见减。而是时古学迅速兴起，与今学相抗衡。其大家有桓谭、郑兴、贾逵等人。桓谭"博学多通，遍习《五经》，皆诂训大义，不为章句。能文章，尤好古学，数从刘歆、杨雄辩析疑异"，并"极言谶之非经"，顶撞喜好谶纬的光武帝（《后汉书·桓谭传》）。郑兴"好古学，尤明《左氏》、《周官》，长于历数，自杜林、桓谭、卫宏之属，莫不斟酌焉"，并以"臣不为谶"对答光武帝（《后汉书·郑兴传》）。贾逵"弱冠能诵《左氏传》及《五经》本文，以《大夏侯尚书》教授，虽为古学，兼通五家《榖梁》之说"（《后汉书·贾逵传》）。可见，古学注重诂训，还原经典大义，多反对以谶纬解经，而这些均需要以博学、兼通为要务。故而东汉时期"通儒"纷纷出现，典型者莫过于马融、郑玄师弟。马融博通经籍，不仅为儒家《孝经》《论语》《诗》《易》《三礼》《尚书》等作注，还兼注道家与诸子经典，如《老子》《淮南子》等；且在生活方式上存有道家风范，"善鼓琴，好吹笛，达生任性，不拘儒者之节。居宇器服，多存侈饰。尝坐高堂，施绛纱帐，前授生徒，后列女乐"（《后汉书·马融传》）。郑玄则颇修艺文，括囊大典，注释"《周易》、《尚书》、

---

① 参见钱穆《两汉经学今古文平议》，第 235—240 页。

《毛诗》、《仪礼》、《礼记》、《论语》、《孝经》、《尚书大传》、《中候》、《乾象历》，又著《天文七政论》、《鲁礼禘祫义》、《六艺论》、《毛诗谱》、《驳许慎五经异义》、《答临孝存周礼难》等，凡百余万言"（《后汉书·郑玄传》）。值得注意的是，郑玄"虽以古学为宗，亦兼采今学以附益其义。学者苦其时家法繁杂，见郑君闳通博大，无所不包，众论翕然归之，不复舍此趋彼"，"于是经生皆从郑氏，不必更求各家"，"使两汉家法亡不可考"①。以郑玄为代表的兼通今古文的通儒的出现，不仅进一步打破了以往经生重视家法、师法的传统，冲击了浮辞繁长的章句之学，而且在某种程度上开启了魏晋以后儒、道、释等兼学互释的自由学风。

　　总体看来，汉代经学无论章句还是训诂，无论今学的支离繁琐、具文饰说，还是古学博学兼通，还原大义，虽学风迥异，但均没有将儒经注疏提升到深层次阐发义理的阶段，也不可能为时代学术的发展提供更高层次的思想引领，其总体学风仍趋"偏执"。故《四库全书总目》云："（汉代）其初专门授受，递禀师承，非惟诂训相传，莫敢同异；即篇章字句，亦恪守所闻，其学笃实谨严，及其弊也拘。"（《经部总叙》）打破"笃实谨严"的偏执学风，必有待于经学义理化的发展。马宗霍云："盖训诂之难精，不如义理之易了。承学之士，避难趋易，势有固然。然而，汉儒家法，自王何乃打破矣。"②马氏所论何晏、王弼打破了汉儒家法，与汤用彤以玄谈论汉魏以来的学风演变实为因果关系。打破师法家法，则摆脱了汉代经学的疏略与偏执学风的束缚，有助于开启汉魏以来的自由阐释学风。从汉魏之际的荆州学派到南朝的宋、齐、梁、陈各家学者，玄谈清言不断，自由阐释的学风亦绵延不绝。故征引不同时代的事例，略言之。曹魏正始时期，玄谈之风大畅，何晏、王弼为其典型代表。《世说新语·文学》载，何晏为吏部尚书，谈客常常盈坐，王弼未弱冠便加入。何晏以一"胜理"语王弼说："此理仆以为极，可得复难不？"王弼便作难，且又自为客主往返玄谈数次。玄风盛行促使了经学的玄学化，正始玄学以老释儒，寄言出意，往往不再强调是否忠于儒家经书，甚至是否能疏通章句，而是以儒经为凭借阐发自己的思想，阐发玄理大义。自魏末至西晋，嵇康、阮籍、向秀、裴頠、郭象、王衍等人也以谈辨闻名。典型者如嵇

---

① 分别见皮锡瑞《经学历史》，中华书局2004年版，第101、95、101页。
② 马宗霍：《中国经学史》，上海书店1984年版，第65页。

康，与向秀论"养生"，与吕安论"明胆"，与阮侃论住宅无吉凶，等等。
南渡之后，殷浩、孙盛、支遁等人玄谈之风不减正始，尤其是名僧的加
入，佛理进入了清谈。如支遁清谈常"卓然标新"，"寻微之功不减辅嗣"
（《世说新语·赏誉》）；又曾做数千言论《庄子·逍遥游》，才藻新奇，
花烂映发，而令王羲之"披襟解带，留连不能已"（《世说新语·文
学》）。而此一时期的儒家经学受其影响，颇持异论，最可观者则是学界
长期笼罩于郑（玄）王（肃）之辩的思潮之下。事实上，郑、王同为古
文，"郑君杂糅今古，近人议其败坏家法"，"（王）肃不惟不知分别，反
效郑君而尤甚焉"①，后世学者无论主郑还是效王，均对汉代以来的经学
学风有所突破，以致"晋所立博士，无一为汉十四博士所传者，而今文
之师法遂绝"②。古文经学终汉之世，虽未久立学官，但是时亦由暗流潜
伏波涌而出，经师辩难虽沿波汉魏矩矱，但自陈新义者，力祛章句、训诂
的束缚，寝以成俗，一时讲学风气丕变，即前世所非"竞论浮丽"（《后
汉书·樊准传》）、"皆以意说"（《后汉书·徐防传》）。东晋以后，皮锡
瑞称之为"经学分立时代"，是时南北学风大异，"南人约简，得其英华；
北学深芜，穷其枝叶"（《隋书·儒林传》）即揭示南朝诸代学风之自由，
是时清谈虽有衰落，但依然不绝如缕。诸如齐时何偃"素好谈玄，注
《庄子·逍遥》传于世"（《南齐书·何偃传》），柳世隆"常自云马稍第
一，清谈第二，弹琴第三"（《南齐书·柳世隆传》）。梁时萧伯游"美风
神，善言玄理"（《梁书·萧伯游传》），明山宾"七岁能言名理"（《梁
书·明山宾传》），伏曼容"少笃学，善《老》、《易》，倜傥好大言"
（《梁书·伏曼容传》）。陈时周弘正"特善玄言，兼明释典"（《陈书·周
弘正传》），徐陵"讲《大品经》，义学名僧，自远云集，每讲筵商较，四
座莫能与抗"（《陈书·徐陵传》）。可见南朝诸代自由玄谈的学风特点。

综上，魏晋以来的自由玄谈是对以往疏略、平实乃至偏执的经学学风
的逆向纠正。论者以为汉魏"其不同者，盖两汉儒生之辩，局限于经义，
而玄师之论，则上天下地，其所以异者此耳"③，此实为确论！玄谈围绕
的经典也不再囿于儒家群经，而是把谈论的内容集中在《周易》《老子》

---

① 皮锡瑞：《经学历史》，第106页。

② 同上书，第110页。又参见王国维《观堂集林·汉魏博士考》中的相关论述。

③ 宋鼎宗：《魏晋经学质变说》，"国立"成功大学中文系编：《魏晋南北朝文学与思想学术研讨会论文集》，文史哲出版社1991年版，第383页。

《庄子》、佛理乃至"名家学说"等方面；也不再如汉儒般忠实于经典，专注于章句训诂，而是要揭示经典中所蕴藉的义理，讨论天道、人道、才性、名理、佛理等哲学问题，是思想与自由谈论的有机结合。而推延至皇侃之时，玄谈未歇，辞尚玄虚，义多浮诞，其学风亦如是，皇侃概莫能外，在撰著《论语义疏》时纵然博涉汉魏注疏，但也理当以自由阐释的态度阐发己论，故其不仅有采众家之论，"附而申之"① 的阐发，也有"守文者众，达微者寡"② 的批判前人之论。

（二）多维互摄的学术实践

魏晋南北朝时期为中国思想文化的"大开"显张阶段③，儒、道（玄）④、释等交会纷争、相互阐释成为这一时期学术思想发展的主潮。故探讨这一时期学者的思想，需先阐明在其思想体系中，以何种思想为主，又兼取哪些思想资源。

首先，就儒学与释、道的交会现象而言。其突出展现有二：儒道互摄与儒释互摄。⑤ 分而析之：

其一，儒道互摄的学术实践。包括"以道摄儒"与"以儒摄道"两个方面。"以道摄儒"突出展现为援儒入道的玄学实践。⑥ 其源当溯自汉季以来儒道融合的实践，而曹魏正始之后，玄学兴起，以道摄儒流播成

---

① 皇侃：《论语义疏自序》，《儒藏》（精华编第 104 册），北京大学出版社 2007 年版，第 12 页。说明：本书中所称《儒藏》本《论语义疏》即为是书，页码标识也为是书的页码，非《儒藏》（精华编第 104 册）的页码。

② 皇侃：《论语义疏》，第 290 页。

③ 牟宗三先生认为，在魏晋南北朝时期，中国文化要长期吸收、消化东来的印度佛教，实为中国文化的"大开"阶段（参见《讲南北朝隋唐佛学之缘起》，《牟宗三先生全集》第 27 册，台北联经出版公司 2003 年版，第 269 页）。

④ 有关玄学，学术界多着眼于其对老庄思想的继承，亦有学者称之为"新道家"，或直云为"道家"。从具体思维形态看未必如是，但从思想内核言，玄学与老庄当属同一文化系统。故本书承续上述论述不加以具体区分。

⑤ 自佛教传入中土后，也存在"以佛摄道"、"以道摄佛"的现象，尤其是到魏晋南北朝时期，佛教徒广泛摄取"道"、"无"等道家哲学范畴来诠释佛教义理。但本书研究以儒经注疏为文献依凭，故不再对佛道互摄加以论述。

⑥ "以道摄儒"还应包括"援儒入道教"的宗教实践。道教以道家典籍为理论基础。汉魏之后，道教徒尊崇《老》《庄》诸书，其道家哲学成为道教哲学精义之所在。同时，又注重吸收儒家三纲六纪、忠、孝、仁、义、信、贞、恭等伦理思想和积极入世思想。因皇侃著述中很难察觉其受到道教的影响，故不加以论述。

风。从玄学的发展与演进看，大致可以分为四个时期：形成期为正始期间王弼、何晏的贵无派玄学，展开期为正始后期至景元间以嵇康、阮籍、向秀为代表的竹林玄学，高峰期为元康时期裴頠的崇有论玄学和郭象的独化论玄学，逐渐衰落期为东晋至南北朝时期的玄学。[①] 这四个时期的玄学无论其外在形式展现如何，其思想多来源于道家经典《老子》《庄子》；其理论阐述也无外乎有与无、一与多、言与意、体与用、动与静、有情与无情等思辨内容（或哲学范畴），其理论归宿在于解决名教与自然的关系问题。而与以道摄儒相对应，也存在以儒摄道的学术实践。其源可远溯两汉，如西汉扬雄常援用道家学说来阐申己说，其《太玄》书名不仅来自《老子》"玄之又玄"之说，而且作赋云："观《大易》之损益兮，览老氏之倚伏。"（《太玄赋》）可见，扬雄诠解儒家思想时，已明确大胆地引用了《老子》思想。后汉又有马融等人习道家书，存有道家风范。汉魏之际的荆州学派更力行以儒摄道的学术实践。经学家宋衷不仅撰《五经章句》，也为《杨子太玄经》作注。其弟子李譔不仅注解五经，而且又著有《太玄旨归》。王肃更是援道入儒，除了博注儒家群经外，又著有《杨子太玄经注》《玄言新记道德》等具有浓厚道家色彩的著作，故吴承仕云："子雍（王肃）继起，远绍贾、马，近传父业，乃专与郑学为雠；其言心之精神是谓圣，又为玄学之宗。"[②] 时至南朝，若马宗霍所论："南朝之学，世咸目为大畅玄风。……治易者，如雷次宗、祖冲之、沈驎士、顾欢、伏曼容、周弘正、朱易、贺玚、孔子祛、何胤、褚仲都、张讥、全缓等咸以王弼注为宗，亦莫不兼善老庄。"[③] 虽然南朝之时玄风流播，儒林多兼习《老》《庄》，其难辨析诸儒思想的根基；但是"援道入儒"当与"援儒入道"一样广泛存在。如《梁书·儒林传》所列诸儒多兼善《老》《庄》。如伏曼容不仅注解《周易》《毛诗》《论语》等，也兼注《老》《庄》。严植之精解《丧服》《孝经》《论语》，亦"少善《庄》《老》"。贺玚于三《礼》尤精，但又作《老》《庄》讲疏。

　　其二，儒释互摄的学术实践。包括"以释摄儒"与"以儒摄释"两

---

　　① 学术界关于魏晋玄学分期的阐述分歧较大，康中乾先生论之甚详（参见康中乾《有无之辨——魏晋玄学本体思想再解读》，人民出版社 2003 年版，第 53—61 页）。本书分期则侧重了从整个玄学发展看，不限于魏晋时期。

　　② 吴承仕：《经典释文序录疏证》，第 42 页。

　　③ 马宗霍：《中国经学史》，第 78—79 页。

个方面。"以释摄儒"主要包括两个方面：一是强调儒释一致，名异实同；二是摄取儒家思想中的命题或范畴，并加以重新诠释。就前者而言，典型者如东晋深受佛教影响的名士孙绰，论佛儒乃名异实同，所异在于内外之别，所同在于顺通为一。其云："周、孔即佛，佛即周、孔，盖外内名耳。……周、孔救极弊，佛教明其本耳。共为首尾，其致不殊，即如外圣有深浅之迹。……然其所以迹者，何尝有际哉？故逆寻者每见其二，顺通者无往不一。"① 孙绰此论也多为其他学者所采用。如慧远云："常以为道法之与名教，如来之与尧孔，发致虽殊，潜相影响；出处诚异，终期则同。"② 宗炳云："孔、老、如来虽三训殊路，而习善共辙也。"③ 沈约云："内圣外圣，义均理一。"④ 梁武帝更从比较三教功用处出发，认为儒、道源于佛教，"三教同源"，可以互摄吸收，将儒佛名异实同的观点推向极致。⑤ 就摄取儒家的命题或范畴加以新诠方面看，佛教徒主要摄取儒家思想中的"仁"、"孝"等伦理思想。关于"仁"，佛教徒往往以慈悲相比附。如生活在三国吴时期的康僧会云："夫怀忍行慈，恶来善往，菩萨之上行。"⑥ 而此种菩萨慈悲的上行、佛教戒行恰恰在世人眼里与儒家的仁爱不二，故康僧会又云："则天行仁，无残民命，无苟贪，困黎庶，尊老若亲，爱民若子，慎修佛戒，守到以死。"⑦ 康僧会以佛教慈悲与儒家仁爱会通的思路，亦被后世佛教徒袭用不殆。诸如东晋支遁云："夫立人之道，曰仁与义。然仁义有本，道德之谓也。"⑧ 支遁所谓"道德"，乃是以儒家之言诠佛教教义。宗炳之论则更为鲜明："仁之至也，亦佛经说菩萨之行矣。"⑨ 关于"孝"，自汉魏以来，佛教徒也不断地诠释新的佛教"孝"义，以扩大或改变儒家之"孝"的含义。如孙绰认为，佛教之孝并

---

① 孙绰：《喻道论》，《中国佛教思想资料选编》第 1 卷，中华书局 1981 年版，第 27 页。

② 慧远：《沙门不敬王者论·体极不兼应四》，《中国佛教思想资料选编》第 1 卷，第 84 页。

③ 宗炳：《明佛论》，《中国佛教思想资料选编》第 1 卷，第 235 页。

④ 沈约：《均圣论》，《中国佛教思想资料选编》第 1 卷，第 280 页。

⑤ 梁武帝"三教同源"说，素有异说，存在儒道来源于佛，"三教同源，以儒证佛"，三教同源于心，三教同源于神明等多种观点。（参见李晓虹《圆融二谛——梁武帝思想研究》第四章"三教同源：三教思想的依据"，中州古籍出版社 2008 年版）

⑥ 康僧会：《六度集经·戒度无极章》，《大正藏》第 3 卷，第 17 页中。

⑦ 同上。

⑧ 支遁：《释迦文像赞》，《中国佛教思想资料选编》第 1 卷，第 66 页。

⑨ 宗炳：《明佛论》，《中国佛教思想资料选编》第 1 卷，第 235 页。

不是停留在肤发身体之上,而是以修道立行,荣耀祖先,"父隆则子贵,子贵则父尊。故孝之为贵,贵能立身行道,永光厥亲"①。慧远则立足于敦化风俗、辅助君王教化方面立论,更为深入地阐述了出家与儒家孝道具有一致性。其云:"凡在出家,皆遁世以求其志,变俗以达其道。变俗则服章不得与世典同礼,遁世则宜高尚其迹。……是故内乘天属之重,而不违其孝;外阙奉主之恭,而不失其敬。"② 此外,佛教徒也将儒家"五常"与佛教"五戒"相拟附。如晋宋之际的颜延之,云:"内典初门,设五种之禁,与外书仁义五常符同。仁者,不杀之禁也;义在,不盗之禁也;礼孝,不邪之禁也;智在,不酒之禁;信者,不妄之禁也。"(《颜氏家训·归心篇》)就以儒摄释的学术现象而言,诸如儒者范宁"拜佛讲经,皈依彼法"③,其行为颇类似皇侃"常日限诵《孝经》二十遍,以拟《观世音经》"。然而,关于此类现象的史料较之"以释摄儒"甚少。但是梁武帝时期对儒学、佛学的重视远超过玄学。诸如,天监四年梁武帝下诏云:"二汉登贤,莫非经术。服膺雅道,名成行立。魏晋浮荡,儒教衰歇。风节罔树,抑此之由。"(《梁书·儒林传序》)甚至梁武帝将经学作为选拔人才的标准,这对南朝玄学的消歇,儒学、佛学的长足发展有重要的促进作用。故推测"以儒摄释"的现象在皇侃之时,当为重要的学术实践。

其次,就儒家经典的注疏而言。皇侃著述涉及《论语》学、礼学、《孝经》学三个方面。然而从学术思想的特质看,《礼记》与《孝经》注重维系社会、宗族与家庭的伦理制度、政治制度,以解决社会、家庭的道德、等级等实践问题为归宿,具有安上化俗、弘风训俗的作用。而玄学与佛学均注重哲理性思辨,常以玄言论辩著称,较远离于社会生活的实际。虽然在南朝之时礼学、《孝经》学注疏之风盛行,尤其是礼学最为兴盛。据钱穆统计,魏晋南北朝时期,礼学著作,存有 136 部 1622 卷,亡佚 211 部 2186 卷。④ 甚至也不乏一些礼玄双修的学者,但是以玄理、佛理疏释具有强烈儒家实践色彩的"三礼"与《孝经》,必然会存在众多的抵牾,很难行得通。因此,愚认为这一时期的《礼学》《孝经》注疏主要是立足于儒家自身的思想资源加以疏释。玄学、佛学的冲击仅停留在促进《礼

---

① 孙绰:《喻道论》,《中国佛教思想资料选编》第 1 卷,第 27 页。

② 慧远:《沙门不敬王者论·出家二》,《中国佛教思想资料选编》第 1 卷,第 82 页。

③ 余嘉锡:《世说新语笺疏》,上海古籍出版社 1993 年版,第 149 页。

④ 钱穆:《中国学术思想史论丛》(三),台湾东大图书公司 1981 年版,第 138—139 页。

学》《孝经》注疏的义理化方面，不会改变注疏的儒家思想特质。而《论语》则不同，其内容博杂，存在诸多的哲学范畴。不同思想倾向的学者，均可以在《论语》中寻找到阐发己说的文本依凭。故而，这一时期的《论语》学存在多维诠释的取向。《论语义疏》为皇侃唯一以完书存世的著作，该书也是本书研究的主要文献依凭。因此，以下仅就汉魏晋南北朝时期的《论语》注疏倾向略作概述。

两汉时期《论语》得列"兼经"，为汉儒所通习，《齐论》《鲁论》《古论》递相祖述，各种传注不绝如缕。是时《论语》著作多以诠解文义、训诂、章句为主。三国以降，《论语》学昌盛一时，儒、道、释三教学者，皆融己见于疏注，《论语》成为三教交会相摄的重要文本，各种倾向的注疏蔚为大观。据王凯鹏统计，两汉三国魏晋南北朝时期的《论语》著述，多达 131 种，其中魏晋南北朝时期有 102 种。① 故据王氏统计书目，附以个人判别，罗列一表②，以观这一时期《论语》学的发展情况和注疏者的思想倾向。列表如下：

朝代	作者	思想倾向	著作	朝代	作者	思想倾向	著作
汉	孔鲋	儒	《论语义疏》3 卷	晋	蔡系		《论语释》1 卷
汉	刘辅	儒	《论语传》无卷数	晋	张隐		《论语释》1 卷
汉	包咸	儒	《论语章句》无卷数	晋	郯原		《论语通郑》1 卷
汉	贾逵	儒	《论语注》无卷数	晋	蔡谟	儒	《论语注》无卷数
汉	何休	儒	《论语注训》无卷数	晋	江淳		《论语注》无卷数
汉	郑众	儒	《论语传》无卷数	晋	殷仲堪	道佛	《论语解》无卷数

① 参见王凯鹏《历代〈论语〉学著述综录》，第 7—26 页。王凯鹏先生征引《论语》著述，甚为详细。在其分类《论语》著作时，将"传注"与"谶纬"之作分而言之；然"谶纬"之作亦反映了《论语》的多维阐释，故列表中合入"传注"论之。
② 在皇侃《论语义疏》中亦援贺场、刘歆、沈峭、陆特进、苞述、张封溪、江长、秦道宾、释不真诸人关于《论语》的注释言论，现存历代书目未见著录其相关著述，故表中未能体现。

朝代	作者	思想倾向	著作	朝代	作者	思想倾向	著作
汉	郑玄	儒	《论语注》10 卷	晋	殷仲文		《论语解》无卷数
汉	郑玄	儒	《论语释义》10 卷	晋	缪协		《论语说》无卷数
汉	麻达	儒	《论语注》无卷数	晋	周怀		《论语注》无卷数
魏	陈群		《论语义说》无卷数	晋	谢道韫	道	《论语赞》1 卷
魏	宋均	儒	《宋均论语谶注》1 卷	晋	庾亮	道	《论语君子无所争》1 卷
魏	王朗	儒	《论语说》无卷数	晋	张凭	道	《论语注》十卷
魏	王肃	儒	《论语注》10 卷	晋	张凭	道	《论语释》一卷
魏	王肃	儒	《论语释驳》10 卷	晋	宋纤	道儒	《论语注》无卷数
魏	周生烈		《论语注》无卷数	晋	畅惠明		《论语义注》10 卷
魏	何晏	道	《论语集解》10 卷	宋	宋明帝	道儒	《论语补卫瓘阙》2 卷
魏	王弼	道	《论语释疑》3 卷	宋	张略等		《论语疏》8 卷
蜀	谯周	儒	《论语注》10 卷	宋	伏曼容	道儒	《论语义》无卷数
吴	张昭	儒	《论语注》无卷数	宋	孔澄之		《论语注》10 卷
吴	程秉	儒	《论语弼》无卷数	齐	虞遐		《论语注》10 卷
吴	虞翻	儒	《论语注》10 卷	齐	顾欢	道释	《论语注》1 卷
晋	卫瓘	儒	《论语集注》8 卷	齐	沈驎士	道儒	《论语训注》1 卷
晋	崔豹		《论语集义》10 卷	齐	沈驎士	道儒	《论语要略》
晋	缪播		《论语旨序》3 卷	齐	祖冲之	杂	《论语注》无卷数
晋	郭象	道	《论语体略》2 卷	齐	戴诜	道	《论语述义》20 卷
晋	郭象	道	《论语隐》1 卷	梁	曹思文	释	《论语注》10 卷
晋	乐肇		《论语释疑》10 卷	梁	梁武帝	释	《论语注》无卷数
晋	乐肇		《论语驳序》2 卷	梁	陶弘景	道	《论语集注》10 卷
晋	虞喜	儒	《论论郑氏注》10 卷	梁	太史叔明	道儒	《论语集解》10 卷
晋	虞喜	儒	《新书对张论》10 卷	梁	褚仲都	儒	《论语义疏》10 卷

续表

朝代	作者	思想倾向	著作	朝代	作者	思想倾向	著作
晋	曹毗	道儒	《论语释》1 卷	梁	僧智	释	《略解论语》10 卷
晋	庾翼	道儒	《论语释》1 卷	梁	皇侃	儒	《论语义疏》10 卷
晋	李充	儒道	《论语注》10 卷	梁	江避		《论语注》无卷数
晋	李充	儒道	《论语释》1 卷	陈	周弘正	道儒	《论语疏》11 卷
晋	范宁	儒释	《论语注》无卷数	陈	张讥	道儒	《论语义》20 卷
晋	孙绰	释儒	《论语集解》10 卷	陈	顾越	儒	《论语义疏》无卷数
晋	孟陋	儒道	《论语注》10 卷	陈	沈文阿	儒	《论语义记》无卷数
晋	梁觊		《论语注》10 卷	北魏	崔浩	儒道	《论语解》无卷数
晋	袁宏	道儒	《论语注》无卷数	北魏	卢景裕	三教	《论语注》无卷数
晋	尹毅		《论语注》10 卷	北魏	陈奇	儒	《论语注》无卷数
晋	王濛	道儒	《论语义》1 卷	北齐	李铉	儒	《论语义疏》无卷数
晋	江熙	道儒	《论语集解》12 卷	北周	乐逊	儒	《论语序论》无卷数

　　说明有：其一，为较清晰地考察这一时期《论语》学之变故，表中仅征引王氏所辑两汉以来《论语》传注、疏释之作，且有著者姓名、隶属时代可考者。因《论语》"谶纬"之作，王氏录有十种，其中汉代九种，均未著姓名，故亦将魏时一种并列表中。其二，对表中列入内容笔者还根据《论语义疏》引文、《玉函山房辑佚书》《世说新语》《元和姓纂》、两汉《书》《三国志》《晋书》《宋书》《南齐书》《梁书》《陈书》《魏书》《南史》《北史》等做出判别，对著者主导思想的认定说明：思想明确者，直标其思想倾向；略可辨析者根据思想侧重，或标"儒道"，或标"道儒"等；兼治三教不可判断侧重者，则直标"三教"；无法判断则不标注。

　　根据上表，两汉《论语》著述虽不乏谶纬、繁琐之作，但多遵循儒家醇旨。三国时期虽玄学畅行，援道入儒之风已开端倪，但主要集中于曹魏一域。两晋至南朝玄风流播，释《论语》者多为玄儒，以道解儒延承曹魏遗绪；且南北朝时，凸显了学风的差异：南方多援道入儒，谈玄论道，而北方尚不失以儒解儒之作，朴实可观。评价这一时期的《论语》学，吴承仕云："自何氏《集解》以讫梁陈之间，说《论语》者，义有多家，大抵承正始之遗风，标玄儒之致远。"① 吴氏以"玄儒"论之，虽非尽然，但确为这一时期《论语》学变故的主潮。然而，此时佛教已流行于大江南北，佛教学者疏释《论语》著作，也屡有出现。虽"用佛氏语说经，殊乖说经之体"②，但却为一时风尚。值得注意的是，南朝统治者崇儒重教之举不断，尤其在梁武帝时儒、佛并重，开设了儒学馆，儒学较之宋、齐更为繁盛。是时出现一些学者立足于儒家的立场注疏《论语》的现象，也当在情理之中。

三　《论语义疏》的阐释特征

一般而言，在中国哲学的阐释传统中，对经典的阐释遵循着两个方向：一是回归经典的历史视域，探寻经典本身的意蕴；二是立足于当下的现时视域，进行自我理论的建构。③ 然而，在面对同一经典文本时，这两种相反的视域、两种不同的阐释进路之间，必然会产生理解上的张力或矛盾。如何处理此种因阐释视域不同而产生的张力或矛盾，则成为阐释者关注的方法论问题，即经典文本所展现的阐释特征。魏晋南北朝时期，儒、道、释等交会纷争、互相阐释成为此一时期学术思想的重要特征。展现在皇侃著作中，则存在不同方面的阐释特征。皇侃现存完整的著作唯有《论语义疏》，故拟以该著作为例，从体例、语言、思维方式等方面揭示其阐释特征。

（一）体例与语言

虽然体例、语言是经典阐释的外在展现，但是作为"形式"的体例与语言也天然具有丰富的内涵，有助于阐释者融合不同的阐释视域，从而展现对经典的当下理解。在《论语义疏》中，皇侃对阐释体例与语言的

---

① 吴承仕：《经典释文序录疏证》，第 146 页。

② 陈澧：《东塾读书记（外一种）》，第 24 页。

③ 刘笑敢先生提出诠释的两种方向问题，认为在中国，作为注释者的哲学家"同时从事着似乎不同的两项工作：一项是完整地注释古代的经典，一项是建立一个立足于当时社会现实和理论需要的新的哲学体系。这两者的目标、方向、要求、作法应该都是不同的。然而，事实是，历史上的大哲学家的的确确是把这两项任务合为一体完成的，甚至很少人发现和揭示其中的矛盾和紧张"（参见刘笑敢《经典诠释中的两种定向及代表作——王弼〈老子注〉与郭象〈庄子注〉》，梁涛主编：《中国思想史前沿》，陕西师范大学出版社 2008 年版，第 167 页）。笔者赞同此说。

选择与运用，不仅展示了《论语》文本所具有的开放特质，也为其哲学思想的阐发提供了有效的依凭。

1. 体例特征

《论语义疏》体例特征主要有二：一是"义疏"体；二是"以疏破注"的解经体式。分而析之：

其一，就"义疏"体而言。关于"义疏"体的来源，学术界素来存在歧说与争议，观点主要有二：一是受佛教影响而产生，以梁启超、柯凤荪、牟润孙等为代表。① 梁启超云："夫隋唐义疏之学，在经学界中有特别价值，此人所共知矣。而此种学问，实与佛典疏钞之学同时发生。吾固不敢径指此为翻译文学之产物，然最少必有彼此相互之影响，则可断言也。"② 实际上，梁氏以义疏体与佛典中以章节为区分的"科判"相似，而做出"实与佛典疏钞之学同时发生"而"彼此相互影响"的结论。然而其结论并没有深入追溯义疏产生的源流，故其后牟润孙论其"既未指明释氏经疏之分段落，亦未说出儒家经疏之体若何，仅由'同时发生'一语囫囵推之，谓其必有彼此相互之影响。以意测之，梁先生所欲言者，殊未透彻。"③ 牟氏则发明其师柯凤荪"群经义疏仿自释氏"之说，撰有《论儒释两家之讲经与义疏》长文。该文论证翔实，实为"佛教影响说"的扛鼎之作！在文中，牟氏对儒释讲经的撰疏、仪式等均做出了详细的考察。值得注意者有二：一者，牟氏将佛教讲经而为义疏的历史追溯到东晋法崇。二者，认为儒家首有义疏最可信的事件为刘宋大明四年（460）皇太子讲《孝经义疏》。④ 牟氏这种以"讲经而释氏为先"、儒家"义疏"乃是刘宋以后经生仿自佛教徒讲经时的"讲义"或"记录"的观点，在学术界影响甚大。

---

① 此外，汤用彤、王启涛、杨菁等先生也有类似的观点。分别参见《汉魏两晋南北朝佛教史》（北京大学出版社 1997 年版，第 391—396 页）、《魏晋南北朝语言学史论考》（巴蜀书社 2001 年版，第 137—157 页）、《刘宝楠〈论语正义〉研究》（花木兰出版社 2006 年版，第 47 页）。

② 梁启超：《翻译文学与佛典》，梁启超：《佛学研究十八篇》，上海古籍出版社 2001 年版，第 199 页。

③ 牟润孙：《论儒释两家之讲经与义疏》，《现代佛学大系》（第 26 册），弥勒出版社 1984 年版，第 56 页。

④ 戴君仁先生认为，最早的义疏著作为晋人伊说的《尚书义疏》（参见戴君仁《经疏的衍成》，《经学论文集》，黎明文化事业股份有限公司 1981 年版，第 119 页）。

其二，"义疏"体为儒家固有说，以戴君仁、饶宗颐等为代表。戴君仁云："我觉得儒家的经疏和佛家的经疏，虽有其共同之点，但儒家的经疏，自有它本身的历史，由汉历晋，以至南北朝，逐渐衍变而成，不是单纯的由佛书产生出来的，可以说是二源的，也可以说是中印文化合产生的。……而章句则是对弟子们讲的，如现在学校中的讲义。讲义可以印出来，章句也可以写定。我想汉儒的章句，应是南北朝义疏之祖。"① 如果说戴氏的"二源"说还具有推断性，那么饶宗颐则通过对牟润荪文的批评，更切实地指出其"对彼邦经疏之体例，仍未深究，佛家经疏，沿袭自婆罗门，故论梵土经疏之始，非追溯至吠陀分（Vedāṅga），无以明其原委"②。饶氏通过对成书于前二世纪的婆罗门经典《摩诃婆沙》（汉译《大疏》）的体例分析，得出"梵土之有疏体，远在西汉"的观点；而且又据婆罗门主静修，不欲传教，而佛教教义又相抵牾，不愿多与之沟通等现象推断，梵书对汉土经生恐无任何影响可言。③ 进而饶氏通过论证汉时说经的记录可称为"记"，"记"与"疏"两字互训，"说"与"疏"同义等现象，认为"义疏"与"义说"原无大异，牟氏所举《孝经义疏》的"义疏"体，可能同于魏时出现的义说体。加上汉时也有讲经问答的现象，故饶氏认为："讲经与义疏在汉土自身之发展，其原甚早。若乎参入释氏让座讲唱开题等仪式，因其讲稿，撰为义疏，则其事甚晚，盖产生于佛学大行之后。"④

综观上述异说，笔者倾向于饶氏之论，"义疏"作为文体，可以为中印学者方便说经而共选，并非在佛教流行中国后，国内学者才效仿制体。然而，值得注意的是，上述两种观点均承认"南北朝时期，儒家义疏著作，风起云涌，其事与释氏经疏之发达，要不无间接关系"⑤。这一时期的儒家义疏体著作，唯皇侃《论语义疏》以完书形式尚存于世；但是通过上节列表知，也有不同思想倾向的学者撰写了同名《论语义疏》，或《论语述义》《略解论语》等类似"义疏"体的著作。事实上，为经典制

---

① 戴君仁：《经疏的衍成》，《经学论文集》，第103页。
② 饶宗颐：《华梵经疏体例同异析疑》，《饶宗颐二十世纪学术文集》卷4，（台湾）新文丰股份出版有限公司2003年版，第414页。
③ 同上书，第417页。
④ 同上书，第426—427页。
⑤ 同上书，第428页。

义疏也不是儒、释学者所专有，在道家（教）学者中也较为流行。据《隋书·经籍志》载，萧齐倾向于道家思想的顾欢撰有《老子义纲》《老子义疏》各1卷。梁道士孟智周撰有《老子义疏》5卷，臧玄静撰《老子疏》4卷。可见，"义疏"实为魏晋南北朝时期三教学者共选的解经体例。

为何是时学者热衷于选择"义疏"体解经？究其因，在于"义疏"作为文体蕴含着自由开放的特质，有助于阐释者自由阐发己说。"义疏"体集经、注、疏为一体（中土"义疏"初时虽皆以注疏别本单行，但也需要面对"经"文。"经"为隐晦存在），融合"问答"与"记述"，较以往传、注等解经体例更为自由。阐释者不仅依注作疏，还兼疏经文，把历史视域中经文、注文和当下的疏文有机地结合起来，形成了多种阐释视域的融合。对疏者而言，阐释视域融合的过程也是"六经注我"和"我注六经"式的双向交流，尤其是在梳理经文时，疏文者可以对注文提出不同的见解。在梳理注文时，同样可以对以往的疏文提出异议，从而对经文阐释的空间极力张显，这也是"义疏"体自由开放的特质所在。在魏晋南北朝时期，三教交会频繁，阐释者的思想不可避免地受到时代思潮的影响，对经文的理解必然和以往的注文存在较大的出入。而"义疏"的自由体式又为注疏者提供了自由发挥的空间，注疏者也对注文采取一种选择性的态度，在融合历史与现时的阐释视域时，杂摄三教或其他思想。从此种意义上看，"义疏"体扩显了经典阐释的空间，有助于学术思想的融合与创新。虽然后人论义疏之学有"杂而不醇"、"杂博"之讥，然而"当汉学已往，唐学未来，绝续之交，诸儒倡为义疏之学，有功于后世甚大。……然渊源有自，唐人五经之疏未必无本于诸家者。论先河后海之义，亦岂可忘筚路蓝缕之功乎！"① 可见，义疏之学的优点不止于以"杂博"而保存文献，也在于以其"杂博"拓张了阐释的空间，展现了时代学术风貌。

如果说皇侃采用"义疏"体解《论语》，侧重对传统经典注疏形式的继承，那么以"疏"破"注"，则是进一步打破"经注"的限制，体现出皇侃的学术创新勇气。《论语义疏》"以疏破注"的体例特征，素为学

---

① 皮锡瑞：《经学历史》，第130页。

术界所注意。然而皇侃为什么要"以疏破注",学术界对此则鲜有论述。① 如前所论,汉时解经体例名目颇为繁杂,历来学者论述亦不尽相同。如皮锡瑞云:"孔子所定谓之经;弟子所释谓之传,或谓之记;弟子展转相授谓之说。"② 章学诚云:"《春秋》三家之传,各记所闻,依经起义,虽可谓之记可也。经《礼》二戴之记,各传其说,附经而行,虽谓之传可也。"③ 马宗霍认为,两汉注书"立名虽繁,而通行之体例,则不外乎传、注、章句三者"④。戴君仁认为,汉儒著作"可归纳为故、传、说、记、章句五种;大别之,则是解故和章句两种"⑤。张舜徽则总结为"传、注、记、说、微、训、故、解、笺、章句"十科"⑥。事实上,无论解经名目如何繁多,汉代以来的解经均须立足于经典文本,传、注等解经体式不过是为方便之故,其间的区别甚小。若马氏以"传、注、章句"概括之,亦当不误。关于汉魏以来的解经体式,皇侃也做出了阐述:

> 章句者,注解。因为分断之名也。……训亦注也……训说者,文字解之耳……注者,自前汉以前解书皆言"传",去圣师犹近,传先师之义也。后汉以还解书皆言"注",注己之意于经文之下,谦下必是之辞也。……义说者,解其义。……既注者多门,故得失互不同也。⑦

皇侃之论甚明,在名目上解经体式虽然存在"章句"、"训"、"义说"等不同,但是可用"传"、"注"涵括。"传"、"注"的区别有二:一是存在时间上的差别(西汉、东汉),其判断标准为"去圣"的远近。二是"传"传圣师(孔子)之义,"注"言个人对经典的理解。"传"较

① 笔者仅见甘祥满先生《〈论语义疏〉的体式与结构及其诠释学意义》一文(《儒家典籍与思想研究》第1辑,北京大学出版社2009年版),该文从诠释学意义上梳理诸解经体式,对笔者有所启发。

② 皮锡瑞:《经学历史》,第39页。

③ 章学诚著,叶瑛校注:《文史通义校注》,中华书局1985年版,第248页。

④ 马宗霍:《中国经学史》,第56页。

⑤ 戴君仁:《经疏的衍成》,《经学论文集》,第107页。

⑥ 张舜徽:《广校雠略(附释例三种)》,第54页。

⑦ 皇侃:《论语义疏》,第17页。

忠于圣师的思想，"注"则重在阐发己说，而后者实为皇氏所强调的重心。依上述之论，《论语义疏》之"义疏"当为"注"（皇疏中常以"按"、"释"论之）。事实上，"注"也存在不同的家法师法（多门），故而对经典的阐释也存在可靠与不可靠、优与劣之分。在皇侃看来，后汉之后"去圣"既远，对经典的阐释固然失去了可靠的依凭，虽"注者多门"，但皆为阐发己意。以此种思维类推，皇侃作"义疏"必然是在理综汉魏晋诸家《论语》注的基础上阐发个人的思想，未必如前汉经师般寻找注疏的可靠依凭。故其云：

> 侃今之讲，先通何集，若江集中诸人有可采者，亦附而申之。其又别有通儒解释，于何集无妨者，亦引去为说，以示广闻也。①

皇侃撰述目的明确，从表面上看，是以通疏何晏《论语集解》为旨归，以援引与何晏《论语集解》无妨的他注为标准。但是皇侃并非停留于此，又注重"亦附而申之"，阐发个人对《论语》及其诸家注的理解。因此，皇侃的撰述已不再是严格地遵循前人之注，恪守师法、家法的陈规；而是通过疏释前人注文，进而突破前人，以达到充分展现个人哲学思想的目的。例如，疏释孔安国"但闻其忠事，知其仁也"语，皇侃援引他注并做出评判：

> 李充曰："子玉之败，子文之举，举以败国，不可谓智也。贼夫人之子，不可谓仁。"侃谓：李为不智不及注也。②

通过比较，皇侃认为，李充所释逊于孔安国注，援引李注之意，在于遵循孔注，申言己说。此例虽没有突破前注，但显示了皇侃辨析异说，阐发己见的学术精神。

又如，疏释《论语·八佾》"子谓《韶》：'尽美矣，又尽善矣也'"章。《论语集解》云："《韶》舜乐名也。谓以圣德受禅，故曰'尽善'也。"而皇侃不同意此说，直云：

---

① 皇侃：《论语义疏》，第13页。
② 同上书，第82页。

注不释"尽美"而释"尽善"者，释其异也。①

再如，释《论语·公冶长》"子贡问曰：赐何如"章，苞氏云："瑚琏者，黍稷之器也。夏曰瑚，殷曰琏"，而皇侃则驳斥云：

《礼记》云："夏之四琏，殷之六瑚。"今云夏瑚殷琏，讲者皆云是误也。②

如果说，上述皇疏虽不同意前人注文，但尚未离汉儒解经规矩，那么皇侃在疏文中广泛援引佛教思想，则大异于汉魏人解经。诸如疏释《论语·雍也》"智者不惑"章时，皇侃于苞氏"不惑乱也"句不加疏释，而径直云：

智以照了为用、故于事无疑惑也。③

疏释《论语·先进》"子路问鬼神"章时，皇侃又抛开诸家注，云：

外教无三世之义，见乎此句也。周孔之教，唯说现在，不明过去未来。而子路此问事鬼神，政言鬼神在幽冥之中，其法云何也。此是问过去也。④

前例以"照了"释"智"，明见世界，乃佛教语。后例则脱离《论语》文义，大谈三世之说、鬼神观念。显然，皇侃为了阐明个人思想，不惜违背经文与注文，以"疏"破"注"。

综上，皇侃对"义疏"体、"以疏破注"的采用，一方面有助于在疏文中杂摄更多的异质思想，从而使"疏"的地位高于"注"；另一方面也把个人对《论语》的哲学理解贯彻其中。从此种意义上讲，《论语义疏》

---

① 皇侃：《论语义疏》，第 57 页。
② 同上书，第 71 页。
③ 同上书，第 160 页。
④ 同上书，第 189 页。

已不单单是经学著作，更是具有较深刻思想的哲学著作。如果说，在皇侃之前，何晏、王弼、郭象等玄学家注解《论语》，从注文上打破了汉儒家法师法，会通儒道，那么到了皇侃，则不仅从注文，而且进一步从体式上突破了汉代解经的规矩，彰显了经典阐释的空间，杂摄三教于其中。以致唐代撰修《五经正义》时，虽然主张"疏不破注"的解经规范，但是《论语义疏》杂摄他家的取向却为后世学者所坚守。故皮锡瑞云："杂者，魏、晋至唐及宋初之学也。"[1] 基于此，《论语义疏》在传统经典阐释史上的地位亦愈显重要。

2. 语言特征

在哲学阐释过程中，语言是阐释者与阐释文本发生作用的中介。换言之，一切哲学阐释都是发生在语言过程中的，这也是伽达默尔所谓的"能被理解的存在就是语言"[2] 之论。虽然在中国古代哲学家中，鲜有对"语言"进行哲学分析者，也不像现代西方哲学一样注重语言在阐释过程中的意义，但是作为哲学阐释的语言在古今、中外具有同样的功用，以其富有丰富意蕴的表征，不仅要沟通经典文本及其过去的阐释与当下的阐释，也要促使阐释者的当下阐释顺应时代学术的氛围，有效地为时人所理解。基于此种理解，如果回到《论语义疏》上，我们会发现，皇侃对语言的使用也遵循着在阐释过程中实现当下与历史视域融合与对话的需求，自我疏释与所面对的国子学听众的理解需求。这双方面的需求，使皇侃将自汉魏以来三教不断纷争与融合、三教典籍及其语言日益为士人所谙熟和运用的状况，融摄到对《论语》及诸家注的疏释之中。故仅就其中的道家语言、佛教语言试做简要揭示：

其一，道家语言。在《论语义疏》中，皇侃对道家语言的运用甚为广泛，具体而论：一是广泛征引道家典籍、道家学者的言论。二是在疏释过程中灵活使用具有道家色彩的语言。就前者而言，其援引的道家典籍，以《老子》最为突出，诸如：（1）在疏释"不恒其德或承之羞"时援引《老子·第4章》"湛兮似或存"语，[3] 说明"或"为"常"义。（2）疏释"子曰：'可以为难矣，仁则吾不知也'"时援引《老子·第十九章》

① 皮锡瑞：《经学历史》，第 254 页。

② 伽达默尔：《真理与方法》，上海译文出版社 1999 年版，第 13 页。

③ 皇侃：《论语义疏》，第 236 页。

"少私寡欲"语,① 言说为仁之难。（3）疏释孔安国"君子慎所习也"时，援引《老子·第2章》"天下以知美之为美，斯恶已。以知善之为善，斯不善已"语,② 说明"善恶之名，恒就事而显"的道理。（4）在疏释"君子不重则不威"时，援引《老子·第26章》"重为轻根，静为躁本"语,③ 说明"君不重则无威，无威则人不畏之也"的道理。（5）疏释"子曰：'古者言之不出，耻躬之不逮也'"时，援引李充语"夫轻诺者必寡信，多易者必多难。是以古人难之"④。李充之语实源于《老子·第36章》"夫轻诺必寡信，多易必多难"。（6）在疏释"愿无伐善"时，援引李充语"自伐者无功，自矜者不庄"⑤。李充此语亦源于《老子·第24章》"自伐者无功，自矜者不长"。

相对于援引典籍，皇侃援引道家学者言论更为繁多，涉及王弼、郭象、顾欢、缪协、缪播等多家，其中征引王弼、缪协二家注甚至多达三四十处。⑥ 故择其数例论之：（1）疏释"其言之不怍，则其为之也难"时，援引王弼"情动于中而外形于言，情正实而后言之不怍"语,⑦ 说明"时多虚妄，无惭怍少"的现象。（2）疏释苞氏"先能事父兄，然后仁可成也"时，援引王弼"自然亲爱为孝，推爱及物为仁也"语加以阐释。⑧（3）疏释"五十而知天命"时，援引王弼"天命废兴有期，知道终不行也"语。⑨（4）疏释"吾道一以贯之"时，援引王弼"贯，犹统也。夫事有归，理有会。故得其归，事虽殷大，可以一名举；总其会，理虽博，可以至约穷也。譬犹以君御民，执一统众之道也"之论。⑩（5）疏释"子谓子贡曰：'汝与回也孰愈'"时，援引缪播"学末尚名者多，顾其实者寡。回则崇本弃末，赐也未能忘名。存名则美着于物，精本则名损于当

---

① 皇侃：《论语义疏》，第240页。

② 同上书，第303页。通行本《老子·第2章》为"天下以知美之为美，斯恶已。皆知善之为善，斯不善已"。

③ 同上书，第10页。通行本《老子·第26章》为"重为轻根，静为躁君"。

④ 同上书，第67页。

⑤ 同上书，第87页。

⑥ 据董季棠先生统计援引王弼说42次，缪协说33次（参见董季棠《评论语义疏之得失》上篇，《孔孟学报》第28期）。

⑦ 皇侃：《论语义疏》，第256页。

⑧ 同上书，第6页。

⑨ 同上书，第20页。

⑩ 同上书，第64页。

时"语。① （6）疏释"颜渊，死子哭之恸"时，分别援引郭象"人哭亦哭，人恸亦恸，盖无情者与物化也"语，与缪协"圣人体无哀乐，而能以哀乐为体，不失过也"语。②

　　就皇侃灵活运用道家语言而言，其例也甚多。诸如：（1）疏释"子贡曰：'夫子之文章，可得而闻也'"时，皇侃云："文章者，六籍也。六籍是圣人之筌蹄，亦无关于鱼兔矣。六籍者有文字章著焕然，可修耳目，故云'夫子文章，可得而闻也'。"③ 筌蹄鱼兔之喻源于《庄子·外物》，皇侃此处的借用与道家得意忘言之说并无二致。（2）疏释何晏"凡人任情，喜怒违理"时，皇侃云："未得坐忘，故任情不能无偏，故违理也。"④ 援借《庄子·大宗师》"坐忘"之说，说明任情违理之偏。（3）疏释"为政以德，譬如北辰居其所，而众星拱之"时，皇侃云："譬人君若无为而御民以德，则民共尊奉之而不违背，犹如众星之共尊北辰也。"⑤ 以《老子》"无为"义诠解为政之德。（4）疏释"毋意"时，皇侃云："凡人有滞，故动静委曲，自任用其意。圣人无心，泛若不系舟，豁寂同道，故无意也。"⑥ 以道家圣人无心，豁寂同道的思想解读孔子"毋意"之论。（5）疏释"毋我"时，皇侃又云："此圣人行教，功德成身退之迹也。圣人晦迹，功遂身退，恒不自异，故无我也。亦由无意，故能无我也。"⑦ 又化用了《老子·第9章》"功成、名遂、身退、天之道"之义。（6）疏释"君子食无求饱，居无求安"时，皇侃云："此劝人学也。既所慕在形骸之内，故无暇复在形骸之外，所以不求安饱也。"⑧ 疏释"士志于道而耻恶衣恶食者，未足与议也"时，又引李充语："夫贵形骸之内者，则忘其形骸之外矣。是以昔之有道者有为者，乃使家人忘其贫，王公忘其荣，而况于衣食也？"⑨ 此皆化用了《庄子·德充符》"今子与我游于形骸之内，而子索我于形骸之外，不亦过乎"中"形骸之内"与"形

① 皇侃：《论语义疏》，第75页。
② 同上书，第188页。
③ 同上书，第78页。
④ 同上书，第89—90页。
⑤ 同上书，第18页。
⑥ 同上书，第145页。
⑦ 同上书，第146页。
⑧ 同上书，第15页。
⑨ 同上书，第62页。

骸之外"之义。

综上,皇侃对道家语言的使用并非停留在表面的援引上,更注重运用语言的内在含义服务于其对《论语》及诸家注的疏解。事实上,皇侃的这些援引也是其哲学理论构建中不可缺少的部分。

其二,佛教语言。皇侃对佛教语言的援引与吸收,主要体现在皇侃援引佛教词汇来阐释《论语》及诸家注上。关于《论语义疏》中的佛教词汇,徐望驾《〈论语义疏〉语言研究》一书主要列举了"当来"、"方便"、"觉悟"、"染著"、"染累"、"外语"、"外教"、"忘忍"、"印可"、"应机作教"、"圆足"、"圆通"、"汝于"、"其于"14个例子。[①]虽仍有一些遗漏,但可以说这对《论语义疏》中佛教语言的研究贡献良多。

自汉代以来,佛典翻译不仅一度广泛地采取格义的方法援引中土语言,也不断运用汉魏以来形成的新词汇,这些词汇为当时儒、道、释学者所共取,不一定为佛教专用。如徐氏所论的"外教",虽指与佛教相对的儒学,但儒、佛内外之分的观念乃是当时学术界的共识,若孙绰云"缠束世教之内,肆观周、孔之迹","周、孔即佛,佛即周、孔,盖内外名耳";[②]沈约云"内圣外圣,义均理一"[③]。故而,仅就"外教"一词很难辨别使用者的思想倾向。纵然印度存在"外教"之说,言指站在佛教立场上论佛教之外的宗教或教法,但中土"外教"为时语,亦未必站在佛教立场上言说。故而以下仅征引数例具有明显佛教色彩的语言析之:

"照了"一词,在《论语义疏》中共出现四处:(1)疏释《论语·子罕》"智者不惑"时,皇侃云:"智以照了为用,故于事无疑惑也。"[④](2)疏释《论语·宪问》"智者不惑"时,皇侃云:"智者以照了为用,是无疑惑。"[⑤](3)疏释《论语·阳货》"可谓智乎"时,皇侃云:"言智者以照了为用,动无失时。"[⑥](4)疏释"马融曰:'所因,谓三纲五常也'"时,皇侃云:"有照了之德为智。"[⑦]这四处均以"照了"释"智"。佛教之"照",为"观察照见"义,即用觉悟之心来反省。"了"为"了

① 徐望驾:《〈论语义疏〉语言研究》,中国社会科学出版社2006年版,第81—86页。
② 孙绰:《喻道论》,《中国佛教思想资料选编》第1卷,第25、27页。
③ 沈约:《均圣论》,《中国佛教思想资料选编》第1卷,第280页。
④ 皇侃:《论语义疏》,第160页。
⑤ 同上书,第258页。
⑥ 同上书,第302页。
⑦ 同上书,第31页。

悟"、"明了"义，如灯光照物，可令人明了一切。可见，"照了"乃是一种修慧的方法，或指达到的修行境界。皇侃以此释"智"，取其以智慧破除迷障而了悟无惑之义。

又如"钝根"。皇侃在疏释"人不知而不愠，不亦君子乎"时，云："若人有钝根不能知解者，君子恕之而不愠怒之也，为君者亦然也。"① 佛教之"钝根"与"利根"对称，又作"下根"，指"根机迟钝"义。钝根者领悟性不高，于修道证果上必然劣质。皇侃以佛教钝根义释解"不知"，虽违孔子本义，但也看得出其顺应时俗，以佛义释儒经的努力。

再如"染"。"染"在《论语义疏》中出现数次：（1）皇侃在疏释"里仁"时，云："此篇明凡人之性易为染箸，遇善则升，逢恶则坠，故居处宜慎，必择仁者之里也。"② （2）疏释"择不处仁，焉得智"时，又云："中人易染，遇善则善，遇恶则恶。"③ （3）疏释孔安国"喻君子虽在浊乱浊乱不能污"时，云："贤人以下易染，故不许入也。若许入者是圣人，圣人不为世俗染黑，如至坚至白之物也。"④ 一般而言，佛教之"染"指众生因受爱欲、烦恼等及各种业所致，而执着外境、遮蔽了本心。从整体的疏释看，皇侃虽借用了"染"，但更多的是取受环境熏染之义。

事实上，在佛教兴盛的梁代，皇侃采用佛教语言当是受时代风气影响之故。但是，与所采用道家语言相比较，皇侃所采用佛语甚少，其着眼点仍是为了有效地疏释《论语》及诸家注。以此而论，一些学者仅凭"外教"之论，认为皇侃信仰佛教，或云难以理解为何皇侃使用"外教"一词，⑤ 恰恰是没有体察在三教并行交会的时代风气下，皇侃援引佛教词汇

---

① 皇侃：《论语义疏》，第4页。

② 同上书，第58页。

③ 同上书，第58页。

④ 皇侃：《论语义疏》，第307页。此释中"染黑"一词，知不足斋本《论语义疏》作"染累"，徐望驾先生于此版本择取该词，视为佛源词。儒藏本作"染黑"。从语意看，当为"染黑"，非"染累"。

⑤ 在疏释皇侃"外教无三世之义"时，高获华先生云："先说'外教'一词，皇侃笃信佛教，佛教为宗教，以自己之宗教信仰为本教，应不为过，也是人之常情。毕竟儒家本就不是宗教。"（高获华：《皇侃〈论语集解义疏〉研究》，第16页）董季棠先生在论述皇侃，云："此何以指儒家为'外教'？又何以以敌对之地位，指儒家为'周孔之教'？'不明过去、未来'，意讥孔学有缺，不如佛说圆到也。……皇氏硕儒，忽发此言，是诚不可解矣。"（董季棠《评论语皇疏之得失》下，《孔孟学报》第29期，第185页）

的用意。

（二）思维方式

虽然皇侃对《论语》疏释体例、语言的选择，为自由发挥其思想提供了可能的条件与契机，但是这尚属外在因素；要真正进入了阐释过程的内部有效地消解《论语》及其诸家注之间的矛盾或张力，则在于皇侃在解经过程中所采用的思维方式。故而对《论语义疏》思维方式的解读，显得十分必要，尤其是在当前学术界鲜有学者对此做出系统解读的情况之下。概言之，有三个方面较为突出。

1. 名实（理）论

自先秦以来，"名"与"实"作为重要的思维范畴被儒、墨、道、法等学派广泛运用。一般而言，"名"指概念、名称，"实"指概念、名称所指代的内容。"名实"论起源于孔子的"正名"之说。① "名"、"实"并举，广泛出现于战国诸子的论著之中，如"名者，实之宾"（《庄子·逍遥游》），"名止于实，义设于适"（《庄子·至乐》），"以名举实"（《墨子·小取》），"夫名，实之谓也"（《公孙龙子·名实论》），"制名以指实"（《荀子·正名》），等等。这些论述侧重从名、实的起源、内涵、关系等方面着眼，促成了中国学术史上名实论的第一次高潮。然而，随着百家争鸣的结束，名实论虽一度陷入低潮，但也有思想痕迹可寻。诸如西汉董仲舒《春秋繁露·深察名号》重新阐述"正名"、"名实"问题，马王堆帛书在名实基础上引入"刑（形）名"之说，循名究理。东汉学者也多以名实论揭示时弊，如王符提出"有号者必称于典，名理者必效于实，则官无废职，位无非人"（《潜夫论·考绩》），仲长统重提"名实有正"（《昌言·损益》），等等。但是名实论的高潮重现则是在曹魏时期，名实论融摄刑名学（名理学），畅行一时。其内容主要涉及三个思维范畴："名"、"形"、"实"。诸如"名者，所以名实也。实立则名从之，非名立而实从之也。故长形立而名之曰长，短形立而名之曰短。非长短之名先立而长短之形从之也"（《中论·考伪》），"王者必正名以督其实"（《政论·正名》），"夫名非实，用之不效"（《人物志·效难》），等等。这些论述促进了魏晋南北朝时期名实、名理思维方法的嬗变与深入。具体

---

① 参见张岱年《中国哲学大纲》，中国社会科学出版社1982年版，第560页。

而言，包括两个互相贯通的内容：注重解决"名"、"实"概念关系的"校实定名"方法与探求事物的本质、规律、关系的"辨名析理"的方法。① 如王弼所谓"名号出乎形状"（《老子指略》），"凡名生于形，未有形生于名者"（《老子指略》），即以"形"沟通"名"与"实"，当属于运用"校实定名"的名实论方法。而嵇康《明胆论》析辨"明"（智慧）、"胆"（勇气）关系，则是运用"辨名析理"的名理学方法。

皇侃在《论语义疏》中广泛运用上述思维方法。兹析论数例：

在疏释"子曰：'吾与回言，终日不违，如愚'"章时，皇侃云：

> 此章美颜渊之德也。回者，颜渊名也。愚者，不达之称也。自形器以上，名之为无，圣人所体也；自形器以还，名之为有，贤人所体也。今孔子终日所言，即入于形器，故颜子闻而即解，无所谘问。故不起发我道，故言"终日不违"也。②

在皇侃看来，"有""无"的界定在于"形器以上"与"形器以还"、"圣人所体"与"贤人所体"之别。这种辨析"形器"，揭示"有""无"的思维方式，当属于"校实定名"的层面；而皇侃进一步论述圣人、贤人所"体"，则深入了"有""无"的本质，当属于"辨名析理"的层面。皇侃此种思维方式与王弼"名号生乎形状，称谓出乎涉求"③ 之论如出一辙。"名"由事物形状、实质所决定，"称"则由观察者的角度决定。

又如，疏释"马融曰：'所因，谓三纲五常也'"之"五常"时，皇侃云：

> 五常谓仁、义、礼、智、信也。就五行而论，则木为仁，火为礼，金为义，水为信，土为智。人禀此五常而生，则备有仁、义、礼、智、信之性也。人有博爱之德谓之仁，有严断之德为义，有明辨尊卑敬让之德为礼，有言不虚妄之德为信，有照了之德为智。此五者

---

① 王晓毅：《知人者智——〈人物志〉解读》，中华书局 2008 年版，第 27 页。王先生认为，曹魏时期刑名学方法的基本路数，由"校实定名"与"辨名析理"两个层次构成。此论中肯！实际上，这也是名实思维方法进一步融摄黄老道家刑名学后的展现。

② 皇侃：《论语义疏》，第 24 页。

③ 王弼：《老子指略》，《王弼集校释》，中华书局 1980 年版，第 198 页。

是人性之恒，不可暂舍，故谓五常也。①

在皇侃看来，金、木、水、火、土"五行"为五种生理机能，是作为仁、义、礼、智、信"五常"的实质与来源的。"五行"决定了"五常"之别。同时，皇侃又以博爱、严断、明辨尊卑敬让、言不虚妄、照了"五德"作为"五常"的内涵。此皆属于"校实定名"的层面。如果进一步推论，皇侃所谓的"五德"恰是"五行"在人身上的表征，这则深入了探索"五行"、"五常"、"五德"之间规律与关系的名理层面。虽然皇侃的表述还不甚清晰，但是如果我们反观刘邵《人物志·九征篇》以阴阳五行之气生成的生理素质作为"人才"的实质，以生理素质的情况决定人才品质的差异，以"九征"（神、精、筋、骨、气、色、仪、容、言）作为联系生理素质与人才的中介，可以看出，皇侃在揭示"五常"时，采取的总体理路和刘邵并无二致，仅是将外在的"九征"转化为内在"德"性而已。

再如，疏释"利者，义之和也"时，皇侃云：

义者，宜也。和者，无害也。凡人世之利，利彼则害此，非义和也。若天道之利，利而无害，故万物得宜而和，故曰"义之和"也。

此例中，皇侃不仅校定"义"、"和"之名，而且进一步揭示了义、利的关系，及万物得宜而"义和"的道理。

事实上，在皇侃对《论语》文本及诸家《论语》注进行疏释时，名实、名理论是其最常用的思维方式。诸如释"节用而爱人，使民以时"时，辨析"人"、"民"之别；释"不好犯上，而好作乱者"时，辨析"孝"与"不孝"；释"智者乐水"时，辨析"智"与"乐"，等等。此外，值得注意的是，在皇侃所援引的诸家注中也广泛涉及名实、名理思维的特征。这些注和皇疏一样成为反映《论语义疏》思维特征的有机组成部分。典型者如疏释"子温而厉，威而不猛，恭而安"时，皇侃引注云：

故王弼曰："温和不厉，厉不温；威者心猛，不猛者不威；恭则

---

① 皇侃:《论语义疏》，第31页。

不安，安者不恭。此对反之常名也。若夫温而能厉，威而不猛，恭而能安，斯不可名之理全矣。故至和之调，五味不形；大成之乐，五声不分；中和备质，五材无名也。"①

王弼此注所释"温"、"厉"、"恭"等均遵循着其一贯的名理学思路——"名号生乎形状，称谓出乎涉求"。通过反复辨析各个概念之间的关系，不仅揭示了"常名"、"不可名"之理，而且进一步从味、听、材质等方面辨析"至和之调"、"大成之乐"、"中和备质"，得出"不形"、"不分"、"无名"的结论。再联系王弼在《老子指略》中所云："夫物之所以生，功之所以成，必生乎无形，由乎无名。无形无名者，万物之宗也。不温不凉，不宫不商，听之不可得而闻，视之不可得而彰，体之不可得而知，味之不可得而尝。故其为物也混成，为象也则无形，为音也则希声，为味也则无呈。故能为品物之宗主，苞通天地，靡使不经也。若温也则不能凉矣，宫也则不能商矣。形必有所分，声必有所属。故象而形者，非大象也。音而声者，非大音也。然则四象不形，则大象无以畅。五音不声，则大音无以至。四象形而物无所主焉，则大象畅矣；五音声而心无所适焉，则大音至矣。"② 此处，王弼从听、视、体、味等方面辨析的无形之道的刑名学理路和上述皇侃援引语句何其相似，均是通过"有形"揭示"无形"。董季棠在论述皇侃引文时，云其"反复论说，思致绵密。文末三喻，以见孔子之修养，出神入化，臻于圣境"③。董氏以"文辞佳美"，思致绵密评说，未尝不可；但是如果深入体会王弼的思维理路，则更见其论述精审，文末三句，非但不是"三喻"，反而是思维所致，不得不达的高峰。皇侃的援引更见其能契合王弼心迹。

又如，疏释孔安国云"有鄙夫来问于我，其意空空然。我则发事之终始两端以语之也，而竭尽所知，不为有爱也"时，皇侃引缪协语：

　　夫名由迹生，故知从事显。无为寂然，何知之有？唯其无也，故能无所不应。虽鄙夫，诚问必为尽其本末也。④

---

① 皇侃：《论语义疏》，第 127 页。
② 王弼：《老子指略》，《王弼集校释》，第 195 页。
③ 董季棠：《评论语皇侃义疏之得失》（上），《孔孟学报》第 28 期。
④ 皇侃：《论语义疏》，第 194 页。

在释孔安国语时，皇侃仅引上述缪协之论，则可知皇侃赞同缪协此论，故不再赘引他注。此论通过剖析"名号"与"形迹"的关系，揭示以"无"为万物之本的思想，将名理学角度的阐述转化为对本体的揭示，依然沿袭了魏晋玄学家的思维理路。

综上所述，皇侃对名实、名理思维方法的吸收，深受自先秦以来，尤其是汉魏以后玄学、刑名学思维方式的影响。就运用上述思维方法而言，虽然皇侃少有创见，但是也透露出其试图通过采用这些传统的思维方法，疏释《论语》与诸家注，形成自己的理论特色。

2. 理事论

名实、名理的思维方式的确为皇侃顺利地从哲学层面疏释《论语》提供了方法论的帮助，但是面对内容博杂的《论语》、差异迭出的诸家《论语》注，仅凭上述思维方式是很难解决问题的，甚至会造成无法阐释的情况。诸如按照名实论的思维方式，皇侃认为："既方为世典，不可无名。"① 著作之所以存在，必然需要名称，而得名的原则是名（书名）实（主旨）相符。"以孝为体者则谓之《孝经》"，"以庄敬为体者则谓之为《礼记》"。② "体"为著作的主旨内容。显然，《孝经》《礼记》的得名是遵循了名实相符的原则。然而，若严格按照这种思维方式命名内容繁杂的《论语》，则会出现抵牾。因此，皇侃也不得不转换思路，云：

> 然此书（《论语》）之体，适会多途，皆夫子平生应机作教，事无常准，或与时君抗厉，或共弟子抑扬，或自显示物，或混迹齐凡，凡同答异，言近意深，《诗》、《书》互错综，《典》、《诰》相纷纭，义既不定于一方，名故难求乎诸类，因题《论语》两字，以为此书之名也。③

在皇侃看来，孔子一生"符应颓周，生鲁长宋，游历诸国"，"事迹多端，随感而起，故为教不一"。《论语》一书本是"孔子没后，七十弟

① 皇侃：《论语义疏自序》，第9页。
② 同上。
③ 同上书，第9—10页。

子之门徒共所撰录"，"弟子佥陈往训，各记旧闻，撰为此书"。① 故而《论语》内容繁杂，"事无常准"，问同答异，援引错综，没有固定的主旨，故难以如《孝经》《礼记》般得名。然而，正是这种"应机作教"的记载，"义既不定于一方"的内容，又恰恰展现了"适会多途"的实际内容，以此种"实"命名，故有《论语》之名。可见，从表面上看，皇侃采用了名实论的思维解决上述抵牾，但实际上名实论是无法解决《论语》得名问题的。对《论语》命名的考察，也必须引入新的思维方式——"理事"论。

事实上，理事作为一对思维范畴对举，其源较早。先秦即有"凡百事异理而相守"（《荀子·大略》）之论，至魏晋南北朝时期，随着名理学的盛行与佛教的传播，"理事"思维方式也屡屡出现在各种著述中。典型者莫过于刘邵与王弼。刘邵在《人物论》中析论"四理"，即"道之理"、"事之理"、"义之理"、"情之理"。刘邵所谓"事之理"即"法制正事"之规则，尚未对"理事"进行方法论的提升。而王弼解《论语》则云："夫事有归，理有会。故得其归，事虽殷大，可以一名举；总其会，理虽博，可以至约穷也。"② 王弼以事理二分、名以论事、约以穷理为要归，不仅将"理事"关系抽象至本体论高度，也为诠解《论语》提供了一种重要的思维方式。

在皇侃看来，"理事"思维方式不仅可以用来解决名实、名理论所带来的思维困境，而且可以用来融通前人的《论语》注。相对于王弼，皇侃的理事论有了进一步的丰富、深化与圆融。具体而言，包括"理事双该"与"理在事前"两个命题。这两个命题均是在皇侃诠解《论语》命名时提出的。就"理事双该"而论，皇侃云：

> 先儒后学解释不同，凡通此"论"字，大判有三途：第一，舍字制音，呼之为"伦"。一舍音依字，而号曰"论"。一云"伦"、"论"二称，义无异也。第一舍字从音为"伦"，说者乃众。的可见者不出四家：一云：伦者，次也。言此书事义相生，首末相次也。二云：伦者，理也。言此书之中，蕴含万理也。三云：伦者纶也。言此

---

① 皇侃：《论语义疏自序》，第 9 页。
② 皇侃：《论语义疏》引，第 64 页。

书经纶今古也。四云：伦者，轮也。言此书义旨周备，圆转无穷，如车之轮也。第二，舍音依字为"论"者，言此书出自门徒，必先详论，人人佥允，然后乃记，记必已论，故曰"论"也。第三，云"伦"、"论"无异者，盖是楚夏音殊，南北语异耳。南人呼"伦事"为"论事"，北士呼"论事"为"伦事"。音字虽不同，而义趣犹一也。侃案：三途之说皆有道理，但南北语异如何，似未详，师说不取，今亦舍之，而从音、依字，二途并录，以会成一义。何者？今字作"论"者，明此书之出，不专一人，妙通深远，非论不畅。而音作"伦"者，明此书义含妙理，经纶今古，自首臻末，轮环不穷。依字则证事立文，取音则理为义，义文两立，理事双该。圆通之教，如或应示。①

针对前人注解《论语》之"论"，存在舍字制音为"伦"、舍音依字为"论"，"伦"、"论"为南北语异的三种情况。皇侃认为，这三种解释均有道理，但是"南北语异"己未详，且其师贺场不取，故己说持存疑态度，也不取。在其他两说之中，一为就"事"而说，可"明此书之出，不专一人，妙通深远，非论不畅"；一为就"理"而言，可"明此书义含妙理，经纶今古，自首臻末，轮环不穷"。二说均有可取之处，且互相补充，故皇侃认为，对"论"的解释应当"依字则证事立文，取音则理为义，义文两立，理事双该"，注重从理事上分说。事实上，这种分说的目的恰恰是"会成一义"，体现《论语》为圆融诸理之书、孔子为教不一的特点。

就"理在事前"而论，典型地体现在皇侃对"论"、"语"次序的处理上。皇侃云：

> 此书，既是论难答述之事，宜以论为其名，故名为《论语》也。然此"语"是孔子在时所说，而"论"是孔子没后方论，"论"在语"后"，应曰《语论》。而今不曰《语论》，而云《论语》者，其义有二：一则恐后有穿凿之嫌，故以"语"在"论"下，急标

---

① 皇侃：《论语义疏自序》，第10页。引用时对《儒藏》本个别标点有所改动，引文再作标点改动时，则不再注明。

"论"在上，示非率尔故也。二则欲现此"语"，非徒然之说，万代之绳准，所以先"论"已，以备有圆周之理。理在于事前，故以"论"居"语"先也。①

皇侃意甚明，"语"为孔子在时所说，"论"为孔子没后出现。标题"论语"，是为了防止后人认为"论"有"穿凿之嫌"，视为"徒然之说"。"论"虽非孔子在时所记，但却符合孔子教义，与"理"一致。"论"、"语"次序的安排，故不当依后世所"论"之事与孔子当时之"语"的差别为准凭。实际上在皇侃看来，《论语》内容"适会多途，皆夫子平生应机作教，事无常准，或与时君抗厉，或共弟子抑扬，或自显物，或混迹齐凡，问同答异，言近意深，《诗》《书》互错综，典诰相纷纭，义既不定于一方，名故难求乎诸类"②。从表面看来《论语》内容虽繁杂纷纭，均为孔子应机作教的记录，书中"义旨周备，圆转无穷，如车之轮也"③，展现的是圆教之理。即便书中"或是弟子之言，或有时俗之语，虽非悉孔子之语"，但皇侃认为，这些言论在当时也"皆被孔子印可也。必被印可，乃得预录，故称此'子曰'，通冠一书也"④。甚至皇侃认为《论语》在章节安排上也具有连贯性、呼应性，从《学而》到《尧曰》存在前后的逻辑联系。故皇侃云："言《论语》小而圆通，有如明珠，诸典大而偏用，譬如巨镜，诚哉是言也！"⑤ 明珠虽小，但呈现万物，如《论语》以圆融妙理，呈现适会多途之事。因此，无论是义文两立、理事双该，还是理在事前，都是围绕着皇侃早已预设的《论语》为展现"圆通教理"思想的。

此外，皇侃也将理事思维方式运用到对《论语》文本及诸家注的疏释方面。兹析论数例：

疏释"子谓《韶》：'尽美矣，又尽善也'"时，皇侃云：

> 此详虞、周二代乐之胜否也。《韶》，舜乐名也。夫圣人制乐，

---

① 皇侃：《论语义疏自序》，第 11 页。
② 同上书，第 9 页。
③ 同上书，第 11 页。
④ 皇侃：《论语义疏》，第 2 页。
⑤ 皇侃：《论语义疏自序》，第 10—11 页。

随人心而为名。韶，绍也。天下之民乐舜揖让绍继尧德，故舜有天下而制乐名"韶"也。美者，堪合当时之称也。善者，理事不恶之名也。夫理事不恶，亦未必会合当时；会合当时，亦未必事理不恶。故美、善有殊也。《韶》乐所以尽美又尽善，天下万物乐舜继尧，从民受禅，是会合当时之心，故曰"尽美"也；揖让而代，于事理无恶，故曰"尽善"也。①

引文采用名理学的方式辨析《韶》乐的"美"与"善"之别："善"者"会合当时"，"美"者"理事不恶"。《韶》乐既会合当时，又理事不恶，故能尽善尽美。以此类推，周武王的《武》乐，虽然因天下之民乐其伐纣而得名，会合当时的民心，符合"尽美"原则，但是以"臣伐君，于事理不善，故云'未尽善'也"②。在皇侃看来，如果不符合"理"，哪怕是贤人圣王所行之事也不可褒彰。可见，皇侃对音乐的评价也严格遵循了"理事"二分的思维原则。

又如，疏释"子夏为莒父宰，问政"章中"欲速则不达"时，皇侃云：

解欲速之累也。若不安缓，每事而欲速成，则不通达于事理也。③

在皇侃之前，孔安国释"欲速则不达"云："事不可以速成，而欲其速，则不达矣。"④ 孔氏所谓的"达"，言指做事结果之"达"。而皇侃却释"达"为"通达"，认为为政之道，须注重安缓，不可仓促行事而求速成。违之，则是不通达事理。皇侃目的甚明，重在阐述为政的事理、道理，强调"理在事前"，"理"（为政之理）对事（为政之事）具有制约性，不能以事废理。

再如，《论语·为政》载录了孟懿子、孟武伯、子游、子夏问孝，而孔子所答皆异，可以说是"事"异。但是，皇侃却云：

---

① 皇侃：《论语义疏》，第 57 页。
② 同上书，第 57 页。
③ 同上书，第 231 页。
④ 同上。

　　此四人问孝是同，而夫子答异者，或随疾与药，或寄人弘教也。懿子、武伯皆明其人有失，故随其失而答之。子游、子夏是寄二子以明教也。故王弼曰："问同而答异者，或攻其短，或矫其时失，或成其志，或说其行。"又沈峭曰："夫应教纷纭，常系汲引，经营流世，每存急疾。今世万途，难以同对，互举一事，以训来问。来问之训，纵横异辙，则孝道之广，亦以明矣。"①

　　皇侃认为，懿子、武伯所失不同，子游、子夏所志不同，故四人对"孝"的理解或行为也不同（"事"异）。孔子所答不同，恰是"随疾与药"、"寄人弘教"，皆有其针对性，这也充分体现了孔子因材施教的教育特点（"理"同）。皇侃又引王弼、沈峭语说明孔子教育方式的灵活性与孝道的广博性。如此疏释则将表面看来不同的问孝、不同的回答圆融在一起。这恰恰又说明"《论语》之体，悉是应机适会。教体多方，随须而与，不可一例责也"②。《论语》展现的是孔子教化之说、之道，而孔子之说、之教具有圆融之理，不能用一事加以规范。

　　综观《论语义疏》，皇侃运用理事思维时，虽然大量使用了"理"、"义理"、"事理"、"道理"、"正理"、"物理"、"穷理"等词汇，但是这些"理"主要还停留在经验思维的层面上。从本体论思维方式看，皇侃的理事论也远未达到佛教自竺道生以来所追求的"法性照圆，理实常存"③，"善性者，理妙为善，返本为性也"④，将"理"与"法性"、"佛性"相沟通的情况；更缺乏隋唐佛教"理具事造"（天台宗）、"四法界"（华严宗，事法界、理法界、理事无碍法界、事事无碍法界）等明确地从本性、相上论理、事；也无法达到宋代理学家"性即理"、"理在事中"、"理在事先"的高度。但是，如果我们进一步考察皇疏，亦会发现皇侃论事未尝离开理，其理事论也蕴含着理存事中、理事不二的特点。若从这种理事分合并论的思维方式上讲，皇侃的理事论与隋唐佛教、宋儒差别甚微。

_____

① 皇侃：《论语义疏》，第24页。
② 同上书，第10页。
③ 宝亮等：《大般涅盘经集解》卷9，《大正藏》第37卷，第420页上。
④ 宝亮等：《大般涅盘经集解》卷51，《大正藏》第37卷，第531页下。

3．本末论

本末论作为传统思维方式起源甚早，在先秦典籍中就已广泛出现。若"吾闻国家之立也，本大而末小，是以能固"（《左传·桓公二年》），"德、义，利之本也"（《国语·晋语二》），"故贵以贱为本，高以下为基"（《老子·第39章》），"君子务本，本立而道生。孝弟也者，其为仁之本与"（《论语·学而》），"事亲，事之本也……守身，守之本也"（《孟子·离娄上》），"礼有三本：天地者，生之本也；先祖者，类之本也；君师者，治之本也"（《荀子·礼论》），"法令者，民之命也，为治之本也"（《商君书·定分》），"夫尚贤者，政之本也"（《墨子·尚贤上》），"故先王以道为常，以法为本。本治者名尊，本乱者名绝"（《韩非子·饰邪》），"中也者，天下之大本也"（《中庸》），"物有本末，事有终始"（《大学》），等等。在此类论说中，虽然"本"、"末"并举者不多，但以"本"论说者不穷。"本"的概念也较为复杂，存在根本、本源、基础、本质等含义。可见，先秦以来，本末思维方式已经被奠定。魏晋以后，随着有无、体用、空无等哲学范畴被广泛辨析，本末思维方式也得到进一步的运用，且具有了形而上的哲学意蕴。如王弼云："《老子》之书，其几乎可一言而蔽之。噫！崇本息末而已矣。观其所由，寻其所归，言不远宗，事不失主。文虽五千，贯之者一；义虽广赡，众则同类。"[①] 此处之"本"即是"一"、"宗"、"主"等，实指王弼思想中的本体"无"或"道"。"末"则为"众"，指形下的现象"有"。"本末"成了一对哲学范畴。又如道安云："阶差者，损之又损之，以至于无为。级别者，忘之又忘之，以至于无欲也。无为故无形而不因，无欲故无事而不适。无形而不因，故能开物……夫执寂以御有，崇本以动末，有何难也。"[②] 道安借用道家语言，阐述通过安般（数息观）修行之法，达到佛教无为、无欲，超越主客的涅槃境界。显然，此处之"本"已经具有了佛教本性空之义。

在《论语义疏》中，皇侃也广泛地运用了本末思维方式，尤其是以"本"论说。如其云："孝是仁之本"、"静为躁本"、"善道为本"、"礼之本"、"人伦之本"、"性本自善"、"德行为人生之本"、"食为民本"、"以

---

① 王弼：《老子指略》，《王弼集校释》，第198页。

② 道安：《安般注序》，《中国佛教思想资料选编》第1卷，第34页。

文德为本"、"各以所宜为本"、"立身之本"、"礼乐之本",等等。这些"本"的含义和先秦以来即有的根本、主旨、基础、本源、前提等含义并无差别,也没有上升到抽象的哲学层面。但这并不是说皇侃在疏释《论语》及诸家注时,放弃了对本末思维的形上追求。据笔者粗略统计,皇侃在援引的诸家注中,以本末并举,且"本"、"末"具有形上意蕴的引文有 6 处,另有多处言形上之本。其数量虽少,但在一定程度上也体现了皇侃对本末思维的运用及其对"本"、"末"概念的哲学提升。故兹析论一二:

皇侃疏释"子曰:'天何言哉?四时行焉,百物生焉,天何言哉'"时,云:

> 孔子既以有言无益,遂欲不言,而子贡怨若遂不言,则门徒无述,故孔子遂曰:天亦不言,而四时递行,百物互生,此岂是天之有言使之然乎?故云"天何言哉"也。天既不言而事行,故我亦欲不言而教行,是欲则天以行化也。王弼云:"子欲无言,盖欲明本,举本统末,而示物于极者也。夫立言垂教,将以通性,而弊至于淫;寄旨传辞,将以正邪,而势至于繁。既求道中,不可胜御,是以修本废言,则天而行化。以淳而观,则天地之心见于不言;寒暑代序,则不言之令行乎四时。天岂谆谆者乎?"①

在上述引文中,王弼注当为皇疏的进一步说明:天无言,指天的化生之道(本);四时递换、百物生灭,则指现象(末)。实际上,此处的"本末"已经转化为"体用"关系。进而王弼以为孔子无言的目的在举本统末,这也是社会教化的正途,修本而废言。再反观皇侃所论,天道不言而万物生化,循此而行教,不言而教行。显然,皇侃采用的是王弼玄学的本末思维理路。

又如,疏释"子谓子贡曰:'汝与回也孰愈'"时,皇侃云:

> 孰,谁也。愈,胜也。孔子问子贡:汝与颜回二人才伎谁胜者也?所以须此问者。缪播曰:"学末尚名者多,顾其实者寡。回则崇

---

① 皇侃:《论语义疏》,第 315 页。

本弃末，赐也未能忘名。存名则美着于物，精本则名损于当时。故发问以要赐对，以示优劣也。所以抑赐而进回也。"①

通过上述皇疏与所引缪播注的比较，可以看出缪注是皇疏的进一步引申，此当符合皇侃的"附而申之"义。子贡受世俗尚名之风的影响，于外界有所累，未能忘名；而颜回虽名损于当时，但致力于为道之本，不受世俗末名之累。皇侃援引缪注，以本末之辨凸显出子贡与颜回之别。

据上述知，皇侃的本末论虽不如名实（理）论、理事论具有较强的思辨色彩，但是通过皇侃广泛采用以"本"论说的方式，也可以看出皇侃试图对《论语》及诸家注进行归纳、提升，乃至寻找出《论语》及诸家注的主旨，推动个人阐释的深入进行。实际上，无论是皇侃采用"义疏"与"以疏破注"的解经体例，彰显体例本身所蕴含的自由开放的特质，还是广泛援用道家、佛教的语言，运用了名实（理）、理事、本末等传统思维方式，均在于张显经典阐释的空间，有效地解决《论语》内容及诸家注的繁杂，甚至相左的情况，以服务于自己早已预设的《论语》为"圆融之教"的理念。

---

① 皇侃：《论语义疏》，第75页。

第二章　性论

在经典注疏中，对哲学范畴的阐发是注疏者关注的重要问题。就《论语》而言，虽然其内容博杂，历代阐释方式也各异，但是注疏者无不以《论语》中的主要哲学范畴为阐释的重点。皇侃的疏释概莫能外。以下的探讨则是通过梳理皇侃对哲学范畴的阐释，进而探寻其思想体系。

《论语》谈及"性"的地方，仅有两处：一为孔子所说"性相近也，习相远也"（《论语·阳货》），一为子贡所说"夫子之言性与天道，不可得而闻也"（《论语·公冶长》）。可见，"性"在《论语》中并不具有凸显的地位，更不像"仁"、"礼"、"孝"等为《论语》阐述的重点，此为学术界所共识。① 然而"性"却以其所具有的丰富的哲学意蕴，成为魏晋以来《论语》注疏者阐发个人思想的焦点范畴。在皇侃的思想中，"性"不仅是最具有哲学意蕴的范畴，也是"仁"、"情"、"命"、"孝"、"礼"等哲学范畴得以顺利阐发的基础。基于此，本章先对皇疏中的"性"字逐一加以辨别，以揭示其内涵。据笔者粗略统计，在《论语义疏》中，皇侃谈"性"处多达 127 处（含引用他人说），涉及名词"性"、"情性"、"仁性"、"刚性"、"才性"、"德性"、"自然之性"、"兼人之性"、"五常之性"、"天性"、"人性"，"性分"，等等；也涉及动词"得性"、"成性"、"性不体"、"禀性"、"保性"、"性之所欲"、"害性"、"节其性"等。然而，若从哲学层面讲，具有"自然义"、"材质义"与"生就义"三义的"气性"②，才是皇侃"性"论最本质的特征。故本章拟从性

---

① 高荻华：《皇侃〈论语集解义疏〉研究》，第 21 页。
② 牟宗三先生认为，"气性"存有自然义（在实然领域内，不可学，不可事，自然而如此）、质朴义（质朴、材朴、资朴通用，总之曰"材质"）、生就义（自然生命凝结而成个体时所呈现之自然之质）（参见牟宗三《才性与玄理》，广西师范大学出版社 2006 年版，第 2 页）。笔者赞同这种分别。

的内涵与特征及性与情、性与命的关系方面做一探讨。

一　性的内涵与特征

皇侃对性的内涵与特征的探讨，主要围绕"性者，生也"，"性无善恶，而有浓薄"，"人生性分各有所能"三个命题来展开。

（一）"性者，生也"

皇侃在疏释何晏"性者，人之所受以生也"时，云"人禀天地五常之气以生曰性。性，生也"①。"性者，生也"是皇侃性论中最为重要的命题。从皇疏看，该命题并不是孤立的，而是与"禀气以生而定性"的思想紧密联系的，形成了"气—生—性"的性论构架。事实上，这种性论也并非是皇侃的发明，而是源于中国古代人性论"即生言性"与"用气为性"两大互相交融的传统。因此，为了更好地体察皇侃这一命题，有必要先对此命题进行哲学史溯源。

1. "即生言性"与"用气为性"

先看"即生言性"的传统。从词源学上看，"生"与"性"为同源词。在甲骨文、金文中尚无"性"字，仅有"生"字。"性"字由"生"字孳乳而来，且在《诗经》《尚书》《左传》《论语》《孟子》《荀子》等众多典籍中已经出现。徐灏《说文解字注笺》云："生，古性字，书传往往互用。《周礼》大司徒'辨五土之物生'，杜子春读生为性。《左氏》昭八年传，'民力雕尽，怨讟并作，莫保其性。'言莫保其生也。"② 徐氏之论，实论述了在"性"字产生初期，生、性互用的情况。此种情况也表明，从词源上看，"生"为母字，"性"为孳乳字，"性"源于"生"。③而"生"又为会意字，于甲骨文字形知其表示草之生长，继指万物的生长，而万物生长必有其所向，此种所向即为生命之性所在，这也是"性"字之初义。据此知，在中国哲学中，"即生言性"伊始就包括了生即有

---

① 皇侃：《论语义疏》，第 79 页。
② 徐灏：《说文解字注笺》，《续修四库全书》第 225 册，第 628 页下。
③ 参见徐复观《中国人性论史》（华东师范大学出版社 2005 年版，第 4 页）、梁涛《郭店竹简与思孟学派》（中国人民大学出版社 2008 年版，第 320 页）。

性，性由生见的含义。① 但是明确将"生之谓性"（即生言性）作为哲学命题提出的是告子。《孟子·告子上》记载告子诸论："生之谓性"，"食色，性也"，"性无善无不善"，"性犹湍水也"，"性犹杞柳"，显然，告子"生之谓性"之论源于"性"的初义，即从食、色等生而即有的自然性、材质性上论说。生而即有的自然质性，为生理本能，具有中性义，既不可谓之善，也不可谓之恶，展现的是生命存在的本然状态，如学术界所谓"生之然为性"②。然而至荀子，"生之为性"又得到进一步的发展，其云："生之所以然者谓之性。性之和所生，精合感应，不事而自然，谓之性"（《荀子·正名》），"凡性者，天之就也，不可学，不可事……而在人者，谓之性"（《荀子·性恶》），"性者，本始材朴也"（《荀子·礼论》）。就此类引文看，在荀子那里，性不仅是自然天生的素朴材质，也成为自然生命征象的根据与原由。显然，与告子相比，荀子"即生言性"的内涵不仅包括了"生之然"，也包括了"生之所以然"。从总体上看，荀子仍把性限定在先天自然质性方面，而经过后天人为塑造与培养的则为"伪"。荀子的思想在董仲舒那里又得到响应与发展。董子云："性之名非生与？如其生之自然之资谓之性，性者，质也"（《春秋繁露·深察名号》），"性者，天质之朴也"（《春秋繁露·实性》），"性者生之质也"（《汉书·董仲舒传》），"质朴之谓性"（《董子文集·贤良策三》）。如果说董子性论中先天的自然质性和荀子尚有吻合之处，那么在"生就义"的源头上，董子有意志的天则与荀子自然之天迥然不同了。故而其性论中不可避免地存在着善质与恶质，即其所谓"人受命于天，有善善恶恶之性"（《春秋繁露·玉杯》。即便如此，如果从思维方式上讲，这恰恰延续了荀子探究"性"之根据与原由的理路。此后，汉魏人"即生言性"基本上不出上述双向理路与内容。诸如刘向、王充所持"性，生而然者也"（《论衡·本性》），荀悦所持"生之谓性也"（《申鉴·杂言下》），等等，从理路上讲也均回归告子"从生之然"论性；从内容上讲亦不离其自然、材质，与生就之义。

事实上，在"即生言性"传统的发展过程中，"用气为性"思想也不

---

① 参见唐君毅《中国哲学原论·原性篇》，中国社会科学出版社 2005 年版，第 6 页。

② 梁涛：《郭店竹简与思孟学派》，第 321 页。下文对"生之为性"所包含的"生之然之为性"与"生之所以然者谓之性"两个命题的分析也受梁先生著作的影响与启发，特此注明。

断萌生，且相较于前者更为复杂。从词源上看，"气"字在甲骨文、金文中已经出现，但是作为以"乞"为意符的一类文字的假借被使用，并没有直接地发现存在"气"概念的原型。[①] 但是在先秦时，气论、"用气为性"的思想已出现。如太史伯阳父论地震，云："夫天地之气，不失其序；若过其序，民乱之也。阳伏而不能出，阴迫而不能蒸，于是有地震。"（《国语·周语》）伯阳父以阴阳二气的相互作用论证地震的原因。《左传》记载医和语："六气曰阴、阳、风、雨、晦、明也。分为四时，序为五节。过则为灾，阴淫寒疾，阳淫热疾，风淫末疾，雨淫腹疾，晦淫惑疾，明淫心疾。"（《左传·昭公元年》）又载子产语："则天之明，因地之性，生其六气，用其五行。气为五味，发为五色，章为五声。淫则昏乱，民失其性。是故为礼以奉之。……民有好恶、喜怒、哀乐，生于六气，是故审则宜类，以制六志……哀乐不失，乃能协于天地之性，是以长久。"（《左传·昭公二十五年》）医和、子产以"六气"论性，认为六气为天地的自然之性，是四时、五节，乃至人情性变化的原因，可以表现为人的好恶、喜怒、哀乐之情。事实上，此种"用气为性"的思路和后世郭店简《性自命出》所谓"喜怒哀悲之气，性也。及其见于外，则物取之也"语相通。[②] 其"性"源于自然之天，而非义理之天，也是于性的生就义上讲的。这种论性理路呈现于《易传》《管子》中，则为"精气"说。"精气为物，游魂为变，是故知鬼神之情状，与天地相似，故不违。"（《系辞上》）"凡人之生也，天出其精，地出其形，合此以为人，和乃生，不和不生。"（《管子·内业》）"气者，身之充也。"（《管子·心术下》）以精气作为万物的本原，万物之"性"也为"气性"。

---

① 参见小野泽精等《气的思想——中国自然观和人的观念的发展》（上海人民出版社 1978年版，第 26 页）。该书详细分析了学术界关于"气"以"乞"为意符的多种论述：如于省吾先生认为，"气"在甲骨文中存在"乞求"、"迄至"、"迄终"义；饶宗颐先生认为，"气"作"刉"、"汽"义；陈梦家先生认为作"乞取"义。在金文中，根据不同的文字字形，闻一多、陈梦家、郭沫若、白川静等先生也做了某些是否为"气"的判断，但仍未发现具有哲学意义上的"气"。

② 学术界多认为，《性自命出》中的"性"与《中庸》中的"天命之谓性"之"性"具有一致性。而郭沂先生认为，"《性自命出》的人性论完全以气质之性立论，其'性'字，实相当于《天命》的'中'字，而其人性论的基本思路，亦与《天命》的'喜怒哀乐之未发，谓之中'一段相表里。可以说，《性自命出》的'性'为情欲之'性'、'气质之性'。"（郭沂《出土文献背景下的儒家核心经典系统之重构》，郭齐勇主编：《儒家文化研究》，生活·读书·新知三联书店 2007 年版，第 100 页）笔者倾向此说。

这种"顺气而言性"的理路①在汉代甚为风行，如董仲舒云："人之诚，有贪有仁。仁、贪之气，两在于身。身之名取诸天，天有阴阳之施，身亦有仁贪之性。"（《春秋繁露·审察名号》）"如其生之自然之资谓之性。性者，质也。"（《春秋繁露·实性》）董子"用气为性"的言论涉及性之生就、材质、自然之义。如果说，董子论性侧重于以"气之下委于个体"，那么王充则更多的是"上溯性之根源"来论性。② 如王充云："天地合气，万物自生，犹夫妇合气，子自生矣。"（《论衡·自然》）"万物自生，皆禀元气。"（《论衡·言毒》）"人禀元气于天，各受寿夭之命，以立长短之形。"（《论衡·无形》）此外，此种"用气为性"的思路也常为道家（道教）所采用。庄子即有"人之生，气之聚也。聚则生，散则死"（《庄子·知北游》），"比形于天地，而受气于阴阳"（《庄子·秋水》）之论。乃至《太平经》云："元气恍惚自然，共凝成一，名为天也；分而生阴而成地，名为二也；因为上天下地，阴阳相合施生人，名为三也。"③

从上述哲学史溯源看，"即生言性"与"用气为性"的传统并不是分行发展的，而是紧密地杂融在一起的。虽然"即生言性"初始并不是着眼于"用气为性"的理路，但是随着传统气论的发展，"用气为性"以其具有自然、质朴、生就义，说明包括人在内的万物的本原、特质与变化，其最终旨归也落入了"即生言性"的大传统中。从此种意义上说，"用气为性"当为"即生言性"的内容，支撑着"即生言性"思想的延续与发展。据此知，皇侃"性者，生也"的命题，存在着丰富的哲学史资源，其性论也是上述传统在延续中的一种展现。

---

① 牟宗三先生认为："凡言'性'有两路：一、顺气而言，二、逆气而言。顺气而言，则性为材质之性，亦曰'气性'（王充时有此词），或曰'才性'，乃至'质性'……逆气而言，则在于'气'上逆显一'理'。此理与心合一，指点一心灵世界，而以心灵之理性所代表之'真实创造性'（Real Creativity）为'性'。此'性'乃宋儒所说之'天地之性'或'义理之性'。"（牟宗三《才性与玄理》，第1页）牟先生此说甚有道理。但是，若如牟先生般把尚不清晰言"气"的告子、荀子所言之"性"列入顺气言性，则有涵括过度之嫌；且"即生言性"传统之初，并未杂摄"气"。故笔者认为，"用气为性"的论述当限于明确以气言性的思想家中，不宜扩大范围。"用气为性"和"即生言性"虽内涵、旨归相似，但可作为两个互相交织的传统。此外，因在《论语义疏》中，皇侃论"性"主要围绕"顺气而言性"，故不再追溯"逆气言性"思想的发展。

② 牟宗三：《才性与玄理》，第2页。

③ 王明编：《太平经合校》，中华书局1960年版，第305页。

2. 皇侃的"性者，生也"思想

皇侃明确提出"性者，生也"的命题，在《论语义疏》中有三处：

> 人禀天地五常之气以生曰性。性，生也。①

> 性者，人所禀以生也。习者，谓生而后有仪，常所行习之事也。人俱禀天地之气以生，虽复厚薄有殊，而同是禀气，故曰相近也。②

> 然性情之义，说者不同，且依一家旧释云：性者，生也。情者，成也。性是生而有之，故曰生也。……性既是全，生而有，未涉乎用……孔子曰"性相近也"，若全同也，相近之辞不生；若全异也，相近之辞亦不得立。今云"近"者，有同有异，取其共是无善无恶则同也，有浓有薄则异也，虽异而未相远，故曰"近也"。③

在上述引文中，值得注意处有二：其一，在"人禀天地五常之气以生"一语中，皇侃将"天地"与"五常"并举而论。首先看皇侃的"天地"观。就"天地"（或"天"）的哲学史渊源看，其内涵较为复杂，大致具有神学性、自然性、道德性三种特征。④ 诸如孔子云"天生德于予"（《论语·述而》），"予所否者，天厌之，天厌之"（《论语·雍也》），"天之将丧斯文也，后死者不得于斯文也；天之未丧斯文也，匡人其如予何"（《论语·子罕》）等语，其中的"天"为神学之天，具有主宰性、人格性或道德性的特点；而孔子所谓"天何言哉！四时行焉，百物生焉。

---

① 皇侃：《论语义疏》，第79页。
② 同上书，第303页。
③ 同上。此处《儒藏》本原断句及标点为："性既是全生，而有未涉乎用，非唯不可名为恶，亦不可目为善，故性无善恶也。"
④ 关于"天"的含义，学界多有论述，如冯友兰先生认为，天有五义，即物质之天、主宰之天、运命之天、自然之天、义理之天（参见冯友兰《中国哲学史》上册，中华书局1961年版，第55页）。熊十力先生认为，天有四义，以形气言、以主宰言、以虚无言、以自然言（参见《熊十力全集》第1卷，湖北教育出版社2001年版，第6页）。此外，严复、王国维、顾立雅、许卓云、韦政通诸多学者均有关于天的阐发（分别参见《严复集》第4册，中华书局1986年版，第921页；《观堂集林》卷6《释天》；《燕京学报》1935年第18期；《中国哲学辞典》，吉林出版集团有限责任公司2009年版，第85—88页；《中国上古史论文选辑》，台联国风出版社1967年版）。上述理解仅着眼于宋之前义理之天未清晰彰显情况下的概言。

天何言哉！"（《论语·阳货》）则明确将天视为四时运行，百物生长的自然界。① 可见，在孔子那里，无论是"天生德"，还是资生万物，均将"生"作为其主要的内涵。至汉儒，"天"的多义性及其所蕴含的"生"的观念得到进一步的彰扬。在董仲舒那里，不仅存在着人格神之天，也存在着自然之天、道德之天。② 诸如其《春秋繁露》云："天者，百神之君也"（《郊义》），"唯天子受命于天，天下受命于天子"（《为人者天》）等，此就神学之天而言；"天地之间，有阴阳之气"（《天地阴阳》），"天之道，有序有时，有度有节"（《天客》）等，则就自然之天而论；"仁之美者在于天。天，仁也"（《王道通三》），"仁，天心"（《俞序》）等，则就道德之天而论。较之孔子，董仲舒之"天"不仅极力彰显其宗教性，而且更侧重阐述天的创生功能，乃至建构了以天为核心，辅以地、人和阴阳五行的宇宙生成论模式。如其云："天者，万物之祖。万物非天不生。独阴不生，独阳不生，阴阳与天地参，然后生。"（《春秋繁露·顺命》）

　　如果从孔子、董仲舒之论反观皇疏，我们会发现，在皇疏里广泛存在的"天地"论述，基本上是在延续传统之论，既具有宗教的人格神特征，又具有自然的色彩，还存在道德的内涵。诸如皇侃云："祭天地山川百神"，"明圣人与天地同其否泰"，"天地闭则贤人隐"，"圣人德合天地、

---

　　① 关于"天何言哉！四时行焉，百物生焉。天何言哉"的疏释，素有歧说。诸如，牟宗三先生认为，此处的"天"为"一种超越的意识"，蕴含"形而上的实体"意味。换句话说，此处的"天"当为道德理性之根源（参见牟宗三《心体与性体》，上海古籍出版社 1999 年版，第 19页）。蒙培元先生认为，上述孔子语"否认了天是超自然的上帝，而明确肯定天是包括四时运行，万物生长在内的自然界"（蒙培元《孔子天人之学的生态意义》，《中国哲学史》2002 年第 2期）。笔者倾向蒙先生之说。

　　② 董仲舒思想中的"天"含义较为复杂。诸如，徐复观先生认为："董氏所说的天，似乎回到古代宗教的人格神上面去了。我相信董氏常会有宗教神的影响，往来于他的心目中。但他的天的实体是气，气表现而为阴阳四时五行；认真地思考一下，把气当作人格神来看待，是非常困难的事。因此，他在更多的地方，以很大的比重，从天到人，只当作是一个大的'有机体的构造'，而是可以互相影响的。"（徐复观《两汉思想史》第 2 卷，华东师范大学出版社 2001 年版，第 245 页）徐先生此论，实将天分为神学之天与自然之天。金春峰先生则认为："在董仲舒的体系中，'天'既是神学的，又是自然的，又是道德的，这使他的'天论'思想更加混乱和矛盾了。当然，在董仲舒看来，三种'天'是可以统一的。自然之天从属于道德之天，道德之天又从属于神灵之天，因此是不矛盾的。"（金春峰《汉代思想史》，中国社会科学出版社 2006 年版，第 129 页）周桂钿先生认为："在董仲舒的哲学体系中，天是最高的范畴，天既是整个宇宙，又是宇宙中的一切事物的主宰者。……董仲舒的宇宙模式就是以天为主，以地、人和阴阳五行为构件建起来的宇宙大厦。这座大厦是一个相互紧密联系的大系统：宇宙系统。"（周桂钿《董学探微》，北京师范大学出版社 1989 年版，第 47 页）笔者以综括而论。

天地无怨责"。此类阐述中的"天地"不仅具有宗教性、主宰性、人格性、道德性，也可视为当人们面对茫茫苍天时所产生的敬畏信念。若进一步就"天子"与"天"之关系而论，皇侃疏释"有罪不敢赦"时，云："汤既应天，天不赦罪，故凡有罪者，则汤亦不敢擅赦也。"① 疏释"帝臣不蔽，简在帝心"时，云："此明有罪之人也。帝臣，谓桀也。桀是天子，天子事天，犹臣事君，故谓桀为帝臣也。不蔽者，言桀罪显著，天地共知，不可阴蔽也。"② 显然，皇侃此类论述与董子"唯天子受命于天，天下受命于天子"（《春秋繁露·为人者天》），"天子受命于天，诸侯受命于天子"（《春秋繁露·顺命》），"受命之君，天意之所予也。故号为天子者，宜视天为父，事天以孝道也；号为诸侯者，宜谨视所候奉之天子也"（《春秋繁露·深察名号》）等，存在着诸多相似之处，均在阐述君权神授的思想。

然而，上述思想并不是皇疏中"天"的全部内涵。事实上，皇侃更倾向以资生万物、以自然势运论天。在皇侃看来，"人是三才之一、天地资人而成"③。如何资人而成？皇侃明确表述云："夫人不生则已，若有生之始，便禀天地阴阳氛氲之气。"④ 皇侃提出了禀气而生、"天地之气"资生万物的思想。显然，这与上述疏文中"人禀天地五常之气以生曰性"的思想是一致的。"人禀天地五常之气"中的"天地"，也不是宗教性的"天地"，而是指"天地之气"，是自然性的"天地"。故可以说，皇侃在承续以往儒家宗教性"天地"（"天"）思想时，也如汉儒般注重构建"天地之气"资生万物的宇宙生成论。若就皇侃所论"有生之始，便禀天地阴阳氛氲之气"而言，则又与董子的"阴阳与天地参，然后生"语颇具相似性。故可知皇侃的"天地"思想受到汉儒的影响，甚至极有可能受董子的影响。

再看"五常"。皇侃云：

> 五常谓仁、义、礼、智、信也。就五行而论，则木为仁，火为礼，金为义，水为信，土为智。人禀此五常而生，则备有仁、义、

---

① 皇侃：《论语义疏》，第350页。
② 同上书，第350页。
③ 同上书，第318页。
④ 同上书，第303页。

礼、智、信之性也。人有博爱之德谓之仁，有严断之德为义，有明辨尊卑敬让之德为礼，有言不虚妄之德为信，有照了之德为智。此五者是人性之恒，不可暂舍，故谓五常也。虽复时移世易，事历今古，而三纲五常之道不可变革，故世世相因，百代仍袭也。①

在皇侃看来，"五常"源自"五行"，且与"五行"相配。一般而言，"五行"不仅可以作为构成万物的五种质料，抽象出五种不同的属性；也可作为宇宙万物相生相克的变化模式。②"五行"与"五常"联系，起源也甚早。郭店简《五行》中的仁、义、礼、智、圣五行，即与金、木、水、火、土"五行"存在着联系。③至董仲舒，则提出了"天有十端"之说："凡十端（天、地、阴、阳、火、金、木、水、土、人）而毕，天之数也。"（《春秋繁露·官制象天》）"十端"之中有"五端"指五行。在董子看来，"五行"不仅为宇宙构成与演变的要素，而且通过五行相生相胜的序列可以观察自然、社会、人事的变化。故其云："天有五行：木、火、土、金、水是也。木生火，火生土，土生金、金生水。水为冬，金为秋，土为季夏，火为夏，木为春。春主生，夏主长，季夏主养，秋主收，冬主藏，藏，冬之所成也。是故父之所生，其子长之；父之所长，其子养之；父之所养，其子成之。诸父所为，其子皆奉承而续行之，不敢不致如父之意，尽为人之道也。故五行者，五行也。由此观之，父授之，子受之，乃天之道也。"（《春秋繁露·五行之义》）"五行变至，当救之以德……土有变，大风至，五谷伤，此不信仁贤，不敬父兄，淫泆无度，宫室荣；救之者，省宫室，去雕文，举孝悌，恤黎元。"（《春秋繁露·五行变救》）"中央者土，君官也，司营尚信。"（《春秋繁露·五行相生》）。显然，董子的"五行"不仅为天的秩序（自然秩序），而且也是社会秩序，已具有了伦理道德的属性。如其所谓"五行者，乃孝子忠

---

①　皇侃：《论语义疏》，第31页。

②　五行含义较为复杂。邝芷人先生认为，在汉之前"五行"的含义有四种：一指五种重要的行为原则；二指物质的五种物性；三指自然界中提供人类生活的五种必须的物质条件；四指分类学的五种基本原则（参见邝芷人《阴阳五行及其体系》，文津出版社1992年版，第26—27页）。至汉代五行说更为流行，形成了较为系统的相生相克的宇宙论体系，以致有学者认为："汉儒思想，以阴阳五行为基本观念。"（劳思光：《新编中国哲学史》第2卷，广西师范大学出版社2005年版，第17页）

③　参见李学勤先生《帛书五行与尚书洪范》，《学术月刊》1986年第11期。

臣之行也"(《春秋繁露·五行之义》），"夫仁、谊（义）、礼、知（智）、
信五常之道，王者所当修饬也；五者修饬，故受天之晃，而享鬼神之灵，
德施于方外，延及群生也"(《春秋繁露·举贤良对策》）。然而，在董子
那里，已开五常与五行相配的端倪。董子云："东方者木，农之本。司农
尚仁……南方者火也，本朝。司马尚智……中央者土，君官也。司营尚
信……西方者金，大理，司徒也。司徒尚义……北方者水，执法，司寇
也。司寇尚礼。"(《春秋繁露·五行相生》）将五行与五官、五常相配，
其中木配仁，火配智，土配信，金配义，水配礼；又云"土德"为
"信"，"土"为"五行之主"。进一步可推知，"信"理当为"五常之
宗"。但在其后的学者那里，五行与五常的配法有所改变。诸如，《诗纬》
云："木神则仁，金神则义，火神则礼，水神则信，土神则智。"① 《孝经
纬》云："性者生之质，若木性则仁，金性则义，火性则礼，水性则信，
土性则知（智）。"② 郑玄注释《中庸》"天命之谓性"时，云："天命，
谓天所命生人者也，是谓性命。木神则仁，金神则义，火神则礼，水神则
信，土神则知（智）。《孝经》曰：'性者，生之质。命，人所禀受度
也。'"③ 在上述配法中又以水配信、土配智。《汉书·律历志》又载：
"声者：宫、商、角、徵、羽也。……协之五行，则角为木，五常为仁，
五事为貌；商为金，为义，为言；徵为火，为礼，为视；羽为水，为智，
为听；宫为土，为信，为思。"水又配智，土配信。可见，在汉代五常与
五行相配存在着不同的观点，这种区别亦非笔者所关注的重心，所要强调
的是，就五常的来源看，均落实于五行之气。如《白虎通》云："五行
者，何谓也？谓金、木、水、火、土也。言行者，欲言为天行气之义也。
地之承天，犹妻之事夫，臣之事君也，谓其位卑。卑者亲视事，故自周于
一行，尊于天也。"(《卷三》）又引《易纬·乾凿度》云："人生而应八
卦之体，得五气以为常，仁、义、礼、智、信是也。"《白虎通》不仅视
五行为"天行之气"，将自然界中的阴阳二气的运动变化看作五行存在的
形式，而且又明确在社会生活中的尊卑关系即五行的展现，五常来自五行
之气。再就上述五行论五常看，显然，皇侃的表述与郑玄具有一致之处，

完全基于"生之为性"的角度。在现存《礼记皇氏义疏》中疏释"天命之谓性"时，皇侃云："木神则仁，金神则义，火神则礼，水神则信，土神则知（智）。云木神则仁者，东方春，春主施生，仁亦主施。云金神则义者，秋为金，金主严杀，义亦果敢断决也。云火神则礼者，夏为火，火主照物而有分别，礼亦主分别。云水神则信者，冬主闭藏，充实不虚；水有内明，不欺于物，信亦不虚诈也。云土神则知者，金、木、水、火、土无所不载，土所含义者多，知亦所含者众"。① 与郑玄注相比较，皇侃的阐述显得更为丰富，不仅延续了郑玄注，禀五行之气而定性，而且对郑注做了进一步的说明：自然界中的春主生，夏主长，秋主收，冬主藏，也是五常之性。尤其是在说明时皇侃也如董子般，将"土"的地位与作用加以突出。可见，皇侃之论延续了董子、郑玄等汉儒一脉。

事实上，以阴阳、五行论五常，论人的天赋品行与才能，也非董子、郑玄、皇侃所特有，在汉魏晋之际阴阳五行学说与材性论甚为流行，屡屡被一些学者所论及。诸如任嘏云："木气人勇，金气人刚，火气人强而躁，土气人智而宽，水气人急而贼。"② 姚信云："孔文举（孔融）金性太多，木性不足，背阴向阳，雄倬孤立。"③ 如果说因文献缺失，上述任、姚之论无法明其全貌，那么刘邵《人物志》的意义则更为重大。《人物志·九征》云："凡有血气者，莫不含元一以为质，禀阴阳以立性，体五行而著形。苟有形质，犹可即而求之。"刘意甚明，人之生均以元气为质料，以阴阳二气确立性格，以五行之气生成形体。如果我们再进一步联系刘邵所谓"五质恒性，故谓之五常矣。五常之别，列为五德。虽体变无穷，犹依乎五质。故其刚柔、明畅、贞固之征，著乎形容，见乎声色，发乎情味，各如其象"（《人物志·九征》）等语，可知在刘邵那里，"五质"即"五物"、"五行（木、金、火、土、水）之气"，而五行之气不仅天然具有"仁、义、礼、智、信"五种性质，而且又分别决定人的"骨、筋、气、肌、血"五种生理征象（五象）。在生成过程中，五种性质也随之融入了五象之中。基于此，我们再反观皇侃之论，就由五行至五常的阐述理路看，皇侃仅略去了《人物志》中"五象"的环节。就其内

---

① 皇侃：《礼记皇氏义疏》，《玉函山房辑轶书》卷 26，《续修四库全书》第 1202 册，第 84—85 页。

② 任嘏：《道论》，《太平御览》卷 360 引。《意林》引此文注又云：任子名奕。

③ 姚信：《士纬》，《意林》卷 4 引。

容而言，均立足于"生之为性"的角度去论述"五常"乃禀气而受，是人性中未发的潜在性质，永恒不变。显然，这也与现实社会中的"五常"之德是不同的。故可推知，皇侃的"五常"存在"未发"与"已发"两个层面，而作为未发的潜在的"五常"恰为"五行"的气性。

其二，皇侃论述"性者，生也"时，征引"一家旧释"（"性者，生也。情者，成也"）加以辅证，并云：

> 性是生而有之，故曰生也。……性既是全生而有未涉乎用，非唯不可名为恶，亦不可目为善，故性无善恶也。……孔子曰"性相近也"，若全同也，相近之辞不生；若全异也，相近之辞亦不得立。今云"近"者，有同有异，取其共是无善无恶则同也，有浓有薄则异也，虽异而未相远，故曰"近也"。①

就人性的共性而言，人性乃禀气而生，生而有之；但就人性的特殊性而言，每个人所禀之气存在着厚薄之别，人性则并非全同，故孔子云"性相近"。就上述禀气定性的理路看，皇侃性论甚为明晰。

然而，皇侃又云"性既是全生而有未涉乎用"。关于此句，学术界存在着两种不同的断句，一为："性既是全生而有，未涉乎用。"李中华主编的《中国人学思想史》、高荻华的《皇侃〈论语集解义疏〉研究》、周丰董的《皇侃性情论》均采用此种断句。一为："性是全生，而有未涉乎用。"乐胜奎的《六朝儒学的困境》、儒藏本的《论语义疏》则采用此种断句。关于前种断句，周丰董做出了明确解释，认为此处的"全"作"全体"讲，并举例韩康伯释《系辞》"鼓万物而不与圣人同忧"云："圣人虽体道以为用，未能全无以为体"。韩氏提出了"全无"之说，而"全无"不能作"保全无"，而是"无之整体"义。故而周氏认为："'全生'也是作'生之整体'讲，指人物生命的完整性。全无是无之整体，全生是生之整体，而生必是进入存有，所以是'全生而有'。从'全无以为体'到'全生之谓性'，也是玄学的后续发展。"② 后种断句则未见有

---

① 皇侃：《论语义疏》，第 303 页。此处《儒藏》本原断句及标点为："性既是全生，而未涉乎用。"

② 周丰董：《皇侃性情论——〈论语义疏〉性情思想探讨》，北京大学 2007 年硕士学位论文，期刊网。

说明。

愚以为上述两种断句均存在着不足之处。根据前文"性是生而有之"句，知"生而有之"不但符合语句表述，而且最恰当地阐释了"性者，生也"义，故"生而有"中间当不需断句，后种断句不可取。再从古代汉语语义看，"全"之义有两种：一为"完备"、"完全"义，一为"保全"、"保存"、"保持"义。① 而周丰董以"全"作"全体"讲，与"完备"、"完全"相较，虽表面相似，但仍略有不确切之处。然而笔者检索皇侃之前的正史与十余种典籍，均未见"全生"连用指"生之整体"义，指"人物生命的完整性"；且多落入"保身全生"义，强调人物身体的保全，尤其在道家道教思想中广泛存在。② 联系下文"非唯不可名为恶，亦不可目为善，故性无善恶也"与"孔子曰'性相近也'，若全同也，相近之辞不生；若全异也，相近之辞亦不得立"语，似乎皇侃此处所论的是"性"而非"生"，"全"与"生"当不可连用。故该句断句当为："性既是全，生而有，未涉乎用。"其意为"性"禀气而来，虽因气的厚薄之殊，存在"有同有异"的情况，但对个体生命而言，均存在着完备的气质之性，是自足的（个体之"同"）。这种生而完备之性，也未落入经验层面（用）。以此而论，则不必用韩康伯"全无"做比附，衍生出周氏所谓的符合学术史由"全无以为体"到"全生之谓性"的"玄学的后续发展"之论。

综上所论，皇侃"性者，生也"的命题，虽源于传统思想，但又对传统中的不同论述加以判摄、吸收。就其思想中的"天地五常"观念而言，"天地"虽然存在主宰性、宗教性、信念性的含义，但这已不是皇侃阐述的重点，皇侃更侧重立足于宇宙生成论阐述"天地之气"。"五常"虽然也具有现实中伦理道德的含义，但是皇侃却视"五常"为"五行"的气性品质。皇侃将"天地"与"五常"连用，乃是从气论性的角度阐述万物的资生过程。显然，皇侃这种努力也使其"性者，生也"的思想停留在"气性"论的层面；也是在这种层面上，皇疏中的"生"与"性"、性的实质与性的展现得到了有机的统一。

---

① 参见王力主编《王力古汉语字典》，中华书局 2000 年版，第 57 页。

② "全生"（或"全而生之"）在《大戴礼》《礼记》《吕氏春秋》等典籍中已经出现，后世二程、朱熹、张栻、王守仁、湛若水、王南塘、王夫之诸儒家学者进行过相关阐发（参见陈来《诠释与重建：王船山的哲学精神》，生活·读书·新知三联书店 2010 年版，第 391—403 页）

（二）"性无善恶，而有浓薄"

性的善恶问题，是中国古代人性论思想争论的一大焦点。皇侃持"性无善恶"论。但是因皇侃论"性"存在着不同的层面，且征引他注时也存在自我转化的现象，故易造成诸多理解上的迷障。因此，在论述皇侃"性无善恶"论之前，也有必要对以往的"性无善恶"论略加梳理。

1."性无善恶"与"性超善恶"

一般而言，"性无善恶"论的差异，基于不同思想家对"性"之性质的理解不同。在皇侃之前的学术史上，"性无善恶"大致可分为"性无善恶"与"性超善恶"两种情况。① 前者为"生之为性"论所衍生；后者为道家哲学，尤其是在魏晋玄学中，"性"为本体之"道"（"无"）所衍生。就前者而言，最早明确立论者当为告子，其云："性无善无不善"，"性犹湍水也，决诸东方则东流，决诸西方则西流。人性之无分于善不善也犹水之无分于东西也"（《孟子·告子上》）。告子论性立足于自然质性，当然也无善恶可言，如湍水般全任其自然质性，不分东西。荀子虽然将告子性论的"生之然"层面，拓展到"生之所以然"层面，但是其所论之"性"仍为质性，即所谓"性者，本始材朴也"（《荀子·礼论》）。进而荀子的"性恶"论指向的是人性中的好利多欲，故人性需待后天教化方能成善。后世董仲舒的"身亦有仁贪之性"论、扬雄的"性善恶皆浑"论、王充的"性有善恶"论、刘向的"性不独善"论等，虽立论与告子"性无善恶"相去甚远，但无不承认性为"生之自然之资"，其总体理路仍属于告子、荀子一脉。而先秦道家论性，虽不乏具有与道同体的本体意蕴，具有超善恶的特点，但是其表述尚很模糊，且更多的是强调自然之性，反对伪善与滥用巧智，主张恢复社会的自然秩序、万物的自然本性与生存状态。如老子倡说"辅万物之自然而不敢为"（《老子·第64章》），庄子反对"络马首、穿牛鼻"（《庄子·秋水》）的残生损性之事。从这

① 张岱年先生《中国哲学大纲》第2章列"性无善恶与性超善恶"之分。认为告子持"性无善恶"论，道家持"性超善恶"论。笔者认为，先秦道家更多的是强调万物的自然之性，其性论也更多的是落在自然本性、自然状态或生理本性上，甚至到王弼，仍保留了此种自然性论。时至魏晋玄学方确实把"性"较成功地推到了本体论的高度，也是在此种情况下，出现了至善的、绝对的"性"，彻底形成了"性超善恶"论。"性超善恶"，不存在性的善恶问题，故也可以列入"性无善恶"论。

种意义上讲，先秦道家性论中既蕴含着超越善恶之性，也存在着无善无恶的自然之性。至魏晋玄学，先秦道家思想中蕴涵的本体意识得到极力的彰显，其"性"论除了延续以往道家性论中的自然义之外，更多地被赋予了超越的本体义。诸如，无论何晏、王弼所持"情"论如何①，其主张均是"以无为本"的本体论。"无"为万物存在的内在根据，万物之性也必然与"无"同在形上的层面，不当因经验之情而导致性的善恶问题。

综上，虽然自先秦道家伊始至魏晋玄学，"性"存在着本体化的趋向，最终也形成了论述较为严密的"性超善恶"之论，但是就皇侃之前的传统看，自然质性与遵循万物自然状态或规律的人性论思想，仍在传统性论的发展过程中居于重要地位。上述两种"性无善恶"论的分歧，也成为皇侃性论判摄与整合的理论基础与前提。

2. 皇侃的"性无善恶"思想

皇侃关于"性无善恶"的论述，集中于以下两则疏释：

> 性者，人所禀以生也。习者，谓生而后有仪，常所行习之事也。人俱禀天地之气以生，虽复厚薄有殊，而同是禀气，故曰相近也。及至识，若值善友，则相效为善；若逢恶友，则相效为恶。恶善既殊，故云"相远也"。故范宁云："人生而静，天之性也。感于物而动，性之欲也。斯相近也。习洙泗之教为君子，习申、商之术为小人，斯相远矣也。"②

---

① 余敦康先生根据何晏《论语集解》中关于孔子"丧者哀戚，饱食于侧，是无恻隐之心"，"一日之中，或歌或哭，是亵于礼容"，"乐其善，故使重歌，而自和之"，"莞尔，小笑貌"等注释，认为："何晏也是承认圣人有情，并非无情，只是圣人之情以礼为节，以善为准，能做到情与礼的统一。这和王弼所说的'圣人茂于人者神明也，同与人者五情也'，意思大致是相同的。"（余敦康：《何晏王弼玄学新探》，齐鲁书社 1991 年版，第 126 页）余先生的论述有其道理，王弼、何晏之学本在交流清谈中逐渐形成的。《世说新语·文学》载有"何晏注《老子》未毕，见王弼自说注《老子》旨。何意多所短，不复得作声，但应诺诺。遂不复注，因作《道德论》"之事，何晏同意王弼圣人有情说，当也合乎情理。此外，王葆玹先生认为，"何晏人性论乃是性静情动说与性善情恶说的结合"，"性静情动、性无善恶，是王弼易老两注的通说"（王葆玹：《正始玄学》，齐鲁书社 1987 年版，第 374、378 页）。林丽真先生认为，王弼之性为气质之性，原无善恶可言（林丽真：《王弼》，东大图书有限股份公司 1988 年版，第 145 页）。周大兴、王家冷等先生虽然对王弼性情关系的理解不同，但均认为王弼持"性无（超）善恶"论（周大兴：《王弼"性其情"的人性远近论》，《中国文哲研究集刊》2000 年第 16 期；王家冷：《从王弼"性其情"说到程颐"性其情"说》，《中国文学研究》2001 年第 15 期）。

② 皇侃：《论语义疏》，第 303 页。

　　然性情之义，说者不同，且依一家旧释云：性者，生也。情者，成也。性是生而有之，故曰生也。情是起欲动彰事，故曰成也。然性无善恶，而有浓薄，情是有欲之心，而有邪正。性既是全，生而有，未涉乎用，非唯不可名为恶，亦不可目为善，故性无善恶也。所以知然者，夫善恶之名，恒就事而显，故老子曰："天下以知美之为美，斯恶已。以知善之为善，斯不善已。"此皆据事而谈。情有邪正者，情既是事，若逐欲流迁，其事则邪，若欲当于理，其事则正，故情不得不有邪有正也。①

　　人俱禀天地之气而生，就所禀之气言，存在厚薄之分；然而，同为"禀天地之气"，从"用气为性"的角度说，人性的本质虽有所禀之气的厚薄之分，但无善恶之别，故皇侃云"非唯不可名为恶，亦不可目为善，故性无善恶也"，这也是孔子"性相近"之义。事实上，在传统性论中，善恶问题为其重要内容，如何回应传统性论对善恶的表述，这也是皇侃不得不面对的理论问题。在皇侃看来，既然善恶问题不在于先天禀性的层面，那么善恶问题的出现必然存在两种可能：一者由于人们后天所"习相远"，受到的教化与熏陶的不同所致。故其云"若值善友，则相效为善；若逢恶友，则相效为恶"，延续告、荀理路。二者由于人们对"善恶"的命名造成的。"名称"与"行事"需相吻合，"善恶"命名必须是"就事而显"。事实上，这两种可能的情况均就"事"而言，故有学者释解云："只有'为善'、'为恶'的行为事实才有价值判断的意义。"② 这种理解甚为中肯！但是我们又不能不进一步追问，既然以行为事实作为善恶的价值判断依据，那么摒除外在环境因素，对人们来说，善恶行为之所以产生的基础与前提又是什么？皇侃"性者，生也"的"气性"论思想，又如何与现实中的价值联系在一起？

　　皇侃认为"及至识"，"恶善既殊"，引入了"识"的哲学范畴。"识"常为佛教语，一般认为，包括眼识、耳识、鼻识、舌识、身识、意识六种，这六种识又以同名的六根为依据，对色、声、香、味、触、法六境，

---

① 皇侃：《论语义疏》，第 303 页。引文中一处标点做了改动。

② 高获华：《皇侃〈论语集解义疏〉研究》，第 22 页。

产生见、闻、嗅、味、触、知的分析与了别作用。故佛教有"识能分别，智能了知"①，"能知故名智，能了故名识"② 之说，"识"、"智"并举。在皇疏中存在着三处使用"智识"一词（分别见于疏释"邦有道则智"，"其愚不可及也"，"智及之，仁不能守之"）。此处皇侃所用之义也当为"智识"义。一方面，皇侃强调主体向外摄取时受到善恶环境的熏染而为善、为恶，这由人生而具有自然欲求所决定；另一方面，"识"为人性内在，具有先天性。换言之，在皇侃性论中，性的内容虽为静态的质性之气，不附有善恶的价值意蕴，但是这种禀天地之气的性又具有先天接应外物的认知机能（识）与自然欲求等生理机能。故而，在现实生活中，人与外界接触便会感物而动，起欲彰事，从而造成现实中或善或恶的行为，进而也出现了君子与小人的分别，进入了以道德评判为标志的价值领域。

基于上述，皇疏"性无善恶"论始终停留在"生之为性"、"用气为性"的角度，强调的是人性先天具有的自然生理特质，及其彰显与发展的诸多可能性。显然，这种"性"为一种自然质性，不具有本体论的意蕴。

（三）"人生性分各有所能"

如果说在皇侃性论中，"性无善恶"是着重于人性材质的朴素性，那么皇侃提出的"人生性分各有所能"命题则是着眼于人性材质（潜质）及其功能的不同。事实上，皇侃"用气为性"、"禀气定性"的性论，不仅是为了阐述"生之为性"的本原问题及人性禀气而具有的共性问题，而且需要进一步解决人性的特殊性与差异性问题。如何解决同为"禀气而生"的人性所具有的特殊性与差异性问题？这也是皇侃"人生性分各有所能"论所面临的问题。如同"生者，性也"，"性无善恶"的命题一样，皇侃此说的提出不仅杂摄以往的"性分"说、"性品"说，还深受"才性"论的影响。③ 故依前文阐述理路，在对这些哲学史资源略做说明

---

① 菩提流志译：《大宝积经》卷120，《大正藏》第11卷，第681页上。
② 玄奘译：《阿毗达磨大毗婆沙论》，《大正藏》第27卷，第44页下。
③ 关于"性分"说、"性品"说、"才性"论与皇侃思想的联系，高栻华先生已有相关论述（参见高栻华《皇侃〈论语集解义疏〉研究》第2章"论'性'与'命'"），本章则在其基础上做出进一步诠解。

之后，再进一步阐述皇侃的命题。

1. "性分"、"性品"与"才性"

首先看"性分"说。"性分"说为郭象所提出。郭象《庄子注》广泛论及"性分"思想：

> 夫以形相对，则大山大于秋豪也。若各据其性分，物冥其极，则形大未为有余，形小不为不足。(《庄子·齐物论注》)

> 物各有性，性各有极，皆如年知，岂跂尚之所及哉！(《庄子·齐物论注》)

> 天性所受，各有本分，不可逃，亦不可加。(《庄子·养生主注》)

> 全其性分之内而已。各正性命之分也。(《庄子·应帝王注》)

> 真在性分之内。……物各有分，不可强相希效。(《庄子·秋水注》)

> 性分各自为者，皆在至理中来，故不可免也。(《庄子·达生注》)

在郭象看来，"天地以万物为体，而万物必以自然为正，自然者，不为而自然者也"(《庄子·逍遥游注》)，"自然耳，故曰性"(《庄子·山木注》)。也就是说，天地万物的存在皆自然而然，不受外界的作为，自然为万物的本性。进而可知，虽然万物存在着诸多的差异，诸如，大山与秋毫存在形体之别，大鹏与斥鴳存在飞行的高低之别，椿木与朝菌存在生命的长短之别，但均是基于各自的自然之性。换言之，这种自然之性就是万物之所以为万物的内在本质规定，即所谓的"性分"。故而，从万物的"性分"看，万物都是天然自足的，自然而然地存在与展现的。在此种意义上，则不存在形体、能力诸方面的差别了。故郭象又云："秋豪不独小其小，而大山不独大其大"(《庄子·齐物论注》)，"无小无大，无寿无夭，是以蟪蛄不羡大椿而欣然自得，斥鷃不贵天池而荣愿以足"（《庄子·齐物论注》），"马之真性，非辞鞍而恶乘，但无羡于荣华"（《庄子·马蹄注》）。在这种自足、自得顺应各自"性分"的情况下，万物的存在与展现也具有其必然性，郭象常以"理"谓之。如所谓"至理尽于自得"（《庄子·齐物论注》），"物有自然，理有至极，循而直往，则冥然自合"（《庄子·齐物论注》）。在郭象看来，万物内在的本质与其具有的必然之理是统一的。"物任其性，事称其能"也就是"各当其分"、"至理自得"，也就是"逍遥"。然而，郭象又认为，上述遵循万物"性分"的"逍遥"仍受到外界环境的影响。如其云："然物之芸芸，同资有待，得其所待，然后逍遥耳。唯圣人与物冥而循大变，为能无待而常通，岂独自通而已。又从有待者不失其所待，不失，则同于大通矣。"① 芸芸万物的存在与展现均处于"同资"、"相因"的相互联系之中，也因这种相互联系，万物得以存在与展现。换句话说，万物存在着接受他之外的他物的作用和影响的自性，有了这种自我打开、敞开的自性，万物才能存在与自我展现。② 据此看，因"同资"、"相因"的自性存在，芸芸众生的逍遥处于"有待"的境界里。而只有至德的圣人"与物冥而循大变，为能无待而常通"，可以做到无我冥合、破除内外对待，以无心顺物，其性分则与大道同，可以达到无待的逍遥境界。故汤用彤认为，这是"有待自足，无待至足"③ 的。可见，郭象的逍遥义存在"有待"、"无待"两种境界，故其"性分"也应该存在"有待"、"无待"之别。

然而，郭象的性论着眼于万物之所以为万物的根据，是就性的超越性而言的，并未对现实人性做出具体的阐释，这遭到其后支遁的批评。支遁认为，郭象"各适其性以为逍遥"存在着严重的理论问题。支遁认为，若依郭象说则会出现两种矛盾：其一，"桀跖以残害为性，若适性为得者，彼亦逍遥矣。"④ 其二，"若夫有欲当其所足，足于所足，快然有似天真。犹饥者一饱，渴者一盈，岂忘烝尝于糗粮，绝觞爵于醪醴哉？苟非至足，岂所以逍遥乎？"⑤ 支遁意甚明：以"各适其性以为逍遥"的原则，

①　余嘉锡：《世说新语笺疏》，上海古籍出版社 1993 年版，第 220 页。
②　参见康中乾《魏晋玄学》，人民出版社 2008 年版，第 218 页。
③　汤用彤：《魏晋玄学论稿》，第 51 页。
④　汤用彤：《高僧传》，《汤用彤全集》第 6 卷，河北人民出版社 2000 年版，第 132 页。
⑤　余嘉锡：《世说新语笺疏》，第 220 页。

不仅以凶恶残暴著称的夏桀和柳下跖的行为，可以称之为逍遥，而且，追逐饥渴等物质需求的行为，也可以称之为逍遥。事实上，从郭象的总体思想看，支遁的指责未必符合郭象之意。在郭象玄学中，其"性"乃是万物自身存在与展现的根据，是具有形上性、抽象性的，故不存在性的善恶问题。其诠释的"逍遥"义指万物与圣人不同主体的两种不同的逍遥境界，也不是着眼于性的善恶问题。支遁的"逍遥"义，则是立足于性的具体内容加以考察。故在支遁看来，也唯有具有"至善"、"全性"的至人（圣人、佛）才能逍遥，欲望之性支配下的桀跖与饥渴者并不能逍遥。

综上，从理论脉络上讲，支遁的批评并未切中郭象意旨，但是我们又不能不承认，郭象的性分说着重于性的一般问题，有悖于传统性论中围绕善恶问题的探讨，尤其是郭象亦云"夫仁义者，人之性也"（《庄子·天运注》），"夫仁义自是人之情性。……夫仁义自是人情也"（《庄子·骈拇注》）等语，似乎在郭象那里人性也蕴含着道德的属性，或存在人性向善的倾向。尤其是在南朝时期，向、郭之说影响极大，范缜、李轨、李充等均受其影响。① 郭象性论的得失之处更为明显，这也是皇侃所面对的重要理论问题。

其次，"性品"说。性品说萌生于孔子"中人以上可以语上也，中人以下不可以语上也"（《论语·雍也》），"唯上智下愚不移"（《论语·阳货》）之语。孔子这种"性品论"尚处于认识论的层面。其后，无论是主张性善论的孟子，还是主张性恶论的荀子均视人性平等，持性同一的观念，这也与孔子从认识论方面的阐述不同。然而，至两汉，性品说逐渐流行。董仲舒云："名性不以上，不以下，以其中名之。"（《春秋繁露·深察名号》）"圣人之性不可以名性，斗筲之性，又不可以名性，名性者，中民之性。中民之性，如茧如卵，卵待覆二十日，而后能为雏；茧待缲以涫汤，而后能为丝；性待渐于教训，而后能为善；善，教训之所然也，非质朴之所能至也，故不谓性。"（《春秋繁露·实性》）董子虽然云"名性"以"其中名之"，以"中民之性"名之，但是从文义的表达上看，显然是把性分为"圣人之性"、"中民之性"、"斗筲之性"。在董子看来，"行天德者谓之圣人"，圣人之性效法天德、天道。在孔子那里，"斗筲之人，何足算也"（《论语·子路》）。"斗筲"指器量之小，可引喻为卑鄙

---

① 参见汤用彤《魏晋玄学论稿》，第 191 页。

小人，此类人不重人伦、仁义，无善质可言，故董子认为，"斗筲之性又不可以名性"。中民之性处于前两者之间，兼有善恶之质，故可以教化迁善。虽然董子没有明确提出"性三品"说，但是，事实上，董子已经对性做了三品的区分。① 较之孔、孟、荀的性品理路，董子不仅从人性的本质出发，也注重阐述人接受教化的功用（认识），乃是将上述不同的论性品理路混为一谈。这也为后世学者所采用。诸如，成书于东汉初期的《汉书·古今人物表》，以《论语》六章为根据，将所有人分为上智、下愚、中人三种。并进一步细分为上上、上中、上下、中上、中中、中下、下上、下中、下下九种。并将古今人物分而列入这九种之中。此后，王充云："余固以孟轲言人性善者，中人以上者也；孙卿言人性恶者，中人以下者也；扬雄言人性善恶混者，中人也。"（《论衡·本性》）王符又云："上智与下愚之民少，而中庸之民多。中民之生世也，犹铄金之在炉也，从笃变化，惟治所为，方圆薄厚，随镕制尔。"（《潜夫论·德化》）荀悦亦云："或问天命人事。曰：有三品焉。上下不移。其中则人事存焉尔。命相近也。事相远也。"（《申鉴·杂言下》）贺玚云："俱感五行，在人为五常。得其清气备者为圣人，得其浊气简者则为愚人，降圣以下愚人以上所禀或多或上不可言一，故分为九等。"② 九等如何划分？皇侃《论语义疏》中的征引则更为详细："就人之品识大判有三，谓上中下也。细而分之则有九也，有上上、上中、上下也，又有中上、中中、中下也，又有下上、下中、下下也，凡有九品。上上则是圣人，圣人不须教也。下下则是愚人，愚人不移，亦不须教也。而可教者，谓上中以下，下中以上凡七品之人也。"

---

① 一些学者认为，董仲舒提出了"性四品"，乃至"五品"、"七品"说。陈德安先生认为，"董仲舒是把人性划分成四个等级的"，即"过善"的"圣人之性"、"美善"的"上品之性"、"善恶相混"的"中品之性"（"万民之性"）、"丑恶"的"下品之性"（"斗筲之性"）（参见陈德安《董仲舒的人性四品论》，《中国哲学史研究》1987 年第 1 期）。黄开国先生则认为，董仲舒虽然明确提出了性三品说，但没有较为完备的性三品说，只是"简单而又间接的论说"；且又粗略论述了"性四品"（圣人、君子、善人、正人）、"性五品"（天子、诸侯、大夫、士、民）、"性七品"（天子、公、侯、伯、子、男、阍）（参见黄开国《儒家性品级说的开端》，《哲学研究》2009 年第 9 期）。虽然从政治等级、道德品质上看，上述区分在董子那里是存在的，但多着眼于社会等级名分，并非从孔子以来的认识论着眼，故本书不认为董子存在性三品之外的性品说。

② 贺玚：《礼记新义疏》，《玉函山房辑轶书》卷 26，《续修四库全书》第 1202 册，第 49 页。

　　基于上述，可知在皇侃之前"性品"论甚为流行，大致围绕"性三品"、"性九品"等展开，但是不同的学者在论述时进路有所不同：或立足于认识论，或就人性本质而言，乃至混认识论与人的本性为一。

　　最后，才性论。才性论是汉魏时期重要的学术思潮，属于刑名学（或称形名学、名理学）的范围。东汉中后期至曹魏时期的刑名学，不仅为了解决名实是否相符的政治社会问题，也通过对才性品鉴理论的探讨，关注人才与德行之间的关系，即才性论。尤其在曹魏时期，政府为选拔人才、设位建官等方面的需要，才性品鉴论甚为流行，不仅在治国策略中提出了"唯才是举"的选官原则、九品官人法等，而且自上而下地影响诸多学者加入了有关才性理论的讨论或著述之中。最能集中展现才性论思想的是刘邵《人物志》与"四本才性之辩"。首先，就刘邵《人物论》而言，刘邵认为："盖人物之本，出乎情性。情性之理，甚微而玄，非圣人之察，其孰能究之哉？凡有血气者，莫不含元一以为质，禀阴阳以立性，体五行而著形。苟有形质，犹可即而求之。"（《人物志·九征》）人才的根本在于情性。虽然情性玄奥，不容易把握，但是从根本上看，人都是禀承元气而生，在阴阳二气与五行的作用之下，形成了不同的体貌特征。人的体貌特征也与五行、阴阳存在着一一对应的关系。因此，品鉴人才可以从外在的体貌出发，探究内在的情性。关于刘邵如何阐述元气生成论，如前文所言，由五行之气（木、金、火、土、水）而成五质（仁、义、礼、智、信）及与之密切联系的五象（骨、筋、气、肌、血），即所谓"虽体变无穷，犹依乎五质。故其刚柔、明畅、贞固之征，著乎形容，见乎声色，发乎情味，各如其象"（《人物志·九征》）。刘邵根据五象、五质的联系阐述人才的特征。事实上，刘邵的这一理论是将人的内在质性（"性"）与外在形体（包括"才"）统一起来，以才性一体为出发点来考察人才。其次，就"四本才性之辩"而论，虽然现存史料关于"才性四本论"的记载甚为简略，难考其详说，但是我们可以明确："四本者，言才性同，才性异，才性合，才性离也。尚书傅嘏论同，中书令李丰论异，侍郎钟会论合，屯骑校尉王广论离。"（《世说新语·文学》注引《魏志》）据刘学智考察，傅嘏持守"以德教为本"（据《三国志·魏书·傅嘏传》推断）与"能盛功名者，识也"（《三国志·魏书·荀彧传注》）的观点。与此观点相联系，傅嘏的"才性同"论，则是"主德、才统一论的，认为有什么样的德，就有什么样的才，而才同时又决定事功之效果”①。李丰"才性异"论，曾引起了卢毓的质疑："才所以为善也，故大才成大善，小才成小善。今称之有才，而不能为善，是才不中器也。"（《三国志·魏书·卢毓传》）据此，可推知李丰的"才性异"论涉及两方面的关系："一是人的自然质性与才能的关系，认为自然质性或天性与才能不同，因而天性不能说明才能，一个人的才能主要与后天习行有关；二是人之操行、事功与才能的关系，认为人的行为之社会效果与才能有联系，但也有区别。一个人在事功上政绩不著，并不能仅此说明其才能之不逮。这种观点肯定才能与天性、事功与才质有联系，也有区别。"② 较之才性同、异论，现存关于钟会"才性合"论与王广"才性离"论的史料更为缺乏。但是，据史料记载，钟会"议论以校练为家"（《三国志·魏志·钟会传》注引《王弼传》），且与傅嘏、王弼相善，或受其影响，刘学智推测，"才性合"论是把性、才看成体与用的关系，与"才性同"从德才关系上论说有明显的区别。而王广的"才性离"论或与曹操主张德才相离、"唯才是举"的理论与实践相似，立足于现实，崇尚事功而不尚空谈，强调才、性的区别与对立。③

　　因此，无论是《人物志》，还是"才性四本"论均是围绕着两个方面来阐述的：一是人的本性、才能、德行的特质如何的问题；二是性、才、德行三者之间的关系如何的问题。这两个相互关联的方面也是魏晋南北朝时期才性论的核心内容。

　　2. 皇侃的"性分"说

　　在疏释"智者不惑"时，皇侃云：

　　　　此章谈人性分不同也。智以照了为用，故于事无疑惑也。故孙绰曰："智能辨物，故不惑也。"④

　　疏释"孟公绰为赵、魏老则优，不可以为滕、薛大夫也"时，皇侃又云：

① 刘学智：《儒道哲学阐释》，中华书局2002年版，第94页。
② 同上书，第97页。
③ 同上书，第98—101页。
④ 皇侃：《论语义疏》，第160页。

此明人生性分各有所能。赵、魏，皆晋卿地也。老者，采邑之室
老也。优，犹宽闲也。公绰性静寡欲，若为采邑之时，则宽缓有余裕
也矣。藤、薛皆小国，职烦，公绰不能为大夫也。①

在皇侃看来，人禀气而定性，每个人的人性中均具有"仁"、"义"、
"礼"、"智"、"信"的特质，但是又因所禀之气的厚薄不同，不同人性
的特质又存在着不同，这也决定了后天能力的不同，即其所谓的"人生
性分各有所能"。诸如，在上述疏文中，照了无惑为"智"的功用，此种
"智"恰恰为人性先天特质的展现。清净寡欲为孟公绰性中的特质，展现
于其施政策略中，则是宽缓有余裕，这也是治理大国所具备的品质，故孟
公绰可以为赵、魏等大国之卿，但不可以担当职烦的藤、薛等小国的
大夫。

从表面上看，皇侃"性分"说与郭象性分说、才性论有类似之处。
但是在郭象那里，"各适其性"、"各当其分"的"性分"具有自然的特
质，是立足于万物何以能合理存在的根据（自性）论的；而在皇侃的
"性分"思想中，郭象具有现象学意蕴的"性分"说痕迹则不再彰显，而
是以禀气性定、生之为性为理论前提的，充分凸显了人性先天具有的潜在
特质与机能及其这些特质与机能在现实中的展现。显然，皇侃性分说，较
之郭象说已是不同的理论进路。如其云："由之性也，以勇为累，常恐有
失其分"②，"颜渊分已满至于屡空"③，"刚人性无求，而申枨性多情
欲"④，"子路禀性果决"⑤，"原宪性廉让，辞不受粟也"⑥。甚至，皇侃认
为，人的生命长短也都是"性分"所决定的，故有"命有短长，颜生所
得短者也"之论。

最后从才性论传统看，刘邵云："性有宽急，故宜有大小。宽弘之
人，宜为郡国，使下得施其功，而总成其事；急小之人，宜理百里，使事

① 皇侃：《论语义疏》，第245—246页。
② 同上书，第112页。
③ 同上书，第157页。
④ 同上书，第78页。
⑤ 同上书，第79页。
⑥ 同上书，第91页。

办于己。……夫人材不同，能各有异：有自任之能，有立法使人之能，有消息辨护之能，以德教师人之能，有行事使人遣让之能，有司察纠摘之能，有权奇之能，有威猛之能。夫能出于材，材不同量；材能既殊，任政亦异。"（《人物志·材能》）而在皇疏中，"性"源于五行之气，因禀气不同而具有不同的特质（性分），进而展现出不同的外在特征。如皇侃云，子路"才性果敢，能决断"①，孟公绰之性寡欲，为政宽缓有余裕，等等。皇侃与刘邵所论并无大的差异。如果从强调才性一致、名实相符的理路看，皇疏不仅与刘邵《人物志》相合，也与钟会的"才性合"论相似。

实际上，皇侃的上述性分说并非其独有，我们可以从皇侃所援引的诸家注中看出一些端倪。诸如在疏释"知者乐水"时，皇侃引陆特进语："此章极弃智仁之分也。"② 虽然现存陆注很不完整，但是仍可以推测，在南朝时，除皇侃以外，以人性潜在特质论"性分"者也不乏其人。

从人性的不同特质看，"性分"存在着不同。性分的差异所展现的则是圣人、愚人、圣愚之间三种类型之人的差别。皇侃在疏释"惟上智与下愚不移"时，云：

> 夫降圣以还，贤愚万品。若大而言之，且分为三，上分是圣，下分是愚。愚人以上，圣人以下，其中阶品不同而共为一。此之共一，则有推移。今云"上智"，谓圣人，"下愚"，愚人也。夫人不生则已，若有生之始，便禀天地阴阳氛氲之气。气有清浊，若禀得淳清者，则为圣人；若得淳浊者，则为愚人。愚人淳浊，虽澄亦不清，圣人淳清，搅之不浊。故上圣遇昏乱之世，不能挠其真，下愚值重尧叠舜，不能变其恶。故云"唯上智与下愚不移"也。而上智以下，下愚以上，二者中间，颜、闵以下，一善以上，其中亦多清少浊。或多浊少清，或半清半浊，澄之则清，搅之则浊。如此之徒，以随世变改，若遇善则清升，逢恶则滓沦，所以别云"性相近，习相远"也。③

---

① 皇侃：《论语义疏》，第93页。
② 同上书，第101页。
③ 同上书，第303页。

　　皇侃此段疏释甚为典型。从性三品看，皇侃与两汉诸儒并无大的差异，均认为现实中的圣人之性，不因外界环境的不同而改变其"全智"的本质，愚人之性也不因环境的不同而改变其"全愚"的本质，可以改变者、教育者唯圣愚之间的中人之性。深入而言，皇侃"性三品"论的理论基础，则是"生之为性"、"用气为性"的思想。圣人禀淳清之气，故而天生具有上智，不需要后天学习而变得智慧，甚至现实环境的混乱也不会影响其清明的智慧。而愚人之性禀淳浊之气，故而天生昏昧，即便处于尧舜圣明之时，加以后天的教化，也无法改变其昏昧。圣愚之间的众人之性，禀气或多清少浊，或多浊少清，或半清半浊，故能接受环境的影响，可以加以教化。如皇侃所云："凡人之性易为染箸，遇善则升，逢恶则坠，故居处宜慎，必择仁者之里也。"①"中人易染，遇善则善，遇恶则恶。若求居而不择仁里而处之，则是无智之人。"②可见，皇侃的性品说是立足于人性本质的不同（性分）而言的。因禀气不同，圣人、愚人及圣愚间中人的"性分"，也存在着先天的不同，这些不同必然会展现在现实之中。

　　事实上，皇侃上述性三品说仅是"大而言之"，在"上智以下，下愚以上"还可以细分。如何细分？皇侃则继承和发挥了其师贺玚的性九品说。皇侃在疏释"中人以上，可以语上也；中人以下，不可以语上也"时，云：

　　　　此谓为教化法也。师说云："就人之品识大判有三，谓上中下也。细而分之则有九也，有上上、上中、上下也，又有中上、中中、中下也，又有下上、下中、下下也，凡有九品。上上则是圣人，圣人不须教也。下下则是愚人，愚人不移，亦不须教也。而可教者，谓上中以下，下中以上，凡七品之人也。"今云"中人以上，可以语上"，即以上道语于上分也。"中人以下，不可以语上"，虽不可语上，犹可语之以中及语之以下。何者？夫教之为法，恒导引分前也。圣人无待于教，故以圣人之道可以教颜，以颜之道可以教闵，斯则"中人以上，可以语上"也。又以闵道可以教中品之上，此则中人亦可语

────────────

① 皇侃：《论语义疏》，第58页。
② 同上。

上也。又以中品之上道以教中品之中，又以中品之中道教中品之下，斯即中人亦有可以语之以中也。又以中之下道教下品之上，斯即中人以下可以语中。又以下品之上道教下品之中，斯即中人以下可以语下也。此云"中人以上"、"中人以下"，大略言之耳。既有九品，则第五为正中人也，以下即六七八也，以上即四三二也。①

皇侃首言"此为教化之法也"，显然是契合孔子意旨的。从引文看皇侃赞同其师贺玚之说。从表面上看贺玚"性九品"的划分与《汉书·古今人物表》一致，均存在上上、上中、上下、中上、中中、中下、下上、下中、下下之分。我们不妨征引《古今人物表序言》反观此处"性九品"说。《古今人物表》云："孔子曰：'若圣与仁，则吾岂敢？'又曰：'何事于仁，必也圣乎！''未知，焉得仁？''生而知之者，上也；学而知之者，次也；因而学之，又其次也；困而不学，民斯为下矣。'又曰：'中人以上，可以语上也。''唯上智与下愚不移。'《传》曰：譬如尧、舜、禹、稷、卨与之为善，则行，鲧、讙兜欲与为恶则诛。可与为善，不可与为恶，是谓上智。桀、纣，龙逢、比干欲与之为善则诛，于莘、崇侯与之为恶则行。可与为恶，不可与为善，是谓下愚。齐桓公，管仲相之则霸，竖貂辅之则乱。可与为善，可与为恶，是谓中人。因兹以列九等之序，究极经传，继世相次，总备古今之略要云。"《古今人物表》分人为九品，而非分性为九品。人分九品说，将道德价值意义上的仁、善与认知层面的智、学等混为一谈。而贺、皇"性九品"说则与《古今人物表》不同。贺玚的理论基础在其《礼记新义疏》中已有说明："俱感五行，在人为五常。得其清气备者为圣人，得其浊气简者则为愚人，降圣以下愚人以上所禀或多或少不可言一，故分为九等。"② 显然，贺玚受到汉魏以来以阴阳五行论人性的才性论思想的影响。虽然现存贺玚的表述十分简略，但其论述基本和皇侃是一致的，均以人性同禀一气为理论前提。所禀之气的清浊决定了人的性品高低，人的性品高低也决定了其先天所具有的认识机能（材质）的高低。进一步说，这种潜在的认识机能（材质）也是人"性

① 皇侃：《论语义疏》，第99—100页。
② 贺玚：《礼记新义疏》，《玉函山房辑轶书》卷26，《续修四库全书》第1202册，第49页。

分"的一部分。因每个人的性分不同，所采用教化内容（道）也随之不同，除圣人、愚人不须教外，其余七品之人各须接受相应的教化内容，来彰显自己的"性分"，即通过教化而"尽性"，展现自己的本性。

可见，贺玚、皇侃之论，不仅有回归孔子注重从人的不同材质（性分）出发、因材施教的倾向；同时也深受才性品鉴论的影响，注重从人性的认知机能（也属于"性分"）上标识性品的高低，这与董仲舒、扬雄、王充等汉儒从善恶层面论性品是不同的。故而可以说，皇侃的性品说不仅是对孔子思想的深化，也是对汉儒混淆认知与道德现象的纠正。

二 "性"、"情"之关系

基于上述论述，以下拟对与性有关的哲学范畴做一讨论。在皇侃思想中，最被学术界所称引的乃是其"性其情"论。虽然在《论语》中"情"与"性"一样仅出现两次：一为孔子所说："上好信，则民莫不敢用情。"（《论语·子路》）一为曾子所说："上失道，民散久矣。如得其情，则哀矜而无喜。"（《论语·子张》）这两处或指"真情"，或指"真相"，仍未与"性"并举而论。但是在孔子之后，情、性并举，"情"逐渐成了儒家学说中的主要哲学范畴。如云"先王本之情性"（《礼记·乐记》），"情生于性，礼生于情"（郭店简《语丛二》），"道始于情，情生于性"（郭店简《性自命出》），"人之情性"（《荀子·性恶》），等等。在皇侃那里，不仅要解决上述无善恶的"禀气之性"落入现实中如何展现的问题，也要解决"性"与"情"是何种关系及其如何展现的问题。在当前学术界，虽有个别学者对皇疏中的"性"、"情"关系做过一些阐述，但是据笔者视野所及，这些论述均以皇侃所引王弼的性情言论来反观其思想。尤其值得注意的是，学术界对王弼性情论的理解，素来存在着严重的分歧，故以"分歧"之见推导出的皇侃性情论也难免与皇侃意旨不相契合。故拟在前贤研究的基础上，征引皇疏，阐述拙见：

> 然性情之义，说者不同，且依一家旧释云：性者，生也。情者，成也。性是生而有之，故曰生也。情是起欲动彰事，故曰成也。然性无善恶，而有浓薄，情是有欲之心，而有邪正。性既是全生，而有未涉乎用，非唯不可名为恶，亦不可目为善，故性无善恶也。所以知然

者，夫善恶之名，恒就事而显，故老子曰："天下以知美之为美，斯恶已。以知善之为善，斯不善已。"此皆据事而谈。情有邪正者，情既是事，若逐欲流迁，其事则邪，若欲当于理，其事则正，故情不得不有邪有正也。故《易》曰："利贞者，性情也。"王弼曰：不性其情，焉能久行其正？此是情之正也，若心好流荡失真，此是情之邪也。若以情近性，故云性其情。情近性者，何妨是有欲，若逐欲迁，故云"远"也。若欲而不"迁"，故曰"近"。但近性者正，而即性非正，虽即性非正，而能使之正。譬如近火者热，而即火非热，虽即火非热，而能使之热。能使之热者何？气也，热也。能使之正者何？仪也，静也。又知其有浓薄者。孔子曰"性相近也"，若全同也，相近之辞不生；若全异也，相近之辞亦不得立。今云"近"者，有同有异，取其共是无善无恶则同也，有浓有薄则异也，虽异而未相远，故曰"近也"。①

此段引文源自皇侃对"孔安国曰'君子慎所习也'"的疏释，这也是皇侃最为集中论述"性"、"情"关系的文字。但是因学术界对上述引文的疏通不同及对王弼性情论的理解不同，造成了对皇侃性情关系理解上的诸多差异。

首先，就文句疏通看，学术界的分歧集中于引文中"王弼曰"的内容是其后的全部内容，还是仅"不性其情，焉能久行其正"一句，以下则为皇侃所论。持"其后全部内容"者较多，诸如楼宇烈、余敦康、林丽真、周大兴、王家冷等。② 持后说者，笔者仅见到王葆玹、王晓毅两位与儒藏本《论语义疏》。③ 究其因，前种观点大致以"王弼曰"之后语义一致，故全视为王弼语，而忽视了进一步对其做出断句分析。笔者仅见周

①　皇侃：《论语义疏》，第 303 页。
②　分别参见楼宇烈《王弼集校释》，中华书局 1980 年版，第 631—632 页；余敦康《魏晋玄学史》，北京大学出版社 2004 年版，第 278—279 页；林丽真《王弼》，东大图书公司 1988 年版，第 145 页。此外，诸多相关论文也多持此说，系统分析者如周大兴《王弼"性其情"的人性远近论》，《中国文哲研究集刊》第 16 期；王家冷《从王弼"性其情"说到程颐"性其情"说》，《中国文学研究》第 15 期。
③　分别参见王葆玹《正始玄学》，第 386—387 页；王晓毅《王弼评传》，第 322—323 页；皇侃《论语义疏》，第 303 页。

大兴以"从侃疏的体例看来，这一推测不无可能"① 一语带过。至于其为何不符合疏体，周先生则未揭示。而持后一观点的两位学者和前种持论者一样，也认为"王弼曰"之后语义一致，但提供了较为详细的语句分析说明。王葆玹认为："察皇疏于'王弼曰'三字之上引《易》云：'利贞者，性情也'，引自《周易·乾卦文言传》；于三字之下云：'不性其情，焉能久行其正'，是引自《文言》王注：'不为乾元，何能通物之始？不性其情，何能久行其正？是故始而亨者，必乾元也；利而正者，必性情也。'皇疏'久行其正'下文与王弼《文言传注》不合，乃是皇侃自己的议论，不是王弼的文字。"② 核查王弼《周易注》确如王葆玹所论，该条王弼注中也不见皇侃其他文字。王晓毅又在王葆玹论述的基础上，提出了两方面的辅证：其一，认为这属于皇侃本人的讲疏，在行文中皇侃多次引用《旧释》《易》《老子》和王弼语等为自己的理解作注，如皇侃引完"《老子》曰……"之后云"此皆据事而谈"，引"王弼曰……"之后云"此皆是情之正"，两处用"此皆……"句型。"可见，系皇侃本人观点提供佐证的用语无疑。"其二，王晓毅认为："'王弼曰'之后的文字中，有'若以情近性，故云'性其情'一句，王弼不可能在同一文章中解释自己说过的话。显然是皇侃在解释前面所引'王弼曰'的思想。"③ 王晓毅所补充的佐证符合皇侃叙述的特点，甚为可取！在现存王弼著作中，于"王弼曰"下的引文中，除皇侃所引王注之外，也未发现存在与皇疏雷同或相似的文字。故愚认为，前一说法有臆断之嫌，赞同王葆玹、王晓毅两位先生的断句分析。

　　然而，虽然王葆玹、王晓毅均赞同皇疏与王弼注应具有一致性，但是在具体义理分析上，在对"性"、"情"关系的理解上，二人又出现了严重的分歧。王葆玹认为："王弼易学的性情理论应与'一家旧释'及皇侃'近性'理论相合，大致是以'性无善恶'为本，'情有善恶'为末，举本统末，以性御情。……王弼易学人性论与无、一、阴阳、五行都有联系，大致是以无、一为本，阴阳五行为用，用这种本末体用关系来解释性情关系。"④ 显然，王葆玹敏锐地看到王弼性情论融合了汉儒的阴阳五行

────────

① 周大兴：《王弼"性其情"的人性远近论》，《中国文哲研究集刊》第 16 期。
② 王葆玹：《正始玄学》，第 387 页。
③ 王晓毅：《王弼评传》，第 323 页。
④ 王葆玹：《正始玄学》，第 387—389 页。

思想，但对王弼性情论而言，主要还是以性为本体、以情为现象，二者是本末关系。换句话说，王弼的性情论当是其"以无为本"的本体论哲学的展现，皇侃亦然。而王晓毅则认为，在王弼那里，"人性就是人类生来就有的各种自然本能的混沌总和，即生命活动本身。它是无法用语言解释的自然存在，称之为'自然之性。'用皇侃的语言表达，就是假象中生命在未来与外物接触前，'生而有之、'无善恶'又'未涉乎用'的生理本能"，"情就是人类生来具有的情感，它有真伪之别，即真情与伪情"。① 并认为在哲学基础上，王弼的性情论已经"摒弃了汉代元气阴阳生成论，开始从本末体用方法去思考人类内在自然之性与外在情感的关系。自然之性不是本体'无'，但又与'无'性质完全相同，故亦可看作'无'；情感有形有名，可视为'有'；性与情的关系，可视为'无'与'有'关系的特殊形态。"② 可见，二人虽然都看到王弼、皇侃的性情论采用先秦以来就存在的"本末"、"体用"关系，但是在具体义理架构的阐述上，又存在是否吸收汉儒元气阴阳之说，是否具有本体论意义上的"体用"关系的巨大分歧。从前文论述看，至少在皇侃那里，"用气为性"的思想已甚为突出，且受到汉儒元气、阴阳、五行思想的深刻影响。故而本书面对的问题则是：王弼情性论的理论实情是什么？与皇侃性情论是否一致？如果不一致，皇侃性情论当是如何？乃至皇侃所引"一家旧注"是否与王弼注相合？

　　首先，看王弼的性情论。王弼"性"、"情"连用，源自上述皇侃所引王弼《周易·乾卦·文言》注"不性其情，焉能久行其正"。然而，仅凭该注并不能明晰王弼哲学中的性、情之义，故须置于其思想体系中加以把握。先看，王弼"性"论。王弼哲学以无为本，其云："天下之物，皆以有为生。有之始，以无为本。"③ "夫物之所生，功之所以成，必生乎无形，由乎无名。无形无名者，万物之宗也。"④ 在王弼那里，本体"无"和"道"同义，即将《老子》那里尚具有宇宙论意蕴的"道"形上化，故云："道者何？无之称也，无不由也。"⑤ 在这种宇宙论向本体论转化的

---

① 王晓毅：《王弼评传》，第 324 页。
② 同上书，第 326—327 页。
③ 楼宇烈：《王弼集校释》，第 110 页。
④ 同上书，第 195 页。
⑤ 同上书，第 541 页。

过程中,《老子》中的"道法自然"思想也必然随之转化,"自然"被形上化,与"道"、"无"并举。王弼认为:"《老子》之文……故其大归也,论太始之原以明自然之性,演幽冥之极以定惑罔之迷。因而不为,损而不施,崇本以息末,守母以存子。"①"道不违自然,乃得其性。法自然也。法自然者,在方而法方,在圆而法圆,于自然无所违。自然者,无称之言,穷极之辞也。"②"天地任自然,无为无造,万物自相治理……无为于万物,而万物各适其所用,则莫不赡矣。"③"万物以自然为性,故可因而不可为也,可通而不可执也。"④"圣人达自然之至,畅万物之情,故因而不为,顺而不施。除其所以迷,去其所以惑,故心不乱而物性自得之也。"⑤在王弼看来,《老子》一书在于阐明宇宙万物的自然之性,此种自然之性,已不再是物性之"自然",而是道体"无"的发用(道性、玄德)。天地以此性而运行,万物以此性而生;同时,自然也是一种超越的道境,"可因而不可为也,可通而不可执也"。"性"既为本体义,是万物存在的根据,那么,"性"也必然是"至善"之性,没有经验层面的善恶之分。再看王弼哲学中的"情"论。王弼论"情",最典型者莫过于"圣人无情"论:"圣人茂于人者神明也,同于人者五情也。神明茂,故能体冲和以通无;五情同,故不能无哀乐以应物。然则圣人之情,应物而无累于物者也。"⑥"圣人达自然之至,畅万物之情,故因而不为,顺而不施。除其所以迷,去其所以惑,故心不乱而物性自得之也。"⑦王弼认为,圣人与常人皆具有"五情",五情也本于自然。人以自然为性,自然之性应感而动,发而为情。圣人、常人之别不在于"情",而在于"应物"。圣人体道法天,以无为心,与天地合德,其性虽本静,但能率性而动,"畅万物之情",应物而无累于物。而常人因在于不能"因物之性","不以顺性命"⑧,则不可避免地会受到耳目口心等所感之情的影响,存在着"盲聋爽狂"、"反伤自然"的现象。因此,圣人体道,其情合乎自然;而常

----

① 楼宇烈:《王弼集校释》,第 196 页。
② 同上书,第 64 页。
③ 同上书,第 13 页。
④ 同上书,第 77 页。
⑤ 同上。
⑥ 《三国志》卷 28《钟会传》裴注引何邵《王弼传》。
⑦ 楼宇烈:《王弼集校释》,第 77 页。
⑧ 同上书,第 28 页。

人受外界影响，其情则存在邪正之分。

　　基于上述，我们再反观王弼《周易》注。其注《乾卦·文言》云：
"不为乾元，何能通物之始？不性其情，何能久行其正？是故始而亨者，
必乾元也；利而正者，必性情也。"① 注《乾·彖传》"大哉乾元，万物
资始，乃统天。……乾道变化，各正性命"时，云："天也者，形之名
也；健也者，用形者也。夫形也者，物之累也。有天之形，而能永保无
亏，为物之首，统之者岂非至健哉！……静专动直，不失大和，岂非正性
命之情邪？"② 注《无妄》"先王以茂，对时育万物"时，又云："物皆不
敢妄，然后万物乃得各全其性，对时育物，莫盛于斯也。"③ 王弼性情之
义甚明：乾元为万物的资始，天为形物之称，运天者乃是形而上的乾健之
道。乾健之道具有创生功用，其本身虽为"静"，但其用却能附形成物，
即万物得以生成。换句话说，这种乾健之道实为王弼自然道性（玄德），
万物亦借其而自生、自济、自足。即王弼所谓"因物之性"，"不敢妄
为"，也就是"正"。然而，在王弼看来，《周易》所云："各正性命"为
"正性命之情"之义，略去了"各"，这即意味着王弼言"性"乃从乾道
自身而言，而非从成物（各）言。故牟宗三认为："王注'乃统天'则
切，盖此只是泛言体用之关系。大抵凡言体用处，皆极精透；一涉及天道
性命之贯通处，则皆浮泛而不切。是即未能尽孔门义理之精蕴与全蕴。"④
牟氏就儒家"天命之谓性"、天道性命之贯通而成就"各物"言，王弼之
论确有不切。但是，立足本体、从体用关系上论述"性"当符合王弼
《周易》注原义。在这种思维理路中，性为本体，情为现象，性情皆归本
于自然。先天之性主静，后天之情欲主动。情欲流荡失真，则违离自然，
故为"伪"。基于此，王弼"性其情"义甚明：以性统情，情不离自然之
理，达到与本体"无"一样的境界，则利而往通，情归于正（合理、和
谐）；性不统情，情远离自然之理，摆脱了本体的支配，则无利且阻，情
沦为邪（不当、流荡）。因此，可以说王弼"性其情"论展现的是体与
用、内与外、性与情的和谐统一。

　　如果上述理解确切的话，那么在性情论上，王弼与皇侃，乃至与

①　楼宇烈：《王弼集校释》，第 217 页。
②　同上书，第 213 页。
③　同上书，第 343 页。
④　牟宗三：《才性与玄理》，第 90 页。

"一家旧释"则存在着严重的分歧。皇侃所谓的"性"乃是禀气而生的气性，并无一个至上的本体为依据。所谓的"情"为自然情欲，是在"及识"的经验世界中人的自然欲望，乃是后天所成之"事"。也是基于此，皇侃赞同范宁之论："人生而静，天之性也。感于物而动，性之欲也。斯相近也。习洙泗之教为君子，习申、商之术为小人，斯相远矣也。"① 皇侃认为，落入经验层面的人性，具有自然感知的机能，即性之欲，这是产生善恶之别的原因。实际上，这种性之欲即皇侃所论之"情"。可见，皇侃所论之情和王弼遵循自然本体之情存在着巨大的鸿沟。故而，皇侃与王弼的"性其情"的含义也必然存在巨大的差别。皇侃论情基于"生之为性"的气性论，指的是先天具有的生理上的性情，即自然真情，此情当是"性"应有的属性。同时，这种"情"也天然具有合理性，其自然彰显符合"性"的内在规范，并不存在正邪之分；但是人们若受外界熏染，过度追逐欲望，"其事则邪"，其自然真情也沦为邪情；若受到合理的引导，符合"性"的规范，那么"其事则正"，其自然真情当为合理的正情。

进而再看皇侃对"性"、"情"的阐述："若以情近性，故云性其情。""性其情"即"以情近性"之义。以"情近性"并不是否定人性中的自然情欲，而恰恰是要求人们在外界的各种熏染诱惑中，保存人性的自然真情。在现实生活中，如果过度追逐欲望，心好流荡，则失去了自然本真。因此可以说，皇侃的"性其情"是一种"复性"说，以"性"（即先天具有的自然性情）制情（受外界熏染之情），使"情"合理有节，符合自然。值得注意的是，如何"使性正"？皇侃引入了"火不热"的命题：火有热性，但火不是热。性有自然情欲的潜质，但性不是情，情乃是性的显发。进而皇侃认为，可以通过"仪"、"静"的方式使"性正"。何谓仪？皇侃云："习者，谓生而后有仪，常所行习之事也。""仪"乃是生而后有，为"习"的规范。何谓"静"？皇侃云："人生而静，天之性也。"从表面上看，"静"乃是对"天之性"的描述，但是皇侃"静"义当为"使之静"义，即恢复自然本性的心理规范，与外在的"仪"相通相辅。可见，在皇侃看来，后天符合人性发展的规范可以消除外界环境的不良熏染，"性其情"的目的当在于恢复人性的本真。然而，如何判断外在的规范符合人性的发展？这在皇侃看来，是个自明的问题。人与生俱有

---

① 皇侃：《论语义疏》，第 303 页。

的认识机能（识）可以明察礼仪规范，保证"性其情"的顺畅进行。

如果进一步追溯皇侃"性"、"情"关系论的渊源，我们也会发现，从近处讲，在皇侃的老师贺玚那里已有类似言论。贺玚在疏释《中庸》"天命之谓性"时，云："性之与情，犹波之与水。静时是水，动则是波；静时是性，动则是情。案《左传》说：'天有六气，降而生五行。'至于含生之类，皆感五行生矣。唯人独禀秀气。故《礼运》云：'人者五行之秀气，被色而生。'即有五常仁义礼智信性，因五常而有六情。则性之与情，似金与镮印，镮印之用非金，亦因金而有镮印，情之所用非性，亦因性而有情。则性者静，情者动，故《乐记》云：'人生而静，天之性也。感物而动，性之欲也。'故《诗序》云：'情动于中'是也。"① 在贺玚看来，"情"为人性本来所具有，当"性"感物时，动而显发。贺氏又以金与镮印比拟性与情，这与皇疏中的"火不热"之喻亦有相似之处。如果再往上追溯，荀子云："性者，天之就也。情者，性之质也。欲者，情之应也"，"性之好恶喜怒哀乐谓之情"（《荀子·正名》）。撇去荀子"以欲为性"的看法不讲，仅就上述引文而言，则明确承认先天生就为性，以情为质，情即是"性之质"，欲则应情而生。性、情、欲三者在实质上是一致的。郭店简《性自命出》也有"恶怒哀悲之气，性也"之论。董仲舒亦云："情者，人之欲也。"（《汉书·董仲舒传》）《白虎通·性情》又云："情者，静也；性者，生也。"实际上，这些对性、情、欲的论述，也未必完全与皇侃的界定相吻合，但是可以看出，皇侃在吸收王弼"性其情"论的同时，已将其玄学内涵转化。皇侃的"性情"论渊源有自，更类似于先秦以来的儒家气性论传统，而非来自王弼玄学。

基于上述，我们再回到学术界对皇侃引王弼《周易》注的理解上。显然，一些学者在研究王弼性情思想时，忽视了对皇疏的深入考察，误将王弼注与皇疏混为一谈，不去做义理上的区分。纵然，其中的抵牾被个别学者意识到了，如林丽真发出疑问："一个无正善可言的本体，难道能产生一个绝对正善的作用吗？所谓'即性非正'，难道保证得了'近性者正'吗？"但是林氏又把这种困惑归结于"王弼在兼综孔老，调和自然与

---

① 贺玚：《礼记新义疏》，《玉函山房辑佚书》卷26，《续修四库全书》第1202册，第49页。

名教的矛盾理论时，仍欠缺深思细索的关键点"①。王家冷则试图解决林先生的困惑，认为"王弼'性其情'之性不应被等同于'无正善可言的本体'，而是可为正善究极的依据，禀源于宇宙本根的形上性理"，"这个禀源于宇宙究极本根而能有'性其情'本体能动力之'性'的提出，在宋明儒学体系正式成立前，可说是跨时代的，是中国思想史性论突破发展的一个前兆"②。可见，在视王弼注与皇疏一致的前提下，前者对王弼理论的不能圆融进行了批评，后者则把王弼性情论刻意拔高，此皆有失偏颇。如果站在皇侃的立场上，即可看出皇侃援引诸家注，尤其是佛道言论，并非是要严守其原义，而是以服务个人思想的阐发为归宿的。这种阐发必然要圆融诸家注，甚至剪裁、曲解诸家注。据此而论，王弼注也仅能作为皇侃阐发个人思想的依凭而已。

三　"性"、"命"之关系

除了"性"、"情"关系之外，皇侃在《论语义疏》中也十分注重阐述"命"，及"性"与"命"的关系。皇侃对"性"、"命"关系的阐述，与对《论语》中"命"的阐发有着密切关系。学术界素来对《论语·子罕》中"子罕言利与命与仁"的理解存在着争论：无论是如邢昺般把"与"解释为"及也"③，还是如清儒史绳祖般认为"孔子罕言者独利而已，当以此句作一义。曰命曰仁，皆平日所深与，此别一义。与者，许也"④，但不可否认的是，在《论语》中出现"命"字多达22处，且具有"命令"（如"舜亦以命禹"）、生命（如"士见危致命"）、"寿命"（如"不幸短命死矣"）、"使命"（如"不辱君命"）、"天命"（如"五十知天命"）诸多内涵。不仅具有自然、社会层面的意蕴，也具有道德、宗教层面的含义。可见，"命"与"性"一样，已或多或少地被孔子所关注了。

事实上，在先秦文献中，"性"与"命"并举连用，较早出现于郭店简《性自命出》与《中庸》中。《性自命出》云："性自命出，命自天

①　林丽真：《王弼》，第146—147页。
②　王家冷：《从王弼"性其情"说到程颐"性其情"说》，《中国文学研究》第15期。
③　何晏注，邢昺疏：《论语注疏》，北京大学出版社2000年版，第124页。
④　史绳祖：《学斋占毕》卷1，《文渊阁四库全书》第854册，第13页。

降。”从表面上看，这与《中庸》“天命之谓性”十分相似，“性”为“天”所“命”。换言之，二者均认为“性”来源于天命，天命赋予了性的本质与内涵。但是由于二者对“天”的理解存在不同，故“天”所命之“性”也存在较大的差别。《中庸》云：“诚者，天之道。诚之者，人之道也”，“自诚明，谓之性。自明诚，谓之教”，等等。视“诚”为天的本质，故而，“天”所“命”之“性”的本质与内涵，也可被视为“诚”。此“诚”性已具有儒家道德价值（善）的意蕴。进而，《中庸》所谓的“率性之谓道，修道之谓教”，则分别指由内而外地显发“性”而为“道”，及由外而内的道德修行之道而使“性”自觉。《性自命出》中的“天”，虽然表面看起来其含义比较模糊，但是又明显指一种非人力所能把握的神秘力量，不仅不存在人格神的含义，而且天所命之性仅停留在自然人性、气性的层面，不具有道德的含义。[①] 如其云：“善，不〔善，性也〕”，“喜怒哀悲之气，性也。及其见于外，则物取之也”，“道始于情，情生于性。始者近情，终者近义”，等等。虽然从表面上看《性自命出》并不否认性具有善、不善之分，但是从其内在理路看，则是以情气为性，情气潜藏于性中，及于外物而现。且又以情气之性言道，认为践履了“义”才能合于道。显然，这与《中庸》存在着较大的差别，却与“生之为性”、“用气为性”的理路存在颇多的类似之处。据此知，《性自命出》与《中庸》呈现出两种不同的“性”、“命”论理路。从表面上看，皇侃的“性”、“命”理论似乎将上述两种不同理论融混在一起，也是因为这种“相混”而使皇侃之论易招致误解。

---

① 关于郭店简中的“天”、“性”，学界分歧较大，概言之，主要有三种：其一，认为天是形上的超越者，是至善的，由此而产生的性也是善的。以郭齐勇、吕绍纲等先生为代表（可参见郭齐勇《郭店楚简与孟子心性论》，《武汉大学学报》1995 年第 5 期；吕绍纲《性命说》，《孔子研究》1999 年第 3 期）。其二，认为郭店简中的“天”的含义含混，其中包括非人力所可测度、控制的神秘力量。“性”为自然人性，无“性善论”的道德说法。以李泽厚、陈来、梁涛等先生为代表（可参见李泽厚《初读郭店竹简印象记要》，《中国哲学》第 21 辑；陈来《荆门竹简之〈性自命出〉篇初探》，《中国哲学》第 20 辑；梁涛《郭店竹简与思孟学派》第三章，中国人民大学出版社 2008 年版）。其三，天具有“自然之天”与“义理之天”的双重含义。以郭沂先生为代表（可参见郭沂《出土文献背景下的儒家核心经典系统之重构》，郭齐勇主编：《儒家文化研究》第 1 辑，生活·读书·新知三联书店 2007 年版）。笔者倾向于第二种观点，但又略有不同。认为在郭店简中“天”的含糊之义中，包含着一种超越人事的自然力量。其性论受用气为性传统的影响，性是“全性”“自足”的，内含产生喜、怒、哀、惧等情感的自然机能，并非如梁涛先生所言，存在着“情感形而上学”的问题（见梁涛《郭店竹简与思孟学派》，第 148 页）。

　　皇侃在疏释"子罕言利，与命与仁"章时，云：

　　　　命，天命穷通、夭寿之目也。……命是人禀天而生，其道难测，
　　又好恶不同，若逆向人说，则伤动人情，故孔子希说与人也。……
　　（以下疏释何晏注："命者，天之命也。"）人禀天而生，故云天命也。
　　《中庸》曰"天命之谓性"是也。……（以下疏释何晏注："寡能及
　　之。"）天道微妙，天命深远，仁道盛大，非人所能知及，故云"寡
　　能及之"也。（以下疏释何晏注："故希言也。"）为世人寡及，故孔
　　子亦希言也。①

　　皇侃认为，命为人禀天而生，天命内具于人则为性。如果停留于皇侃
此种论述，从表面上看，则与《性自命出》《中庸》十分相似；但在皇侃
看来，由于作为人性命来源的天道微妙、天命难测，人的性命也固然不由
人自身所能左右了。因此，天命不仅具有主宰性，也具有不可预知性；展
现的不仅是自身的穷通，而且也预定着人的夭寿。故皇侃在疏释"吾十
有五而志于学"章时，又云："天命，谓穷通之分也。谓天为命者，言人
禀天气而生，得此穷通，皆由天所命也。"② 正是因为天命具有穷通的本
质，所以人的困厄与显达也随之被预定。然而，就上述引文看，皇侃的
"性"、"命"论尚显粗略，我们还有必要进一步追问皇侃所谓的"人禀天
而生"之"天"当何指？此处的"天"是否为道德理性之天？其"天
命"是否具有"诚"的道德价值？在现存《礼记皇氏义疏》残句中，恰
恰幸存着皇侃对"天命之谓性"的部分疏释：

　　　　注木神则仁，金神则义，火神则礼，水神则信，土神则知。云木
　　神则仁者，东方春，春主施生，仁亦主施。云金神则义者，秋为金，
　　金主严杀，义亦果敢断决也。云火神则礼者，夏为火，火主照物而有
　　分别，礼亦主分别。云水神则信者，冬主闭藏，充实不虚；水有内
　　明，不欺于物，信亦不虚诈也。云土神则知者，金、木、水、火、土

---

①　皇侃：《论语义疏》，第 143 页。
②　同上书，第 20 页。

无所不载，土所含义者多，知亦所含者众。①

前文已说明，在皇疏中"五常"为"五行"的展现，人的禀赋、才能均来自"五行"，这也是皇侃所谓："人禀天地五常之气以生曰性。性，生也。"② 可见，皇侃上述之"天"当为"五行"之气（作为未发的潜在的"五常"恰为"五行"的气性）。显然，皇疏中的天命不具有道德至善的意蕴，由"天"所命之"性"也仅是禀气之性，为自然人性，这与《性自命出》中的"性"存在类似之处。在此种理路之下，受汉魏"用气为性"思想的影响，皇侃对"天"的认识，也更多地沦为一种自然势运。自然势运主宰着人的生死贵贱。皇侃在疏释"死生有命，富贵在天"时，又云：

> 此是我所闻，为说不须忧之事也。言死生、富贵皆禀天所得，应至不可逆忧，亦不至不可逆求，故云"有命"、"在天"也。然同是天命，而死生云命，富贵云天者，亦互之而不可逃也。死生于事为切，故云命；富贵比死生者为泰，故云天。天比命，则天为缓也。缪播云："死生者，所禀之性分；富贵者，所遇之通塞。人能命养之以福，不能令所禀易分。分不可易，命也。能修道以待贾，不能遭时必泰，泰不可必，天也。天之为言自然之势运，不为主人之贵贱也。"③

皇侃此处仅引缪播注。缪播注可以看作皇疏的进一步注解。在皇侃看来，死生展现的是人的生命存亡，属于内在问题，故云"命"；而富贵展现的则是人的际遇，属于外在问题。因此，内在"命"的问题于人事最切近。事实上，无论是"天"，还是"命"，都涵摄了自然运势的意蕴。自然势运具有人无法抗拒和不可琢磨的定则，人的生死、富贵皆受其支配。故而，无论是"天"还是"命"均变成了一种"假言"或"设言"。又如，在疏释"富而可求也，虽执鞭之士，吾亦为之"时，皇侃云："孔子意云：夫富贵贫贱皆禀天之命，不可苟且求，若可求而得者，虽假令执

---

① 皇侃：《礼记皇氏义疏》，《玉函山房辑轶书》卷26，《续修四库全书》第1202册，第84—85页。

② 皇侃：《论语义疏》，第79页。

③ 同上书，第420—421页。

鞭贱职，而吾亦为之，则不辞矣。"① 显然，富贵、贫贱等外在的际遇，受"天"（自然势运）的主宰或决定，人无法苟且贪求。对人而言，皇侃又云："分不易，命也。"人生而具有自足的"性分"。"性分"的内容不限于材质、认识的机能等，也应包括人的生命长短。故在皇侃看来，无论外在富贵际遇如何，均无法改变人的"性分"，生死不可改易，故所谓"命有短长，颜生所得短者"。但是从最终根源看，"天命之谓性"，性分的不可改变也当是受到自然运势的主宰或左右。

虽然每个人都具有"性分"，受到自然运势的主宰，但是当人们面对外界环境时，又不是盲目地处于受动地位，而是要充分认识外在的"自然运势"和自身的"性分"，从而将生命价值的诉求，由面对外在不可改变的际遇转向内在、转向对人自身的关注。皇侃在疏释"五十而知天命"时，云：

> 天命，谓穷通之分也。谓天为命者，言人禀天气而生，得此穷通，皆由天所命也。天本无言，而云有所命者，假之言也。人年未五十，则犹有横企无厓，及至五十始衰，则自审己分之可否也。……（以下疏释孔安国注："知天命之终始也"）终始即是分限所在也。②

疏释"加我数年，五十而学《易》，可以无大过矣"时，又云：

> 此孔子重《易》，故欲令学者加功于此书也。当孔子尔时，年已四十五六，故云"加我数年，五十而学《易》"也。所以必五十而学《易》者，人年五十，是知命之年也，《易》有大演之数五十，是穷理尽命之书，故五十而学《易》也。既学得其理则极照精微，故身无过失也。云"无大过"者，小事易见，大事难明，故学照大理则得一，不复大过，则小者故不失之。……（以下疏释何晏注："《易》穷理尽性，以至于命。"）《易》明乾元亨利贞，穷测阴阳之理，遍尽万物之性，故云"穷理尽性"也。又识穷通，故云"以至于命"也。（以下疏释何晏注："年五十而知天命。"）人年五十，应大演之数，

---

① 皇侃：《论语义疏》，第 112 页。
② 同上书，第 20 页。

与《易》数同，故"知天命"也。（以下疏释何晏注："以知命之年读至命之书。"）其数会同也。（以下疏释何晏注："故可以无大过也。"）照乐穷理，故无失也。①

在皇侃看来，天命实为自然运势的穷通，展现于人也就是性分。人年至五十，应合了《易》之大演之数，能够由着眼于外在的追求，转而审视自己、体察自己的"性分"。换句话说，如果人在 50 岁之前，尚对外盲目地存在无尽的希冀，那么，在 50 岁之后，则能够审察了彻自己命运的穷通之理了。进而穷通万物之理，了彻万物之性，这也就是"知天命"。因此，对每个人而言，"知天命"就是"审己分"，了彻自己自足的"性分"，并在性分的规定下发挥人的主动性。

皇侃疏释"君子敬而无失"，云：

> 死生富贵，既理不易，故当委之天命。此处无忧，而此句以下（指"与人恭而有礼。四海之内，皆为兄弟"语）自可人事易为修理也。敬而无失，是广爱众也。君子自敬己身，则与物无失者也。②

疏释"畏天命"，云：

> 天命，谓作善降百祥，作不善降百殃。从吉逆凶，是天之命。故君子畏之，不敢逆之也。③

疏释"不知命，无以为君子也"时，又云：

> 命谓穷通夭寿也。人生而有命，受之由天，故不可不知也，若不知而强求，则不成为君子之德，故云"无以为君子"也。（以下疏释孔安国注："命，谓穷达之分也。"）穷，谓贫贱。达，谓富贵。并禀之于天，如天之见命为之者也。④

---

① 皇侃：《论语义疏》，第 116 页。
② 同上书，第 209 页。
③ 同上书，第 295 页。
④ 同上书，第 355 页。

　　面对现实中的死生、富贵等不可改易的自然势运，人们如何能"知命"？了彻自己的"性分"？皇侃提出了"委之天命"的观点。虽然作善降百祥，作不善降百殃均可视之为天命，但是在皇侃看来，"从吉逆凶"才是天之命于人的正确生活方式。"从吉逆凶"也就是"知命"。"知命"并不是要改易天命，也不是要求在人事上消极被动而无所作为；而是在了彻天命具有不可强求的特性的前提下，在自我的"性分"之内，尽人事之道。不必渴求"遭时必泰"，而是要"修道以待贾"，以敬处世，泛爱众人，恭而有礼，乐天知命等，从而成就君子之德。故皇侃释"君子畏天命"为"从吉逆凶"、"不敢逆之"。"畏天命"即"委之天命"，也就是"知命"。这也是君子与小人的不同之处，"小人与君子反，故不畏君子之所畏者也。小人见天道恢疏，而不信从吉逆凶，故不畏之，而造为恶逆之也"①。可见，一方面，皇侃认为，天命为不可改易的自然运势，现实中的人只有委顺。另一方面，又认为在人的"性分"之内，可以积极修习儒家的伦常，从事德性活动，修道待贾，这也是"委之天命"、"知命"。这两个方面上下贯通，互相呼应。

　　事实上，自先秦以来儒家已广泛讨论"性"、"命"的关系。诸如，《诗经》所谓"维天之命，于穆不已。于乎不显，文王之德之纯"（《周颂·维天之命》），《中庸》云"天命之谓性"，则就天命下贯而为"性"而言的。至两汉，扬雄云"命者，天之命也，非人为也，人为不为命"（《法言·问明》），《白虎通》云："命者，何谓也？人之寿也。天命已使生者也"（《寿命》），王充云"命谓初所禀得而生也。人生受性，则受命矣"（《论衡·初禀》），等等。又就人之寿命、命运而言。人之寿命、命运禀自天命，乃天使之生，受天所主宰。皇侃对"天命"与"性分"、"性"与"命"关系的阐述，当顺应了以往儒家性命论发展的脉络。如果将皇侃的人性论和《太平经》中的阐述做一比较，更能清晰地看到皇侃所持的儒家人性论理路。《太平经》云："死生之命，不可自易"②，"行善正，则得天心而生；行恶，失天心，则凶死。此死生即命所属也。故言闻命也"③。又云："人命近在汝身，何为叩心仰呼天乎？有身不自清，当

---

　　① 皇侃：《论语义疏》，第 295 页。
　　② 王明编：《太平经合校》，第 680 页。
　　③ 同上书，第 355 页。

清谁乎？有身不自爱，当爱谁乎？有要不自成，当成谁乎？有身不自念，当念谁乎？有身不自责，当责谁乎？"①从表面上看，《太平经》与皇侃类似，均是强调天命决定人之性命，人要去积极地掌握自己的命运。实际上，《太平经》的"天命"观更具有宗教意蕴，强调人对天命的敬畏。也是基于这种敬畏，人需要调理自己的躯体，修养道德，延益生命。而皇侃强调的是，虽然自然运势不可违背，但因个人性分存在自足性，可以在性分之内充分实现对自我生命的支配。

如果我们再将皇侃的"性"、"命"思想与《性自命出》《中庸》加以对比的话，可以发现三者均视"性"为"天"所"命"，把"性"的来源归结于"天"；但是由于三者对"天"的理解不同，"性"、"命"论也存在差异。一般而言，发源于殷周之际的"天"具有自然和宗教两个方面的含义，前者导引出自然本性论，后者导引出道德本性论。如果说《性自命出》中的"天"还因其具有超越人事的神秘性所导引出的自然"性"论尚存在着颇多争议，那么，在《中庸》中则彻底消解了"自然之天"与"自然本性"，替代它的是一个义理天、道德天，及其至善的道德本性，此为学术界所共识。而在皇侃思想中，"天"虽然不乏宗教性与人格性的特征，但是此处皇侃所理解的"天"恰恰为一种自然势运，明确表明天所命之性为自然本性。这不仅与《中庸》不同，也澄清了《性自命出》中的"神秘"之天。皇侃性论中源于天命的人性，先天具有自然的、丰富的、自足的内在特质（性分），存在着向外探寻的机能，接受后天的教化。这也是由"自然"走向"必然"的过程。基于此，我们可以看出，皇侃的"知命"，即由了解天命、审己分出发，进而接受教化（修道）的过程。实际上，这种"知命"理路，在先秦儒家中也是存在的。典型者如郭店简中"知天所为，知人所为，然后知道，知道然后知命"（《语丛一》）的"知天人—知道—知命"进路，与"知命而后知道"（《尊德义》）的"知命—知道"进路。可以看出，皇侃的"知命"理论更多地倾向于前者。因此，虽然南朝时期，三教交会互诠之风盛行，但是从皇侃的"性"、"命"论的主旨看，并未脱离先秦至汉魏的儒家气性论大传统，甚至明显地存在着向先秦回归的倾向。

---

① 王明编：《太平经合校》，第527页。

第三章　仁论

"仁"在《论语》中出现了百余次，涉及五十余章，为全书最为核心的哲学范畴。① 当历代《论语》注疏者，试图对如此众多的"仁"做出概念界定时，又往往得出不同的结论。故有学者认为，孔子在"说仁或教仁之机遇中，总是依来学者之资禀或意见，常以一种是而又不是、不是而又是的超旷而不著痕迹的态度作表诠"②。此种理解不失为一种洞见，不仅认识到仁的高妙与广大，非一般言语能尽其奥，也符合包括仁在内的许多中国哲学范畴所具有的超越理性分析与思辨的证悟特色。然而，在皇侃或其他《论语》注疏者看来，虽然在《论语》中出现了众多的"仁"，但是彼此又存在着内在的关联，并非不可把握的。笔者检索《论语义疏》，关于仁的界定多达二十余处："孝是仁之本"，"仁是五德之处"，"仁者，人之性"，"人有博爱之德谓之仁"，"五常谓仁、义、礼、智、信也"，"仁者，仁义也"，"仁者，博施济众也"，"仁者，人之极也"，"仁是行盛"，"仁者，恻隐之义"，"仁义礼智信五者，并是人之行"，"克己复礼所以为仁之义也"，"恕敬二事乃为仁也"，"仁以恻隐济众"，"诚爱无私、仁之理也"，"仁是万行之首"，"仁是恩爱政行之"，"仁者，周穷济急之谓也"，"仁者博施周急"，"仁以忧世忘己身为用"；而且皇侃在使用单独词"仁"的同时，又使用了"仁性"、"性仁"、"仁德"、"仁功"、"仁义"、"仁道"、"行仁"、"仁名"、"导仁"、"仁心"、"仁恩"、"仁圣"、"勉仁"、"仁术"等大量联合词。据此可知，皇侃对仁论的阐释具有多维性，而揭示仁的多维含义及其内在联系则是以下论述的主要内容。

---

① 阮元统计："仁"出现105次，涉及58章（见阮元《揅经堂集》，中华书局1993年版，第176页）。

② 周群振：《论语章句分类义释·绪论》，鹅湖出版社2003年版，第6页。

值得注意的是，皇侃在疏释"智者乐水"章时，援引陆特进注：

> 此章极弃智仁之分也，凡分为三段。自"智者乐水，仁者乐山"为第一，明智仁之性。又"智者动，仁者静"为第二，明智仁之用。先既有性，性必有用也。又"智者乐，仁者寿"为第三，明智仁之功。已有用，用宜有功也。①

在疏释此章时，皇侃仅援引了陆注，显然是赞同陆注的。陆注在揭示"智"、"仁"时，采用"性"（本质）、"用"（实践）、"功"（功效）三层结构加以分析。此种分析也确实为皇侃所援用，如其云："第一明智仁之性"，"此第二明用也"，"第三明功也"等语。② 以下拟从仁的本质、实践、功效三方面加以阐述。

一　仁的本质

在皇侃看来，仁与义、礼、智、信一样，源于五行之气，乃是人性中生而即有的品质，即人性的内容或潜质。具体而言，皇侃在揭示仁的本质时，提出了"仁者，人之性也"与"仁者，恻隐之义"两个重要的命题。③

（一）"仁者，人之性也"
疏释马融注"所因，谓三纲五常也"时，皇侃云：

> 五常谓仁、义、礼、智、信也。就五行而论，则木为仁，火为礼，金为义，水为信，土为智。人禀此五常而生，则备有仁、义、礼、智、信之性也。人有博爱之德谓之仁，有严断之德为义，有明辨尊卑敬让之德为礼，有言不虚妄之德为信，有照了之德为智。此五者

---

① 皇侃：《论语义疏》，第101页。
② 同上。
③ 高荻华先生将"仁者，人之性也"，"仁者，恻隐之义"视为"仁的质性义与本质"（参见高荻华《皇侃〈论语集解义疏〉研究》，第39—48页）。笔者倾向于这种看法，以"仁的本质"综括，行文受其启迪，加以借鉴，并在行文中发挥高氏之论。

是人性之恒，不可暂舍，故谓五常也。虽复时移世易，事历今古，而三纲五常之道不可变革，故世世相因，百代仍袭也。①

在皇侃看来，仁、义、礼、智、信五常之所以成为古今社会中不可变革的"常道"，在于人性的恒久不变。显然，皇侃此种论述是基于其用气为性的理论，人禀五行之气而生，五常为人性中生而即有的五种不同品质，其内容展现为"五德"：博爱之德、严断之德、明辨尊卑敬让之德、言不虚妄之德、照了之德。如前文所言，皇侃的此种论述与汉魏气性论，尤其是刘邵《人物志》颇有相似之处。仁、义、礼、智、信五常为人性的构成成分，其本身并不具有善恶的价值判断。故在疏释"巧言令色，鲜矣有仁"时，皇侃云：

此人本无善言美色，而虚假为之，则少有仁者也。然都应无仁，而云少者，旧云："人自有非假而自然者，此则不妨有仁，但时多巧令，故云少也。"又一通云："巧言令色之人，非都无仁，政是性不能全，故云少也。"故张凭云："仁者，人之性也。性有厚薄，故体足者难耳。巧言令色之人，于仁性为少，非为都无其分也，故曰'鲜矣有仁'。"②

在此段疏释中，除皇侃本人的疏释外，又征引了"旧云"、"又一通云"两家注，并在两家注后以"故"起语。显然，皇侃是赞同这两家注的，至少是赞同这两家注的相同之处的。两家注均在说明仁为人性应有的内容，人生而就有；但因每个人所禀之气存在着厚薄之分，故造成有的人仁性"少"，有的人仁性"多"的分别。诸如巧言令色者，虽然其人性中也存在着"仁性"，但其"仁性"较少。如果我们再联系皇侃"性分"说则可知，对于不同人而言，仁性的多少恰恰表明其人性中所具有的潜在特质不同，这些不同的潜质在现实中也必然会有不同的呈现：有的人因有效地彰显了人性特质而成了仁人，有的人因不能有效地彰显人性特质而成了不仁之人。故而，皇侃在疏释"不仁者不可以久处约"章时，云：

① 皇侃：《论语义疏》，第31页。
② 同上书，第6页。

此明不仁之人居世无宜也。约，犹贫困也。夫君子处贫愈久，德行无变。若不仁之人久居约，则必斯滥为盗，故不可久处也。（以下疏释"不可以长处乐也"）乐，富贵也。君子富贵愈久，愈好礼不倦。若不仁之人久处富贵，必为骄溢也。（以下疏释"仁者安仁"）辨行仁之中有不同也。若禀性自仁者，则能安仁也。何以验之？假令行仁获罪，性仁人行之不悔，是"仁者安仁"也。（以下疏释"智者利仁"）智者，谓识昭前境而非性仁者也。利仁者，其见行仁者，若于彼我皆利，则己行之；若于我有损，则便停止。是"智者利仁"也。（以下疏释王肃注"知仁为美，故利而行之也"）知仁为美而性不体之，故有利乃行之也。①

在此段引文中，皇侃认为，"不仁之人"与"君子"存在行为上的差别：不仁之人居世无宜，若长处于贫困之中，则会沦落为盗寇；若长期处于富贵之中，则会骄傲自满，盛气凌人。而具有较多仁性的君子则不同，在贫贱中其德行一如既往，在富贵中则愈加好礼处世。为何会出现这种不同？其因在于二者所禀的仁性存在不同，性仁者可以有效彰显自己的仁性，而不受外界环境的影响。即便因为彰显仁性而获罪，性仁者也会心安理得，行之不悔。不仁之人则相反，由于不能有效地彰显自己所禀的仁性，往往会因受外界境遇的影响而不能自己。可见，在皇侃的理论中仁性成为现实德性人格塑造的前提与保障。

然而，值得注意的是，依皇侃"性分"、"性品"论看，也并不意味着仁性偏少之人注定会自我沦落、无可救药。事实上，在人性中除了"仁"的潜质之外，还存在"智"、"礼"、"信"等潜质，这些潜质的彰显均可造就不同的人格与不同的行为。诸如每个人均具有"了照之德"的智性，具有"谓识昭前境"的识用功能，可以自觉地选择对他人与自己均有利的方式去做事；若对自己有损害，则会停止去做。可见，"智"的潜质展现出的识用功能，也可以是一种"利"，此"利"并非自然安仁的行为。利可以辅助仁行，但不是仁行，故皇侃云"性不体之"。

① 皇侃：《论语义疏》，第58—59页。

（二）"仁者，恻隐之义"

如果说皇侃的"仁者，人之性也"命题，侧重于从人性的自然质性出发，阐述仁性是现实中行仁的前提与保障，此命题尚是关于仁之特质的界定，那么在行仁中又如何彰显仁性？这也是皇侃不得不面对的重要问题。事实上，在一个成熟的气性论理路下，无论外界的助缘存在与否，人性的彰显均无可置疑地要回到人性本身所具有的"特质"上，从"特质"的内容来探求人性向外彰显的依凭与根据。皇侃在建构自己的哲学体系时，不可避免地要面对这一理论问题。

在疏释"民之过，各于其党"章时，皇侃云：

> 过，犹失也。党，类也。人之有失，各有党类。小人不能为君子之行，则非小人之失也。犹如耕夫不能耕乃是其失，若不能书则非耕夫之失也。若责之，当就其辈类责也。（以下疏释"观过，斯知仁矣"）若观人之过，能随类而责，不求备一人，则知此观过之人有仁心人也。若非类而责，是不仁人。故云"观过斯知仁矣"。（以下疏释孔安国注"党，党类也。小人不能为君子之行，非小人之过也。当恕而无责之。观过，使贤愚各当其所，则为仁矣"）殷仲湛（笔者注：当为"堪"）解小异于此。殷曰："言人之过失各由于性类之不同。直者以改邪为义，失在于寡恕。仁者以恻隐为诚，过在于容非。是以与仁同过，其仁可知。'观过'之义，将在于斯者也。"①

皇侃认为，人皆有过失，但在评价"人之过"时，又不能混淆党类，混淆君子与小人之过；正确的方法则是深入人性内部，"随类而责"，按性类，选择不同的责备方法。通过此种方式可以有效地判别观过之人是否具有"仁心"。显然，皇侃认为，"仁心"是呈现仁者之过的内在根据；同样，也可以通过仁者之过认识到仁心。皇侃的阐释理路与后世朱子所谓"非是专要在过上看仁，盖就过上亦可以知仁"②，"君子过于公，小人过

---

① 皇侃：《论语义疏》，第 62 页。
② 黎靖德编：《朱子语类》，中华书局 1986 年版，第 657 页。

于私；君子过于廉，小人过于贪；君子过于严，小人过于纵"① 等论述的思维理路是一致的，具有"随类而责"、"依责溯类"的双向性。为了说明这种双向性理路，皇侃又分别援引了孔安国注与殷仲堪注。孔注认为，小人和君子存在着贤愚之分，因此不能像要求君子一样要求小人，要对小人"恕而无责之"。殷注则认为，由于人的性类不同，过失亦不同。诸如"直者"之过，失在缺少宽恕；仁者之过，失在宽容异非。故而，可以通过观过辨别是否为仁者。显然，在"依责溯类"方面，皇疏与孔注存在着不同，故皇侃援引殷注的目的也甚为明朗，即在于辅证己说。事实上，从理论根源看，殷注所依据的是人之"性类"不同，与皇侃的"随类而责"思想十分相似。也是基于此种"性类"说，殷注提出"仁者以恻隐为诚"的观点，将仁性的内容界定为"恻隐"。对这一观点，皇侃也是十分赞同的，并明确提出了"仁者，恻隐之义"的命题。

在疏释"仁者乐山"时，皇侃云：

> 此章明仁者之性也。仁者，恻隐之义；山者，不动之物也。仁人之性，愿四方安静如山之不动，故云"乐山"也。②

"仁者，恻隐之义"，"恻隐"即指仁性的特质（即上述"仁心"），属于未发的状态。以"恻隐"释仁，在以往的儒家学者中以孟子最为突出。孟子主性善，其性已非"生之谓性"的实然层面上的"性"，而是人之为人的超越层面上的道德本性，故其性善论的落实则需要以"心"论"性"。如孟子云："恻隐之心，人皆有之；羞恶之心，人皆有之；恭敬之心，人皆有之；是非之心，人皆有之。恻隐之心，仁也；羞恶之心，义也；恭敬之心，礼也；是非之心，智也。仁义礼智，非由外铄我也，我固有之也，弗思耳矣。"（《孟子·告子上》）孟子所论四端之"心"为道德本心，乃人人均所具有。故而，在孟子看来，仁则为人心的本然，为先天所存在的善性。孟子又云："人皆有不忍人之心者，今人乍见孺子将入于井，皆有怵惕恻隐之心。非所以内交于孺子之父母也，非所以要誉于乡党朋友也，非恶其声而然也。"（《孟子·公孙丑上》）可见，孟子所论的仁

① 黎靖德编：《朱子语类》，第658页。
② 皇侃：《论语义疏》，第101页。

即恻隐之心，也是"不忍人之心"，是于"乍见孺子将入于井"时，自然而然彰显的内在于人的天性善心。在孟子那里，虽然具有"恻隐"义的仁，也是面对孺子落井时直接的当下呈现，但其理论根源在于人人具有的先天善性。在论仁性的恻隐义时，皇侃也援引了类似《孟子》中的例子。诸如在疏释马融注"可欺者，可使往也。不可罔者，不可得诬罔令自投下也"时，皇侃云：

> 或问曰："仁人救物，一切无偏，何不但云井中有人者，而必云有仁人者耶？若唯救仁者，则非仁人堕井，则仁人所不救乎？"答曰："仁者能好人，能恶人。其虽恻隐济物，若闻恶人堕井，亦不往也。"①

在皇侃看来，仁者之性存在着"恻隐"的潜在特质，其彰显则为"恻隐济物"、"恻隐济众"（疏释"樊迟问仁"章"爱人"）。然而深究皇侃"恻隐"义，则与孟子相去甚远。在孟子那里，"仁"是先于经验而存在的良知良能，其恻隐之心为天性善心，是道德本心。而在皇侃这里作为仁性潜质内容的"恻隐"则不具有道德性，仅为生而即有的利己利他的自然心理机能（其内容为未发的"博爱之德"）②，这种机能本身也具有自然向外彰显的特质。故而可以说，"利己与利他"为皇侃"恻隐"的应有之义，展现于现实中，也是一种"爱"、"济物"、"济众"。只是这种"爱"、"济物"、"济众"是建立在自然人性论基础之上的，而非受道德心驱使或观照之下的"爱"、"济物"与"济众"。

值得注意的是，皇侃又认为："仁者能好人，能恶人。其虽恻隐济物，若闻恶人堕井，亦不往也。"可见，皇侃认为，仁性中先天存在的恻隐潜质的彰显，具有选择性，在利己与利他之间有一定的目的性。为什么会出现这种选择性、目的性呢？这也是基于皇侃的"性分"说、"随类而

---

　① 皇侃：《论语义疏》，第315页。
　② 高获华先生认为："'仁性'这种特质的本质是'同理心'，是能感同身受。……'仁'、'义'、'礼'、'智'、'信'这些人性特质与德行的衔接，就在于一个人能关心其他的人，自己是'人'，也把别人当作'人'来看待。"（高获华《〈论语集解义疏〉研究》，第45页）以"同理心"是"恻隐"本义所在，有一定的道理，可备一说。笔者认为，亦应该联系皇侃所谓"博爱之德谓之仁"语，"恻隐"的内容当为未发的"博爱之德"，是就一种心理机能而言的。

责"的思想。既然"随类而责",那么仁者不仅对利己与利他具有选择性,也理应不会舍己而救恶人。

综上,从皇侃"生之谓性"的气性论立场出发,必然得出"仁"的本质为实然层面的自然人性。仁性中所存在的活动的潜在特质,也必然会向外彰显。"恻隐"不仅是此种仁性的潜在特质,也是其活动的内容。故而,"恻隐"成了沟通自然仁性与其现实展现的重要环节。进一步说,仁性的向外彰显即进入了皇侃仁论的现实实践层面,其中又包括两个方面:主观的实践与客观的实践。主观的实践为"成己",完成自我德性人格;客观层面则是"成人",进行淑世活动。换言之,前者为"内圣",后者为"外王"。这也进入了皇侃仁论的第二层结构——"仁之用"。

二 为仁实践

"仁性"与"仁之用"虽为皇侃仁论的两层结构,但二者并非是分割的,而是通过仁性内在特质的变化紧密联系在一起的。皇侃对"仁之用"的阐述,主要围绕两个方面展开:一是"约俭己身";二是"仁是行盛"。前者指向自身的修养功夫,后者则由己出发而指向外在的行仁实践。以下拟分而论之。

(一)"约俭己身"
皇侃十分注重儒家传统中的修养功夫,提出了"克己"、"敬"、"恕"等"约俭己身"的实践方式。

1."克己"

> （以下疏释"智者动"）此第二明用也。智者何故如水耶？政自欲动进其识,故云"智者动"也。……（以下疏释"仁者静"）仁者何故如此耶？其心宁静故也。①

如上所言"仁性"与"仁之用"通过仁性内在特质的变化而紧密联系,如同"智"所具有的特质是"识用",识用之"动"展现智性一样,仁所具有的潜质是"仁心"（恻隐）,"心"之"宁静"展现了为仁性。

---

① 皇侃：《论语义疏》,第101页。

在疏释"仁者静"时，何晏《论语集解》援引孔安国注"无欲故静也"。皇疏"其心宁静"义与孔注"无欲故静"一致，"无欲"故能"静"。如果依此而论，"无欲"则是仁性向外彰显时所要进行的修养功夫。"无欲"要求的是主体通过自我精神的提升来反求于己，即践履人的自律功夫。皇疏在此处虽然未直接以"无欲"论"宁静"，也未见其对孔安国注加以疏释，但是并非说皇侃不赞同"无欲"①，更不是说皇侃不赞同反求诸己的功夫实践。事实上，皇侃十分注重这种功夫践履，最典型的论述莫过于对儒家"克己"思想的阐述。

在疏释"颜渊问仁"章时，皇侃云：

> （以下疏释"颜渊问仁"）问孔子为仁之道也。（以下疏释孔子语"克己复礼为仁"）克，犹约也。复，犹反也。言若能自约俭己身，还反于礼中，则为仁也。……（以下疏释孔子语"一日克己复礼天下归仁焉"）更解克己复礼所以为仁之义也。言人君若能一日克己复礼，则天下之民咸归于仁君也。……（以下疏释孔子语"为仁由己而由人乎哉"）行仁一日，而民见归，所以是由己不由他人也。（以下疏释孔安国注"行善在己不在人也"）范宁云："言为仁在我，岂俟彼为仁耶？"②

在皇侃看来，克己复礼是仁应有之义。所谓"克"，即需要检约自己，使己心无欲，从而彰显仁性。钱穆释此章时云："为仁，犹言行仁。行仁道当由己，不由人。克己，由己克之，复礼，亦由己复之。能克己，斯能由己矣。所以欲克己，即为欲由己。"③ 钱氏立论是以仁心论仁，类似于朱子"仁者，本心之全德"④ 的说法，虽与皇侃的阐释相去甚远，但就从由己而克己的阐释理路看，钱说与皇疏却具有诸多的相似之处。在皇

---

① "无欲"一词在皇疏中也多次出现，诸如"故顾欢云：夫无欲于无欲者，圣人之常也；有欲于无欲者，贤人之分也"（疏释"回也其庶乎，屡空"）；"刚，谓性无欲者也"（疏释"吾未见刚者"）；"若汝心苟无欲，假令重赏于民，令民为盗，则民亦不为也"（疏释"苟子之不欲，虽赏之不窃"）；"非唯须智如武仲，又须无欲如公绰。不欲，不贪欲。所以唯能为赵魏老也"（疏释"公绰之不欲"）。

② 皇侃：《论语义疏》，第 206 页。

③ 钱穆：《论语新解》，生活·读书·新知三联书店 2002 年版，第 303 页。

④ 朱熹：《四书章句集注》，中华书局 1983 年版，第 131 页。

侃看来，仁性潜质的彰显乃是基于自己能约俭己身，进而才能行仁。故为仁之道在己，而非借助于他人。

又如，疏释"克、伐、怨、欲不行"章时，皇侃又云：

> （以下疏释原宪语"克、伐、怨、欲不行焉，可以为仁矣"）克，胜也，谓性凌人也。伐，谓有功而自称。怨，谓小小忌怨。欲，贪欲也。原宪又问："若人能不行此四事，可以得为仁也？"（以下疏释孔子语"可以为难矣，仁则吾不知也"）孔子不许。能不行前四事，则为难耳，谓为仁则非吾所知也。仁者必不伐，不伐必有仁。颜渊无伐善，夷、齐无怨，老子云"少私寡欲"，此皆是仁也；公绰之不欲，孟之反不伐，原宪蓬室不怨，则未及于仁。故云"不知也"。①

好胜、自矜、忌怨、贪欲为常人所具有的四大弊病，若能知其为弊病而不去施行，实属难得，但是仅谓不行四者为"行仁"则不可。为什么不可呢？皇侃认为，虽然仁者具有不伐、不怨、寡欲的功夫修为，但是由于受到性分的决定，并不是每个人都可以达到这种功夫修为的，故其所谓的"不行此四事（克、伐、怨、欲）"不过是禁止此四者而已，并非通过展现仁性潜质而达到仁的境界。像颜渊、夷、齐、老子等可以达到，而孟公绰、孟之反、原宪却未能达到。可见，皇侃论仁，不仅从功夫践履着眼，更注重从人们所具有的性分、仁性的潜质是否能得到有效的彰显而立论。概言之，克己，返回到自身，从而彰显仁性，乃是"仁之用"的应有之义，为仁在我而不由他人。

再如，在疏释"刚、毅、木、讷，近仁"章时，皇侃又云：

> 言此四事与仁相似，故云"近仁"。刚者性无求欲，仁者静，故刚者近仁也。毅者性果敢，仁者必有勇，周穷济急，杀身成仁，故毅者近仁也。木者质朴，仁者不尚华饰，故木者近仁也。讷者言语迟钝，仁者慎言，故讷者近仁也。②

---

① 皇侃：《论语义疏》，第239—240页。
② 同上书，第238页。

在这里，皇侃又认为刚、毅、木、讷四者具有无欲、果敢、质朴、言语迟钝的特质，这与仁者所具有的功夫境界相差不远。但是刚、毅、木、讷毕竟属于外在的特征，而非通过彰显仁性潜质而达到的功夫境界，故云"近仁"而非"为仁"。

事实上，上述"其心宁静"、"不克"、"不伐"、"不怨"、"不欲"等修养功夫与"克己"并无二致，都是"约俭己身"，遵循儒家传统中反求诸己的功夫理路。

2."恕、敬二事乃为仁也"

值得注意的是，皇侃在论述"克己"的功夫时，还提出了"恕、敬二事乃为仁也"的命题。

疏释"仲弓问仁"章时，皇侃云：

> （以下疏释"仲弓问仁"）亦谘仁也。（以下疏释孔子语"出门如见大宾，使民如承大祭"）亦答仁道也。言若行出门，恒起恭敬，如见大宾。见大宾必起敬也。又，若使民力役，亦恒用心敬之，如承事大祭。大祭，祭郊庙也。然范宁云："大宾，君臣嘉会也。大祭，国祀也。仁者举动使民事如此也。《传》称：'白季出门如宾，承事如祭，仁之则也。'"（以下疏释孔子语"己所不欲，勿施于人"）恕己及物，则为仁也。先二事明敬，后一事明恕。恕敬二事乃为仁也。（以下疏释孔子语"在邦无怨，在家无怨"）在邦为诸侯也，在家为卿大夫也。既出门、使民皆敬，又恕己及物，三事并足，故为民人所怀，无复相怨者也。①

关于此章，清儒桂文灿认为，孔子本义是将"出门如见大宾，使民如承大祭"统合于"己所不欲，勿施于人"。"出门"以"在家"言之，"使民"以"在邦"言之，均以"不欲"、"勿施"为旨归。② 然而皇侃却把"敬"、"恕"视为两个方面，"出门"、"使民"与"己所不欲，勿施于人"视为三事，前二事明敬，后一事明恕。"敬"为人心自内向外的彰显，故皇侃明确不赞同范宁所谓仁者以其行为使民产生"敬"的举动。

---

① 皇侃：《论语义疏》，第 207 页。
② 参见桂文灿《论语皇疏考证》卷 6，第 857 页下。

"恕"则是反求于人之内心，进而及物、及人。敬恕兼持，内外结合才是"仁"。显然，皇侃认为，虽然敬以持己、恕以待人，存在着自己与他者之别，但是无论是敬还是恕所要达到的修养境界均是个体的"无怨"、"无欲"，以个人主体的自律与精神的提升为旨归，这也是"克己"的功夫。皇侃这种思维理路，也多为后世《论语》注疏所吸收。诸如，朱子《论语集注》云："敬以持己，恕以及物，则私意无所容而心德全矣。内外无怨，亦以其效言之，使以自考也。"① 朱子将"无怨"的境界释为"私意无所容而心德全"，可以说是对皇侃以敬、恕作为"仁之用"的有效发挥。

总而言之，无论皇侃如何论述"仁之用"，均注重返回人性本身，从仁性潜质的彰显上，要求"克己"、"敬"、"恕"、"约俭己身"。在皇侃看来，彰显仁性本身所具有的潜在特质是"仁之用"的功夫路径，特质所具有的品质恰又代表着"仁之用"的最高功夫境界。从此种意义上讲，皇侃对"仁之用"的阐释，有助于引导人们回归自身本性，摒除所受到的社会异化与染著，恢复心灵上的清静。

（二）"仁是行盛"

彰显仁性的实践功夫，固然为"仁之用"应有之义，但这毕竟还停留于对自我仁性特质彰显的阶段，属于"成己"内容，而仁性在现实中的展现，比较而言则更能进一步体现"仁之用"。尤其在皇疏中，就总体而言，皇侃对个人修养功夫的强调较之行仁实践是薄弱的，即如高获华所云："在《论语集解义疏》中，皇侃对'仁'的解释主要着重在将其视为行为表现与实践，也就是'行仁'。"② 高氏之论乃是基于其对皇侃"行仁"思想做出较为详细解读之上的，确为知者之论！这也是目前笔者所见到的对皇侃"行仁"思想唯一的论述，裨益于当前对皇侃思想的研究。皇侃也确如高论，"对'行仁'的重视与诠释偏向，在《论语集解义疏》中随处可见"③。据笔者统计，在皇疏中仅"行仁"一词就出现 19 次之多，而其他表述"行仁"义的词汇，或相关疏释语句出现得更多。基于

---

① 朱熹：《四书章句集注》，第 133 页。
② 高获华：《皇侃〈论语集解义疏〉研究》，第 63 页。
③ 同上。

此，笔者拟在高氏研究的基础上，进一步阐述皇侃的"行仁"思想。

在儒家传统思想中，修身与齐家、治平并行不悖，密切关联。对内成就己身的修习，方能有效地对外进行齐家、治平。在皇侃看来，理当如此。通过克己、敬、恕等功夫持守，也必然会进一步推扩至"行仁"的实践之中。关于"行仁"，皇侃的论述也是多方面的，广泛涉及行仁的内在动力、展现、地位等。以下仅对皇疏中关于"行仁"的重要命题做一阐述。

1. "仁是恩爱"

皇侃在疏释"民之于仁也，甚于水火"章时，云：

> （以下疏释"民之于仁也，甚于水火"）甚，犹胜也。仁、水、火三事，皆民人所仰以生者也。水火是人朝夕所须，仁是万行之首，故非水火则无以食，非仁则无有恩义。若无恩及饮食，则必死，无以立世，三者并为民人所急也。然就三事之中，仁最为胜，故云"甚于水火"也。（以下疏释"水火，吾见蹈而死者矣，未见蹈仁而死者也"）此明仁所以胜水火事也。水火乃能治民人，民人若误履蹈之，则必杀人，故云"水火，吾见蹈而死者也"。仁是恩爱政行之故宜为美，若误履蹈，而则未尝杀人。故云"未见蹈仁而死者也"。①

在这段疏释中，关于"仁是恩爱政行之故宜为美"一句，学术界存在不同的断句。儒藏本《论语义疏》断为："仁是恩，爱政行之，故宜为美。"而高获华援引此句时，则断为："仁是恩爱，政行之故，宜为美。"②显然，这两种断句在对仁的理解上存在着明显的差异。仁是"恩"，还是"恩爱"？"恩"与"爱"是何种关系？则成为解决上述断句问题的关键。

考索皇疏，并不存在其他直接表述为"仁是恩"或"仁是恩爱"的语句，但是在疏释"宰我问三年之丧"章中，孔子斥宰我"予之不仁也"时，皇侃云："仁犹恩也，言宰我无恩爱之心、故曰'予之不仁也'。"③可见，在皇侃看来，仁即为恩，也可以为恩爱。如果进一步从义理上考

---

① 皇侃：《论语义疏》，第283—284页。一处断句作改动。
② 高获华：《皇侃〈论语集解义疏〉研究》，第48页。
③ 皇侃：《论语义疏》，第318页。

察，何谓恩？皇侃的阐述是十分明确的。诸如，其云："惠，恩惠利人也"（疏释"小人怀惠"），"其养民皆用恩惠也"（疏释"其养民也惠"），"子产之德，于民不吝家资，拯救于民，甚有恩惠，故云'惠人也'"（疏释"惠人也"），"父母之恩"（疏释"不仕无义"），"长幼之恩"（疏释"长幼之节"）等。同时，皇侃又屡屡采用"仁恩"之词，诸如云："仁恩之理"、"故为无仁恩"、"兴起仁恩"。显然，在皇侃看来，恩，即仁恩，乃恩惠利人之义。何谓爱？皇侃云："人有博爱之德谓之仁。"又云："其养民皆用恩惠也。故孔子谓为'古之遗爱'也。"（疏释"其养民也惠"）也曾援引王弼注云："自然亲爱为孝，推爱及物为仁也。"（疏释苞氏注"先能事父兄，然后仁可成也"）可见，皇侃认为，父母、兄弟之间的爱也是恩，具有恩惠之义。"恩"、"爱"连用正是表现出由己出发的利人之惠，可以视为行仁之事。故而，"仁是恩爱"后当断句，儒藏本《论语义疏》标点误矣。

再看其后"政行之故宜为美"句。在皇疏中，"政行"一词也出现二处：一是出现于所引贺玚注中："成是其事自初成之时，遂是其事既行之日，既往指其事已过之后也。事初成不可解说，事政行不可谏止，事已过不可追咎也。先后相配，各有旨也。"[1] 一为皇侃所云："事谓国家所行之事，若言不从顺序，则政行触事不成也。"[2] 显然，"政行"为"正在做"、"践行"之义，并非仅指"治理政事"，而是"万行之首"。故而高氏"政行之故，宜为美"的断句，也难以成立。

基于上述，愚以为较为适当的断句当为："仁是恩爱，政行之，故宜为美。"实际上，对上述断句的考察不仅是为了尊重皇侃的用语习惯，而且也有助于进一步揭示皇侃行仁思想的理论前提。如果说仁之潜质的内容——"恻隐"，还是一种心理机能、一种未发的自然情感，那么，"恻隐"在现实中的展现则为"恩爱"，具有自然惠人利他的功用。故皇侃论水、火和仁一样皆为人类生存所需，具有利他的功用。从此种意义上再看皇侃对行仁的表述所采用的其他命题，诸如云"仁者，博施济众也"（疏释"里仁为美"），"仁者，施惠之谓也"（疏释"依于仁"），"仁以恻隐济众，故曰'爱人'"（疏释"爱人"），"仁者，周穷济急之谓也"（疏释

---

① 皇侃：《论语义疏》，第 52 页。
② 同上书，第 324 页。

"当仁不让于师"），"仁者，博施周济"（疏释"好仁不好学，其蔽也愚"），"仁以忧世忘己身为用"（疏释"殷有三仁"），"仁人之行，当恻隐救世以安天下"（疏释"迷其邦，可谓仁乎"），等等。在皇侃看来，虽然行仁存在着多种展现形式，但是均不离利他惠人之义。事实上，上述疏释并未离开仁的传统意义。在《国语》中即记载"为仁者，爱亲之谓人。为国者，利国之谓仁"（《国语》卷7《晋语一》）。将仁分为对父母兄弟等亲属之爱，这是对每个人的普遍要求，但对于在位的统治者则进一步要求"利国"，可见，皇侃论仁继承了传统看法，并不是独立谈仁，不仅将仁放在家庭关系中作为孝悌来看待，而且深入社会领域强调利他行为。故高荻华评价云："对皇侃来说，个体在群体中展现出'利他'、'助人'的实际行为，就是'行仁'。身为人，除了自己，还能关心周遭的人，能付出，帮助其他的存在个体，使他人得到幸福，这是一种十分可贵的行为；而认真地为他人谋幸福，将之视为自己的责任，是更可贵的精神。"① 高氏所论，乃知者之言。从整体上看，皇侃对行仁的阐述，即在于揭示行仁体现了个体对他人、对社会的一种自然责任。如疏释"暴虎冯河，不必有仁也"时，皇侃援引殷仲堪注云"诚爱无私，仁之理也。见危授命，若身手之相救焉。存道忘生，斯为仁矣"②；疏释"无求生以害仁"时，云"既志善行仁，恒欲救物，故不自求我之生以害于仁恩之理也。生而害仁，则志士不为也"③。

　　至此，若再联系上述水、火与仁并举之喻则可知，在皇侃看来，虽然水、火、仁均为人们赖以生存的保障，但是行仁所具有的精神性、社会性的利惠，却非水、火等物质性资源所能替代。在人类社会中，若无行仁施惠，即便有水、火，也无法"恩及"人们的饮食，保障整个社会的饮食之需。更何况水、火在利人施惠之外，又存在因人误蹈而杀人的情况，其蔽也不言而喻。而行仁恰恰在于自然无私的"施惠"，在于"立世"，展现的不仅是个人的人生价值，也是个人对社会、对国家的施惠，是一种责任与承担。唯有如此，社会、国家才能得到健康发展。故而皇侃认为，"仁是万行之首"，将行仁看作一切社会行为之首，其重要性灿然可知矣！

---

① 高荻华：《皇侃〈论语集解义疏〉研究》，第52页。
② 皇侃：《论语义疏》，第214页。
③ 同上书，第273页。

然而，值得注意的是，高获华又云："皇侃对于'仁'的实质定义始终在实际行为表现上，因为有实际的行为实践与表现，所以德目才有价值。"① 若依此论，则无法有效地解释皇侃对"仁性"的论说。在皇侃思想中，人生而即有的"仁性"实为行仁的前提。如果没有此仁性，则无法有呈现于社会实践中的利人惠他的行仁之举。据此而论，皇侃行仁思想不仅没有离开其性论，而且是其性论的进一步展开。

2."行仁"与"行盛"

在皇侃看来，对不同的人而言，其所禀之气存在着厚薄之分，其性分也存在着不同。由于每个人所具有的"仁性"、"智性"等存在着不同，其行仁也必然存在着不同。对此，皇侃有明确的认识，在提出"仁是行盛"命题时，还对"行仁"与"行盛"做出了区分。具体阐述如下：

皇侃疏释"子罕言利，与命与仁"章云：

> （以下疏释"子罕言利，与命与仁"中"与仁"）仁者，恻隐济众，行之盛者也。……仁是行盛，非中人所能，故亦希说许与人也。然希者，非都绝之称，亦有时而言与人也。……又孟武伯问子路、冉求之属仁乎，子曰"不知"，及云楚令尹陈文子"焉得仁"，并是不与人仁也。而云"颜回三月不违仁"，及云管仲"如其仁"，则是说与人仁时也。故云"子罕言利与命与仁"也。……（以下疏释何晏注"仁者，行之盛也。"）仁义礼智信五者，并是人之行，而仁居五者之首，主生，故曰"行盛"也。寡能及之，天道微妙，天命深远，仁道盛大，非人所能知及，故云"寡能及之"也。故希言也。为世人寡及，故孔子亦希言也。②

由引文可知，"仁是行盛"来源于何晏《论语集解》"仁者，行之盛也"语，而非皇侃独创。然而，皇侃对何注的疏解却显其新意。皇侃认为，"仁是行盛"在于两个方面：一是"仁者，恻隐济众"；一是"仁居五常（仁义礼智信）之首，主生。"前者言指行仁的内容与意义，行仁在于恩爱、利人、施惠、立世……即"仁是万行之首"义。而后者，从表

---

① 高获华：《皇侃〈论语集解义疏〉研究》，第 50 页。
② 皇侃：《论语义疏》，第 143 页。

面上看与前者意义贯通，仁为现实层面的五常之首，但由"主生"可知，所谓"仁为五常之首"并非仅就现实层面而言，而有其理论根源。据皇侃性论知，人性中生而即有仁、义、礼、智、信五种品质，故云"五常"（五种常性）。而此五常乃是金、木、水、火、土五行的展现。在阐述五行时，皇侃又继承了汉儒的说法，认为："木神则仁，金神则义，火神则礼，水神则信，土神则知。云木神则仁者，东方春，春主施生，仁亦主施。云金神则义者，秋为金，金主严杀，义亦果敢断决也。云火神则礼者，夏为火，火主照物而有分别，礼亦主分别。"① 由此可知，皇侃所谓"仁"主生，恰恰来源于其性论。施生即仁性本身所具有的博爱之德。在五行中，木与金、水、火、土具有关联性，举木，其余可以从。落实到现实层面就是，随着仁性的彰显，义、礼、智、信之性也被彰显。基于这种理路，皇侃在疏释"孝悌也者，其为仁之本与"时，云："若以孝为本，则仁乃生也。仁是五德之初，举仁则余从可知也。"② 由于仁本身具有博爱之德、恻隐之心，故仁性主生，位于五德之首；而在现实中，仁是恩爱、利人。行仁也居现实中的五常之首、万行之首，举仁则其余可从，这即是皇侃"仁是行盛"之义。

然而对具有不同性分的世人来说，行仁并非都能达到行之盛，故皇侃又认为，"仁是行盛，非中人所能"，"为世人寡及，故孔子亦希言也"。

在疏释"回也，其心三月不违仁"章时，皇侃又云：

> （以下疏释"回也，其心三月不违仁"）子曰："仁是行盛，非体仁则不能，不能者心必违之，能不违者唯颜回耳。既不违则应终身，而止举三月者，三月一时，为天气一变，一变尚能行之，则他时能可知也。亦欲引汲，故不言多时也。故苞述云：'颜子不违仁，岂但一时？将以勖群子之志，故不绝其阶耳。'"（以下疏释"其余则日月至焉而已矣"）其余谓他弟子也。为仁并不能一时，或至一日，或至一月，故云"日月至焉而已"也。③

---

① 皇侃：《礼记皇氏义疏》，《玉函山房辑轶书》卷26，《续修四库全书》第1202 册，第84—85 页。

② 皇侃：《论语义疏》，第5 页。

③ 同上书，第93 页。

皇侃认为，达到行盛必须能"体仁"。何谓"体仁"？关于"体"字，高荻华认为："照皇侃的思考系统来分析，可以解释为'体质'的'体'，也可以解释成'体会'、'体认'的'体'。前者可以从天生'人性特质'的角度说明，但从这个角度无法说明'行仁'的积极意义和可贵之处，顶多只能消极地说明'性仁人'顺性的流露。而后者即是从'德行实践'的角度来解释，认为'仁'是不断地实践，不止不息，终至内化，其心不违。""'心能不违'的，必然是有所'体会'、'体认'，能将之（笔者注：代"仁"）内化为自己的一部分去坚持和实践，这才能说明'体仁'，也才能说是'行盛'。"① 显然，高氏虽然说"照皇侃的思考系统来分析"，可以将"体仁"之"体"解释成两种含义，但是其最终还是倾向于"体"为"体会"、"体认"之体。依此种解释，基于"体仁"才能把握住"'仁'的真精神，并将之内化"②。

然而，在皇疏中除上述一处"体仁"外，尚有其他三处：（1）疏释孔安国注"文子避恶逆，去无道，求有道。当春秋时，臣陵其君，皆如崔杼，无有可止者也"时，皇侃赞同并援引孙绰注云："大哉仁道之弘！以文子平粹之心，无借之诚；文子疾时恶之笃，弃马而逝，三去乱邦，坐不暇宁，忠信有余，而仁犹未足。唯颜氏之子，体仁无违，其亚圣之目乎？"③ 显然，孙注认为，文子非圣贤，仁犹未足；颜回为亚圣，体仁无违。可见，这种区分不是从行仁上讲，而是从所禀仁性上论的。（2）疏释"君子而不仁者有矣夫"时，皇侃云"此谓贤人已下，不仁之君子也。未能圆足，时有不仁。如管氏有三归，官事不摄，后则一匡天下，九霸诸侯，是长也。袁氏云：'此君子无定名也。利仁慕为仁者，不能尽体仁，时有不仁一迹也。'"④ 我们可以从"贤人已下，不仁之君子"，"未能圆足，时有不仁"等语判断，此处所引袁氏注中的"体仁"，也非从德行实践上讲。（3）疏释"子游曰：'吾友张也为难能也，然而未仁'"时，皇侃援引袁氏注云："子张容貌难及、但未能体仁也。"⑤ 从表面上看很难辨别此处"体仁"是从什么意义上讲的。即便是在疏释"曾子曰：'堂堂乎

① 高荻华：《皇侃〈论语集解义疏〉研究》，第 54 页。
② 同上。
③ 皇侃：《论语义疏》，第 83 页。
④ 同上书，第 243 页。
⑤ 同上书，第 342 页。

张也，难与并为仁矣'"时，皇侃云："言子张虽容貌堂堂，而仁行浅薄，故云'难并为仁'。"① 此处从"仁行"的角度云，与"体仁"义不同，也无法做出佐证。但是，关于子张之性，皇疏中却存在着以下疏释，如云"子张若能寡尤悔，便为得禄者也"（疏释"子张学干禄"章），"过，谓子张性繁冗。为事好在僻过而不止也"（疏释"师也过"），"子张好文其过，故云僻也"（疏释"师也辟"）。据此，似乎可以看出子张之性存有仁质，但非禀性自仁。综观以上三处"体仁"，无一处从"德行实践"的角度论"体仁"。显然，高氏所倾向的以"体会"、"体认"释"体仁"之"体"的说法难以成立，其所谓通过体会，将"仁"内化的德行实践为"行盛"的说法，也值得商榷。如果高说成立的话，那么"体会"、"体认"的行为恰变成了皇疏中"智"之了照之德（识用）的展现。这样一来，则很难理解在疏释王肃注"知仁为美，故利而行之也"时，皇侃所谓的"知仁为美而性不体之，故有利乃行之也"② 一句了。

从以上论述看，"体仁"之体也仅能为"体质"之"体"。事实上，在疏释"仁者安仁"时，皇侃明确云："辨行仁之中有不同也。若禀性自仁者，则能安仁。"③ 此外，何晏《论语集解》在疏释"仁者安仁"时，也援引苞氏注"惟性仁者自然体之，故谓安仁也"④。对于此注，皇侃未作任何解释或评判。显然，皇侃是赞同苞注的。联系皇疏与苞氏注，即可看出皇侃的"体仁"当为"安仁"义，是禀性自仁者顺性的自然流露。故而，唯有"体仁"者，方能"行盛"。如果从"德行实践"的角度，将"体仁"之"体"理解为"体会"、"体认"之"体"，那么，则易落入性善论中，这显然也有悖于皇侃的性论。

基于上述，皇侃的"行仁"以彰显仁性的恻隐潜质来论述现实中的恩爱、博爱济施、利他惠人的社会实践，而"行盛"则是立足于性分、仁性的不同来论述现实中"行仁"的不同。唯有孔、颜般性仁之人、"极仁之人"才能体仁，才能安仁，展现于现实中的行为也必然为"行盛"。而"中人"、"世人"、"群子"等，则不能时刻体仁、安仁。这也是孔子教化的原因所在，"勖群子之志，故不绝其阶耳"。也正是因为如此，皇

---

① 皇侃：《论语义疏》，第 342 页。
② 同上书，第 59 页。
③ 同上。
④ 同上。

侃才认为，"人若诚能志在于仁，则是为行之胜者，故其余所行皆善，无复恶行也"①。可见，在皇侃仁论中，无论是"行仁"还是"行盛"，无论其出发点如何不同，均是立足于自然人性彰显的，最终都归于现实之中。与其说，这是皇侃哲学思考的理论归宿，毋宁说，是其深受儒家传统中人文主义思想熏染而预设的理想与希冀。

三　为仁功效

再回到皇侃疏释"智者乐水"章，皇侃援引并赞同陆特进注。陆注在阐明仁之结构的第二个层次"明智仁之用"后，认为"已有用，用宜有功"，即是说智、仁之用，理当具有其功效，这也是仁论的第三个结构。如对"智者乐，仁者寿"疏释时，皇侃分别云："第三明功也。乐，欢也。智者得运其识，故得从心而畅，故欢乐也。""性静如山之安固，故寿考也。然则仁既寿亦乐，而智乐不必寿，缘所役用多故。"② 虽然仁之功效为"寿"，智之功效为"乐"，但是由于仁、智具有的特质不同，展现的功用也不同，其功效自然也存在着差别："仁既寿亦乐，而智乐不必寿。"在皇侃看来，由于人性中的仁性与智性的特质和功用不同，其仁的功效、智的功效也存在着不同。关于这方面的阐述，仅以皇疏中对圣王（圣师）与君子的仁功为例，做一阐述。

（一）圣王（圣师）的仁功
在疏释"述而不作"章时，皇侃云：

> 孔子自言：我但传述旧章，而不新制礼乐也。夫得制礼乐者，必须德位兼并，德为圣人，尊为天子者也。所以然者，制作礼乐必使天下行之，若有德无位，既非天下之主，而天下不畏，则礼乐不行；若有位无德，虽为天下之主，而天下不服，则礼乐不行，故必须并兼者也。孔子是有德无位，故"述而不作"也。③

① 皇侃：《论语义疏》，第59页。
② 同上书，第31页。
③ 同上书，第107页。

从引文可以看出两个方面的内容：其一，"圣"以德言。基于此种思想，皇侃认为，孔子与尧、舜汤、武、周公等均是圣人。如其云："尧、舜，古圣天子也"（疏释"尧、舜其犹病诸"语），"谓汤武圣德，伊吕贤才，圣德则与孔子不殊"（疏释"子贡问曰：赐也何如"章），"周公大圣"（疏释"齐一变至于鲁，鲁一变至于道"章），"孔子隐圣同凡"（疏释"吾十有五而志于学"章）。其二，圣人存在着"有德有位"与"有德无位"之分。有德有位的圣人，皇侃称之为"圣王"或者是"圣而君相者"。如其云："王者，谓圣人为天子也"（疏释"如有王者，必世而后仁"语），"圣而君相者，周公是也"（疏释"吾不复梦见周公"章）。有德无位的圣人，则仅指孔子，皇侃屡屡称之为"圣师"。如云："为圣师证明"（《论语·公冶长》题疏），"能与圣师齐见"（疏释"子谓子贡曰：汝与回也孰愈"章），"亲仰圣师海之无倦"（疏释"四子侍坐"章）。基于上述分别，皇侃认为，圣王的"仁功"在于"新制礼乐"，而圣师孔子的仁功则在于"传述旧章"。事实上，无论是制礼作乐，还是传述旧章，都是从治平教化的角度来展示"仁功"的，这也是皇侃对圣人"仁功"阐述的重点。

又如疏释"子贡曰：如有博施于民而能济众者"章时，皇侃云：

（以下疏释子贡语："如有博施于民而能济众者？何如？可谓仁乎？"）子贡问，言若有人所能广施恩惠于民，又能救济众民之患难，能如此者何如？可得谓为仁人否乎？（以下疏释孔子语："何事于仁！必也圣乎！"）孔子答也。曰：若能如此者，何事是仁也，乃是圣人之行，而圣人犹病患其事之难行也。（以下疏释孔子语："尧、舜其犹病诸！"）尧、舜，古圣天子也。病犹患也。诸，之也。又言：前所能之事，乃是圣人之行，而圣人犹病患其事之难行也。（以下疏释孔子语："夫仁者，己欲立而立人，己欲达而达人。"）既云前事不啻是仁，为圣所难，故此更答为仁之道也。言己若欲自立自达，则必先立达他人，则是有仁之者也。（以下疏释孔子语："能近取譬可谓仁之方也已。"）能近取譬于诸身，远取诸物，己所不欲，勿施于人。能如此者可谓为仁之道也。①

――――――――――

① 皇侃：《论语义疏》，第105页。

　　在皇侃看来，广施恩惠于民、济民众于患难之中即是"仁功"。但此类"仁功"乃是尧、舜等圣王要做的，符合圣王所具有的"德"与"位"。即便如此，对圣王来说，也是不容易做到的。因此皇侃认为，对圣王以下之人而言，行仁的一般途径则是"近取譬于诸身，远取诸物，己所不欲，勿施于人"，通过这一途径立达他人则是"仁功"了。可见，皇侃对不同人所具有的"仁功"做出了不同的界定，而其中圣王的仁功则关系着国家与社会的治平教化，是推动社会发展的重要保障。高荻华认为："君王的意义在于，相对于群体，他是一个领导者，必须为谋求群体最大利益而努力，所以'仁功'是君王最大的实现。"① 高说甚有道理！在皇侃那里，"王王相承，至于百世，亦可逆知"（疏释"其或继周者，虽百世一可知也"），君王更多的具有命定性，相承于古代圣王，且与古代圣王一样肩负着治平教化的责任。

　　再如，疏释孔子"如有王者，必世而后仁"章时，皇侃又云：

　　　　王者，谓圣人为天子也。世，卅年也。圣人化速，故卅年而政乃大成。必须世者，旧被恶化之民已尽，新生之民得卅年，则所禀圣化易成。故颜延之云："革命之王，必渐化物以善道。染乱之民，未能从道为化，不得无威刑之用，则仁施未全。改物之道，必须易世，使正化德教，不行暴乱，则刑罚可措，仁功可成。"栾肇曰："习乱俗，虽畏法刑而外必犹未能化也。必待世变人改，生习治道，然后仁化成。刑措成、康，化隆文、景，由乱民之世易，殷、秦之俗远也。"②

　　在此段疏文中，皇侃认为，圣人为天子，即为圣王。圣王导引着社会的治平教化，"政乃大成"即为圣人的仁功。但是社会的治平教化并不是一蹴而就的，需要较长时间和社会变革双方面的因素来促成。只有这两个方面都具备了，旧有的染恶之民才能逐渐殆尽，禀成圣人教化的新民才能日益茁壮；进而社会中的暴乱现象才能得到平息，政府刑法才能得到有效执行，礼乐才能隆盛，人们才能安居乐业，整个社会风尚才能焕然一新。

---

① 高荻华：《皇侃〈论语集解义疏〉研究》，第 54 页。
② 皇侃：《论语义疏》，第 229 页。

又如疏释"礼之用，和为贵"章，皇侃云："先王，谓圣人为天子者也"，"言圣天子之化行，礼亦以此用和为美也"，"人君行化，必礼乐相须。用乐和民心，以礼检民迹。迹检心和，故风化乃美"。① 可见，皇侃和古代其他儒家知识分子一样，把社会治化的理想与希冀寄托于古代君王身上，期望现实中的君王具有古代圣王一样的仁功，建立起治平教化的伟业。皇侃此种阐释，虽不乏理想化，但无不透露出其内心深处强烈的社会关怀意识。

（二）君子的仁功

如果说在皇侃看来圣人具有与生俱来的性仁，具有德与位；其仁功使最大范围内的民众受惠，具有最大的利他性，那么对于圣王以下之人来说，从禀性上说，并没有圣王圆足的仁性，其德位也不及圣王，其仁功又是如何展现的呢？皇侃又对君子的仁功做出了一些阐述。

一般而言，与圣王与贤人相比，君子为较低的人格形象。② 如其云："贤人以下，不仁之君子"（疏释"君子而不仁"），"今此上云不见圣，下云得见君子，则知此之君子，贤人以下也"（疏释"圣人，吾不得而见之矣；得见君子者，斯可矣"）。显然，皇侃认为，君子并非如圣王般遥远而不可期，在孔子之世还是可以见到的。故而，皇侃对君子形象及其"仁功"的阐述，也成为其仁论中的重要内容之一。

事实上，在《论语》中，孔子对"君子"的界定与相关论述甚多，且理解纷纭。诸如，认为君子之道者三："仁者不忧、智者不惑、勇者不惧。"（《宪问》）在评价子产时，又云君子之道四焉："其行已也恭，其事上也敬，其养民也惠，其使民也义。"（《公冶长》）《论语》中君子形象的不同，也影响到皇侃对君子仁功的阐述。从总体上看，皇侃对君子及其仁功的理解主要围绕着两个方面来展开：

其一，论述君子在政治上辅佐人君、教化百姓的仁功。诸如在疏释"学而时习之"时，皇侃云："'不亦君子乎'为第三，明学业已成，能为师为君之法也。先能招友，故后乃学成为师君也。"③ 疏释《为政》题旨

---

① 皇侃：《论语义疏》，第13—14页。

② 皇侃在阐发君子时，认为"君子之称，上通圣人，下至片善"。下文专题论述之，此处概而言之。

③ 皇侃：《论语义疏》，第2页。

时，又云："《学记》云：'君子如欲化民成俗，其必由学乎'，是明先学，后乃可为政化民。"① 甚至在皇疏中也出现了三处视君子为人君的情况：（1）疏释"君子笃于亲，则民兴于仁"时，云："君子，人君也。笃，厚也。人君若自于亲属笃厚，则民下化之，皆竞兴起仁恩也。孝悌也者，其仁之本与也。"② （2）疏释"君子之德风也，小人之德草也"时，云："更为民从上之譬也。君子，人君。小人，民下也。言人君所行，其德如风也；民下所行，其事如草。"③ （3）疏释"君子三年不为礼，礼必坏；三年不为乐，乐必崩"时，云："君子，人君也。人君化物，必资礼乐，若有丧三年，则废于礼乐，礼乐崩坏，则无以化民。为此之故，云宜期而不三年。"④ 据此，似乎在皇侃看来，圣王可以王王相传，但是毕竟圣王太少。君子论人君也无不蕴藉着人君具有君子的修养，从而也可以自上而下地实施德治与仁教。

其二，从成就个人德性上展现仁功。在疏释"不知而不愠，不亦君子乎"时，皇侃云：

> 君子，有德之称也。此有二释：一言古之学者为己，己学得先王之道，含章内映，而他人不见知，而我不怒，此是君子之德也。有德已为可贵，又不怒人之不知，故曰"亦"也。又一通云："君子易事，不求备于一人，故为教诲之道，若人有钝根不能知解者，君子恕之而不愠怒之也，为君者亦然。⑤

皇侃认为，君子是对有德者的称呼。如何修德？虽然皇疏援引两种解释，但是无论云通过学先王之道以提高德性，还是云君子自身具有恕人修养，均着眼于君子在利他的人我关系中的仁行实践。换句话说，"不知而不愠"即皇侃仁论结构中"仁之用"的一种展现及结果，也是一种"仁功"。从此种意义上讲，君子仁功又包括了两个不可分割的方面：一是追求个体的仁德；二是展现个体的行仁。关于君子对仁德的追求，皇侃有充

---

① 皇侃：《论语义疏》，第18页。
② 同上书，第129页。
③ 同上书，第216页。
④ 同上书，第316页。
⑤ 同上书，第4页。

分的论述，也即前文所述"恕、敬二事乃为仁也"，"克己"，"不克"，"不伐"，"不怨"，"不欲"，等等；关于君子的行仁实践，也不离前文所论述的"仁是行盛"，"仁是恩爱"，"仁者，施惠之谓"，等等。换言之，"仁之用"的展现与结果也就是仁功，故皇侃云"己有用，用宜有功也"。

值得注意的是，在皇疏中存在着相当多的言论阐述"管仲"的仁功。就《论语》记载而言，孔子对管仲的评价是多方面的：既云其器量小、悭俭、不知礼（见《八佾》），又以"人"、"仁"加以赞许（见《宪问》）。从表面上看起来，上述关于管仲的评价存在着某些抵触，颇令人费解。高荻华曾列举宋儒程颐、朱熹对孔子之论的阐释，或指出管仲"不忠"的人格缺失与其功绩有不相容之处，或言及朱子所谓的"心之全德"之"仁"与"仁功"之间缺少关联。① 高氏论述甚详，故不加以赘述。事实上，不仅程子、朱子在诠释时出现了难以圆融的阐述，后世许多学者也多为之困扰。以下仅就皇侃的阐述做一疏解。

在疏释"管仲之器小哉"章时，皇侃云：

（以下疏释孔子语："管仲之器小哉！"）管仲者，齐桓公之相管夷吾也。齐谓之仲父，故呼为管仲也。器者，谓管仲识量也。小者，不大也。言管仲识量不可大也。（以下疏释何晏注："言其器量小也"）孙绰曰："功有余而德不足。以道观之，得不曰小乎？"……（以下疏释孔子语："管氏有三归，官事不摄，焉得俭乎？"）孔子又答或人，说管仲不俭也。三归者，管仲娶三国女为妇也。妇人谓嫁曰归也。礼：诸侯一娶三国九女，以一大国为正夫人。……管仲是齐大夫，而一娶三国九女，故云"有三归"也。又诸侯国大事多，故立官各职，每人辄为一官。若大夫则不得官官置人，但每人辄摄领数事。管仲是大夫，而立官各人，不须兼摄，故云"官事不摄"也。既女多官广，费用不少。此则非俭者所为，故云"焉得俭"也。……（以下疏释孔子语："邦君树塞门，管氏亦树塞门"）又答或人，云管仲不知礼也。邦国，谓诸侯也。树塞门，谓立屏以障隔门，别外内。……管仲是大夫，亦学诸侯，于门立屏，故云"亦树塞门"也。（以下疏释孔子语："邦君为两君之好，有反坫，管氏

① 高荻华：《皇侃〈论语集解义疏〉研究》，第56—57页。

亦有反坫。"）又明失礼也。礼：诸侯与邻国君相见，共于庙饮燕，有反坫之礼。……大夫无此礼，而管仲亦僭为之，故云"亦有反坫"也。（以下疏释孔子语："管氏而知礼孰不知礼也？"）结于答也。孰，谁也。言若谓管仲此事为知礼，则谁复是不知礼者乎？然孔子称管仲为仁及匡齐不用兵车，而今谓为小，又此二失者，管仲中人，宁得圆足，是故虽有仁功，犹不免此失也。①

皇侃明确指出，管仲不仅识量不大，而且以大夫的身份僭越了诸侯才具有的"三归"、"树塞门"、"反坫"之礼；同时，管仲官事不摄，实谓"不知礼"，其行为也"非俭者所为"。皇侃的这些疏释是符合孔子意旨的。然而，为何管仲会出现这些僭礼、奢侈的行为？皇侃则认为，是由于管仲的禀性所决定的。管仲为中人，其性无法圆足，故管仲所展现的行为也必然存在着诸多的缺失。显然，皇侃的阐述是基于其性论，这和朱子以"其不知圣贤大学之道，故局量褊浅、规模卑狭，不能正身修德以致主于王道"② 疏释"器小"的阐释理路不同。皇侃认为，作为中人的管仲，其禀性中具有的礼、智等潜质得不到有效彰显，后天又不能有效地学习实践，故而不知礼。

皇侃又云：

（以下疏释孔子语"君子而不仁者有矣夫"）此谓贤人已下，不仁之君子也。未能圆足，时有不仁，如管氏有三归，官事不摄，后则一匡天下，九霸诸侯，是长也。袁氏云："此君子无定名也。利仁慕为仁者，不能尽体仁，时有不仁一迹也。"③

在皇侃看来，由于先天禀性的不同，存在圣人、贤人、君子之分。圣人性圆足，自然体仁。贤人较逊于圣人，也能自然体仁。如在疏释"子张问曰令尹子文"章时，皇侃援引刘歆语"颜是亚、圣人之偶"；疏释"子畏于匡"章又援引庾翼注"颜子未能尽穷理之妙，妙有不尽，则不可

① 皇侃：《论语义疏》，第52—54页。
② 朱熹：《四书章句集注》，第67页。
③ 皇侃：《论语义疏》，第243页。

以涉险津；理有未穷，则不可以冒屯路。故贤不遭圣，运否则必隐；圣不值贤，微言不显。"把颜回视为次于圣人的贤人；在疏释"子贡问曰：赐也何如"章时，又云："谓汤武圣德，伊吕贤才，圣德则与孔子不殊，贤才与颜闵岂异？"皇侃认为，颜回为"亚圣"实指其为"贤人"。君子无法与圣人和贤人相比，其性不能圆足，故无法充分体仁，以彰显自我的仁性特质。因此，君子不时会做出一些不仁的行为，管仲即是。因此，管仲"不知礼"、"不能体仁"并不妨碍其为君子，成就其仁功。

基于上述思想，再看皇侃对管仲仁功的阐释。

（以下疏释时人议论管仲："未仁乎？"）是时人物议者，皆谓管仲不死，是不仁之人也。管仲非唯不死，亦回复辅相桓公，故为无仁恩也。（以下疏释孔子语："桓公九合诸侯，不以兵车"）孔子答子路，说管仲有仁之迹。齐桓公为霸主，遂经九过盟会诸侯，不用兵车而能辨也。不用兵车而诸侯九会，管仲之力也。……（以下疏释孔子语："管仲之力也。如其仁，如其仁。"）管仲不用民力，而天下平静，谁如管仲之智乎。再言之者，深美其仁也。[1]

（以下疏释子贡问："管仲非仁者与？"）问孔子，嫌管仲非是仁者乎？（以下继续疏释子贡语："桓公杀公子纠，不能死，又相之。"）此举管仲非仁之迹。言管仲是子纠之相，而桓公是子纠之贼。管仲既不为子纠致命杀仇，而更相公，非为仁也。（以下疏释孔子语："管仲相桓公，霸诸侯，一匡天下。"）孔子说管仲为仁之迹也。管仲得相桓公者……遂使为相也。霸诸侯，使辅天子，合诸侯（据鲍本应为"侯"字），故曰霸诸侯也。一匡天下，一切皆正也。（以下疏释孔子语："民到于今受其赐也。"）赐，犹思惠也。于时夷狄侵逼中华，得管仲匡霸桓公，今不为夷狄所侵，皆由管仲之恩赐也。……（以下疏释孔子语："微管仲，吾被发左衽矣。"）此举受赐之事也。被发，不结也。左衽，衣前从右来向左。孔子言：若无管仲，则今我亦为夷狄，故被发左衽矣也。……（以下疏释孔子语："岂若匹夫匹妇之为谅也，自经于沟渎而莫之知也？"）孔子更语子贡，喻召忽死之

---

[1] 皇侃：《论语义疏》，第 215—253 页。

不足为多，管仲不死不足为小也。谅，信也。匹夫匹妇无大德，而守于小信，则其宜也。自经，谓经死于沟渎中也。沟渎小处，非宜死之处也。君子直而不谅，事存济时济世，岂执守小信，自死于沟渎，而世莫知者乎？喻管仲存于大业，不为召忽守小信。①

皇侃认为，虽然管仲的行为不存在"仁恩"，但是在实践中却展现出"为仁之迹"，即"仁功"。这种仁功并不是匹夫匹妇般的小德、小信，而是不以战争、牺牲军民、消耗国家财力而达到辅天子、合诸侯、匡天下的济时济世的大业；从中受惠的也不仅是一民一众，而是天下的百姓。虽然从表面上看皇侃的这种阐释有悖于从个人仁性潜质直接彰显的角度来论述仁功，但是又恰恰符合"仁性"所具有的利他惠人的功用，符合行仁的实践。甚至皇侃认为，管仲成就的大业绝不逊于圣王的仁功。因此不能因管仲的仁性潜质不能得到充分彰显而表现出器量小、不知礼、不知俭的行为，来否认其在现实中所建立的"仁功"。

总而言之，皇侃论仁功存在两个维度：一是从仁性潜质彰显方面揭示其仁功；二是注重人在现实社会中的为仁之迹（功德），从其行仁功效上揭示其仁功。事实上，前者是受其个体禀性所决定的私德，体现个体人性的发展与展现；后者则把人性中的自然特性视为促进社会发展的动因，即公德。虽然皇侃对公、私问题关联处的揭示是十分欠缺的，但是我们不能否认皇侃对仁功、对"行仁之迹"的阐述已具有这方面的内涵。如果再回溯历史，以"功"论"仁"的思维理论在先秦时期就已存在，诸如《国语》记载，当海鸟停居在东门外时，臧文仲使人祭之时，展禽批评云："夫仁者讲功，而智者处物。无功而祀之，非仁也；不知而不能问，非智也。"（《国语》卷4《鲁语上》）《后汉书·延笃传》亦云："管仲以九合为仁功。"此类论述均是着眼于行仁功德，并非如皇侃所论来自仁性的功效。

综上，皇侃立足于传统儒学"用气为性"的思想，有效地将仁的本质、功夫、效用相贯通，即从人性的共性出发，认为仁为人性中生而即有的品性，但由于每个人所禀之气存在厚薄之分，不同的人的"仁性"存

① 皇侃：《论语义疏》，第253—255页。

在着个性差别，并在彰显时自然表现为"恻隐济物"、"恩爱"等利他行为，即"行仁"。即便是立足于仁性的个体差异，展现于现实生活中的仁功也存在着圣王、圣师、君子仁功之别。从学术史的发展看，南朝梁之时玄学逐渐消歇，儒学日益兴盛，而皇侃立足于儒学传统气性论，其仁论具有本质、功夫、功效三个诠释维度，典型地呈现了此一时期的儒学发展特点。仁作为重要的哲学范畴，在后世儒学发展中具有较强的义理性，就皇疏仁论的义理阐发而言，也尚未达到后世理学的高度，但皇侃仁论彰显了南北朝时期儒学逐渐摆脱玄学的束缚，向传统气性论回归的特点，故具有重要的学术史意义。

第四章 孝论

"孝"为《论语》中的重要哲学范畴，出现了 19 次，涉及二十余章，其内涵也颇为广泛：既有家庭伦理方面的无违之孝、丧孝等，也有政治伦理方面的孝治、忠孝等。而皇侃本人不仅"性至孝，常日限诵《孝经》二十遍，以拟《观世音经》"（《梁书·皇侃传》），深受《孝经》及其他儒家孝道思想的影响，而且撰有《孝经义疏》3 卷，又于《论语义疏》中屡屡阐发孝论。然而，至宋时皇侃所撰《孝经义疏》于国内流佚。隋唐间《孝经义疏》虽曾传入日本，但也仅流传一时，最终也难逃亡佚劫难（参见第一章论述）。今可见者唯赖邢昺《孝经注疏》援引，所存 24 条。① 故对皇侃孝论的考察仅以此 24 条与《论语义疏》中的相关阐释为文献依据。总体看来，皇侃论孝，颇为复杂，命题迭出。如云"孝悌者，实都不欲"，"本，谓孝悌"，"孝是仁之本"，"孝为体，以敬为先"，"孝是事亲之目"，"政者，以孝友为政耳"，"孝于其亲，乃能忠于君"，"子道谓孝"，"人子为孝，皆以爱敬为体"，等等。基于此，拟以对孝的本质、地位及其行孝在家庭与政治生活中的实践别类分疏，择要阐述。

一 孝的本质与地位

任何一种思想的产生都有其本源，"孝"亦不例外。有关"孝"源起

---

① 马国翰《玉函山房辑轶书》依邢疏辑得 18 条。陈金木先生则辑得 24 条，且对佚文进行了较为详细的考辨（参见《皇侃之经学》，第 117—123 页）。陈一风《孝经注疏》研究认为，邢昺辑得 22 条。笔者将马国翰、陈金木所辑文与邢疏进行对比后，认同陈说，故文中所引皇侃《孝经义疏》均取于陈先生所辑佚文。

的探讨素有异说①，这也造成关于孝的本质及其孝行在社会生活中地位的认识出现了诸多不同。在魏晋南北朝时，"孝"不仅是儒道释三教论辩的核心问题之一，也是统治者稳定社会秩序、推行教化的重要内容。据此看，皇侃对孝的本质与地位的阐述不仅是其思想体系建构的需要，也顺应了时代的学术氛围。

（一）"孝是仁之本"

自孔子以来，儒家论孝往往将其与"仁"并举，促进了孝的义理化。在孔子学说中，仁为其核心内容，践履仁道必须以行孝为基础。故孔子云："弟子入则孝，出则弟，谨而信，泛爱众，而亲仁。"（《论语·学而》）有子云："孝悌也者，其为仁之本与！"（《论语·学而》）孟子亦云："仁之实，事亲是也。"（《孟子·离娄上》）故有学者认为："儒家孝道思想的展开，本于孔子之'仁'，而孝悌为实践仁道之本，盖爱人为仁，而孝悌为爱之基础。"②此论符合事实。孔子以"爱人"释"仁"，显然爱敬父母之孝与仁是相通的，这也揭示了孝的"仁爱"本质。

皇侃对孝的本质的揭示乃是基于对《论语》的疏释，提出了"孝是仁之本"的命题。在疏释"其为人也孝悌"章时，皇侃云：

> （以下疏释："孝悌也者，其为仁之本与？"）此更以"孝悌"解本，以"仁"释"道"也。言孝是仁之本，若以孝为本，则仁乃生也。仁是五德之初，举仁则余从可知也。故《孝经》云："夫孝，德之本也，教之所由生也。"（以下疏释苞氏注："先能事父兄，然后仁可成也。"）王弼曰："自然亲爱为孝，推爱及物为仁也。"③

疏释"君子笃于亲，则民兴于仁"时，又云：

---

① 关于"孝"的本质存在着两种典型的说法：其一，《说文解字》释"孝"为"善事父母者，从老省，从子，子承老也。"大致认为，孝父母是其本质内涵。其二，认为"孝"的本质为生命繁衍。诸如，周予同先生认为："在儒家，'孝'是修正'仁'的入门方法，其根本思想直接出发于生殖崇拜的原始宗教。"（周予同：《孝与生殖崇拜》，《古史辨》第2册，上海古籍出版社1982年版，第232页）王长坤先生则明确云："'孝'的本质是生命的繁衍"（王长坤：《先秦儒家孝道研究》，巴蜀书社2007年版，第26页）。

② 林安弘：《儒家孝道思想研究》，文津出版社1992年版，第22页。

③ 皇侃：《论语义疏》，第5页。

　　　君子，人君也。笃，厚也。人君若自于亲属笃厚，则民下化之，
　　皆竞兴起仁恩也。孝悌也者，其仁之本与也。①

　　"本"为"根本"、"基础"义。"孝悌是仁之本"，即是以孝悌为仁
的根本，行仁为行孝悌的衍生与发展。为何如此疏释？皇侃援引王弼注做
出了说明："自然亲爱为孝，推爱及物为仁。"如果说王弼以"自然亲爱
为孝"是立足于道家"无为而自然"之道，意在于儒家名教中注入自然
的因素，统合儒道，那么皇侃则是立足于生之谓性的角度，转化了王弼的
"自然"义。皇侃认为，人生而即有自然亲爱的本性，这种本性的彰显就
是"孝"。因此，皇侃所论之孝乃是基于人类最根本的血缘之爱。由血缘
之爱推及人、推及物便为仁。前文已论及仁为人性本身所具有成分，其内
容为"恻隐"，也是人生而即有的利己利他的心理机能。故可以看出，仁
与孝的本质是一样的，均具有利人惠他的特质。其区别在于，在现实生活
中"事亲之孝"、"事兄之悌"较"推而及物之仁"更自然、更直接，故
孝悌可以作为仁的根本与基础。

　　如果上述的理解是准确的话，那么我们可以征引宋儒程颐将"孝悌
也者，其为人之本与"的疏释与皇疏做一比较。程颐云："孝弟行于家，
而后仁爱及于物，所谓亲亲而仁民也。故为仁以孝弟为本。论性则以仁为
孝之本。"又云："行仁自孝弟始，孝弟是仁之事，谓之行仁之本则可，
谓是仁之本则不可。盖仁是性也，孝弟是用也。性中只有个仁、义、理、
智四者而已，曷尝有孝弟来？然仁主于爱，爱莫大于爱亲，故曰：'孝弟
也者，其为仁之本与！'"②在程颐看来，爱有差等是现实生活的实情，血
缘之爱必然是最为亲近之爱，故仁爱的扩展（行仁）则以立足于血缘之
爱的孝悌为基础，这与皇疏有相似之处；但是程颐的立论基础却和皇侃截
然不同。程颐认为："人性善，性之本也。生之谓性，论其所禀也。"③程
颐对人性做出了"善"的价值判断，人性中先天存在的仁、义、理、智
也必然是善的。因此，程颐所论的仁性不仅不是皇侃的自然气质之性，而

①　皇侃：《论语义疏》，第129页。
②　转引自朱熹《论孟精义》，《朱子全书》第7册，第30页。
③　程颢、程颐：《二程集》，第207页。

且因其性善而具有了德性价值，孝悌只能为仁性的发用与彰显，与皇侃之论相去甚远。换言之，在程颐处仁与孝悌的关系是体用关系。朱熹对此亦有明确的论述，《朱子语类》载："又问：'伊川言"仁是本，孝弟是用"，所谓用，莫是孝弟之心油然而生，发见于外？'曰：'仁是理，孝弟是事。有是仁，后有是孝弟。'"① 仁为本，孝悌为用，这是从论仁（论性）角度而言的；如果从行仁角度看，行仁则从孝悌开始，这是程朱理学一脉相贯的思想。据此而论，皇侃更类于程朱思想论"行仁"从"孝悌"为开始的后一截观点，而迥异于以仁为本、以孝悌为用的前一截看法。

基于上述，皇侃所论"孝是仁之本"，一方面，从人性的内容（潜质）上说，孝、仁在本质上为一物；另一方面，则是从行孝与行仁的关系上说，行孝是行仁的根本或基础。

（二）"孝为百行之本"

皇侃从其人性论出发，认为孝、仁在本质上是一致的，行孝为行仁的基础。这种论述也与其生平笃守孝道、身体力行、对行孝及其行孝在社会生活中的地位与价值有充分的认识存在着密切关系。关于行孝在社会生活中的地位，皇侃提出了"孝为百行之本"的命题。

皇侃在对《孝经》题疏时，云：

> 经者常也，法也。此经为教，任重道远，虽复时移代革，金石可消，而孝为事亲常行，存世不灭，是其常也。为百代规模，人生所资，是其法也。言孝之为教，使可常而法之。易有上经下经，老子有道德经。孝为百行之本，故名曰孝经。②

训"经"为"常"、为"法"，③ 虽非皇侃发明，但是将《孝经》与《周易》《老子》并举，则或是皇侃的卓见。从学术史发展看，《易》为

---

① 朱熹：《朱子语类》，《朱子全书》第 14 册，第 688 页。

② 陈金木：《皇侃孝经义疏佚文考辨》中辑文，《皇侃之经学》，第 117 页。

③ 释"经"为"常"，皇侃之前已有此说。如《尚书·大禹谟》"宁失不经"，孔安国传注"经，常也"；《左传·宣公十二年》"政有经矣"，杜预注"经，常也"。

群经之首，肇自刘歆《七略》，班固《汉书·艺文志》承其续，[1] 后世学者多延续此论。皇侃此处，将《孝经》与《周易》并举，则是说明《孝经》的地位与《周易》相当。此种认识也非源自皇侃。《汉书·艺文志》即云："夫孝，天之经，地之义，民之行也。举大者言，故曰《孝经》。"郑玄《六艺论》又云："孔子以六艺题目不同，指意殊别，恐道离散，后世莫知根源，故作《孝经》以总会之。"[2] 可知，汉儒论述已以"举大者言"、"总会之"论《孝经》，已经突显了《孝经》的重要性。而至南北朝时，甚至出现《孝经》取代《周易》居群经之首的现象，如南朝齐王俭的《七志》。可见，自两汉以来《孝经》存在着不断升格的现象，而此种现象也反映了《孝经》以其世俗化倾向，普遍被世人所广泛认可，被奉为行为的规范，甚至上升为一种强烈的信念，如皇侃般日诵《孝经》20 遍。如果说皇侃日诵《孝经》时还是将其比拟为《观世音经》，那么此处的疏释又将其与《道德经》并举。显然，这也反映了南朝时期，在三教流行的背景下三教经典均可以成为世人的行为规范与信念支撑。

再就皇侃孝论的建构看，行孝为现实生活中行仁的基础。一如前文所论，在皇侃思想中，仁性主生，居于"五德"之首；在现实生活中行仁则居于万行之首。作为行仁基础的孝行也必然成了整个社会教化的根本与基础，故皇侃在疏释"孝悌也者，其为仁之本与"时，援引《孝经》"夫孝，德之本也，教之所由生也"是十分恰当的解释，即将行孝看作一切德教的根本。

此外，皇侃疏释《孝经·广至德章》中"诗云：'恺悌君子，民之父母'，非至德，其孰能顺民如此其大者乎"时，云："并结要道，至德两章。"现存皇疏甚简，唯此二句。如何理解此二句则出现了歧说。邢昺认为：

> 恺，乐也。悌，易也。言乐易之君子，能顺民心而行教化，乃为民之父母。若非至德之君，其谁能顺民心如此其广大者乎？孰，谁也。案《礼记·表记》称："子言之：'君子所谓仁者，其难乎？《诗》云："凯弟君子，民之父母。"'凯以强教之，弟以说安之。使民

① 徐复观：《徐复观论经学史二种》，上海书店出版社 2005 年版，第 57 页。
② 皮锡瑞：《六艺论疏证》，《续修四库全书》第 171 册，第 287 页上。

有父之尊，有母之亲。如此而后可以为民父母矣，非至德其孰能如此乎？'"此章于"孰能"下加"顺民"，"如此"下加"其大"者，与《表记》为异，其大意不殊。而皇侃以为并结《要道》、《至德》两章，或失经旨也。①

陈金木则云：

> 孝经全书引诗经者有十章，引尚书者有一章，未引诗书者，有庶人章、纪孝行章、五刑章、广要道章、广扬名章、谏诤章、丧亲章七章，是则非独广要道章无引诗书者也，何以皇氏特以此广至德章引诗云之语，而曰"并结要道，至德两章者"，其或如黄德麟氏所言"孝经开宗明义章，以孝经为至德要道焉，而广要道章言孝遂言悌言乐，而终言礼。其下广至德章，亦承上章礼之敬而言。"故皇氏独以此章因诗为通贯广要道、至德两章也。②

邢昺乃是站在朝廷的立场上崇奉当时流行的孔安国注，对所引的皇疏多有批评，甚至云其"辞多纰谬，理昧精研"③。此处邢昺虽援引《表记》论说至德之君用乐易之道教化人民，堪为民之父母，但或与邢昺注疏立场有关，云皇疏"或失经旨也"。而考察《孝经·广要道章》，知其内容乃是站在国君的立场上，通过论述教民亲爱、移风易俗、安上治民，说明《开宗明义章》中孔子所谓的"先王有至德要道"。而其后的《广至德章》则进一步阐发了上述的德行，如其云"非至德，其孰能顺民如此其大者乎"。据此看，邢疏仅是侧重于君主论说，而陈金木则联系《孝经》主旨疏解，故其说更符合皇侃意旨。此处皇侃虽论君主之孝，但仍着眼于"孝"为遍及家庭伦常与国家治理的"至德要道"。也唯有如此，重要的孝行才能成为"百行之本"。《孝经》的重要性也不言而喻了。

基于上述，皇侃提出"孝为百行之首"的命题，不仅应和了《孝经》在儒家经典中的升格现象及顺应了三教合流的时代学术思潮，也着眼于孝

---

① 李隆基注，邢昺疏：《孝经注疏》，北京大学出版社 2000 年版，第 54 页。
② 陈金木：《皇侃之经学》，第 129 页。
③ 李隆基注，邢昺疏：《孝经注疏·序》，第 3 页。

行本身在社会生活中的基础性地位。既然孝与仁在本质上是一致的，行孝在社会生活中具有"百行之首"的地位，那么如何行孝则成为皇侃进一步关注的重要问题。在《论语义疏》与现存二十余条《孝经义疏》佚文中，广泛涉及皇侃关于行孝的论述。这也是以下所要阐述的内容。

二 "孝是事亲之目"

无论学术界对"孝"的起源、本质、所涉及的对象等存在怎样的分歧，但无不承认建立在血缘关系上的家庭、宗族之孝是一切孝道的核心与基础。以下择取皇侃论事亲之孝的几个方面做一阐述。

（一）无违为孝

"无违"为孝，见诸《论语》"孟懿子问孝"章。皇侃疏释"无违"云："言行孝者，每事须从，无所违逆也。"① 显然，皇侃将"每事须从，无所违逆"作为"无违"的重要内容。然而，作为具有主体意识的人子如何能在侍亲时"每事须从，无所违逆"？在现实生活中，实践"无违"也的确很难行得通。事实上，皇侃的阐释并不是停留于具体的实践操作上，而是注重从"孝子之心"出发。

在疏释"其为人也孝悌"章时，皇侃云：

> （以下疏释："而好犯上者鲜矣。"）好，谓心欲也。犯，谓谏争也。上，谓君亲也。鲜，少也。言孝悌之人，必以无违为心，以恭从为性。……然孝悌者，实都不欲。……故熊埋云："孝悌之人，志在和悦，先意承旨。"②

皇侃认为，孝悌之人"实都不欲"。在事亲的过程中，若没有犯上的心欲必然是事亲"无违"父母的心愿，"恭从"父母的吩咐。在皇侃看来，如果"以无违为心，以恭从为性"，也就没有了犯亲的心欲，那么和颜悦色地侍奉父母，秉承父母意愿行事，便成了事亲的应然之理、当然之

---

① 皇侃：《论语义疏》，第 21 页。
② 同上书，第 4—5 页。

事。故皇侃又云："此孝者不好，必无乱理，故云'未之有也'。"①

在疏释孔安国注："孝子在丧哀慕，犹若父在，无所改于父之道也"时，皇侃又云：

> 本不论父政之善恶，自论孝子之心耳。若人君风政之恶，则冢宰自行政。若卿大夫之恶，则其家相、邑宰自行事，无关于孝子也。②

如果联系皇侃在疏释苞氏注"先能事父兄，然后仁可成也"时所援引的王弼注"自然亲爱为孝"理解上述引文的话则可知，皇侃将"自然亲爱"看作心无欲的内容。"孝子之心"无欲，并非说没有任何欲望，而是指其在事亲之时以生而即有的建立在血缘关系上的自然情感（孝子之心）为基础。由这种情感所支配的事亲行为，则必然是先天恭顺父母意愿的，符合亲子之间的"正理"。故皇侃以"冢宰自行政"，"家相、邑宰自行事"曲为孝子辩护。

总之，皇侃论事亲无违，是从孝子之心、孝子所具有的自然情感出发的，并不是着眼于具体生活实践的。

（二）以爱、敬为孝

上述"无违"侧重于对作为事亲的态度而论，至于如何进行"无违"行孝，皇侃则继承了以往儒家以爱、敬行孝的思想。

疏释"子游问孝"章时，皇侃云：

> （疏释孔子语："今之孝者，是谓能养。"）夫孝为体，以敬为先，以养为后。而当时皆多不孝，纵或一人有，唯知进于饮食，不知行敬。故云"今之孝者，是谓能养"。（疏释孔子语："至于犬马，皆能有养。"）此举能养无敬，非孝之例也。犬能为人守御，马能为人负重载人，皆是能养而不能行敬者。故云"至犬马皆能有养"也。（疏释孔子语："不敬，何以别乎？"）言犬马者亦养人，但不知为敬耳。人若但知养而不敬，则与犬马何以为殊别乎？（疏释苞氏注："苞氏

---

① 皇侃：《论语义疏》，第5页。
② 同上书，第13页。

曰：‘犬以守御，马以代劳，皆养人者也。’”）唯不知敬，与人为别耳。（疏释他人注："人之所养，乃至于犬马。"）此释与前异也。言人所养乃至养于犬马也。不敬则无以别。"养犬马则不须敬。若养亲而不敬，则与养犬马无殊别也。（疏释孟子语："养而不爱，豕畜之也。"）引孟子语证后通也。言人畜养豕，但以养之，而不爱重之也。（疏释孟子语："爱而不敬，兽畜之也。"）又言人养珍禽奇兽，亦爱重之，而不恭敬之也。①

上述疏释基本上与孔子的意旨吻合。皇侃认为，行孝之法包括两个部分：首先是"敬"，其次方为"养"。如果不对父母持守敬爱，仅以物质赡养父母，则和豢养犬马、喂养珍禽异兽并无二致，不可以称之为孝。可见，"敬"是人与动物区别的重要标志，在行孝中是高于"养"的层次的。事实上，皇侃的这种理解也是建立在孝子之心（即人生而即有的血缘情感）上的，也包含着人性中生而即有的利人惠他的特质不断向外彰显与扩展的因素。

《孝经》也十分注重强调以爱、敬为孝的思想。如云："孝子之事亲也。居则致其敬"（《纪孝行章》），"生事爱敬。死事哀戚"（《丧亲章》），"资于事父以事母而爱同。资于事父以事君而敬同"（《士章》）。然而，因皇侃疏释的亡佚，已无法看到皇侃对上述言论的阐述，仅就皇疏其他言论作一窥测。

在疏释《孝经·天子章》"爱亲者，不敢恶于人；敬亲者，不敢慢于人"时，皇侃云：

> 爱敬各有心迹，烝烝至惜，是为爱心。温清搔摩，是为爱迹；肃肃悚悚，是为敬心，拜伏擘跪，是为敬迹。②

爱与敬均是由人生而即有的自然情感展现的。事实上，以"爱"、"敬"连用论孝，在曾子那里已经存在。诸如《大戴礼记·曾子立孝》云："君子之孝，忠爱以敬，反是乱也。"而皇侃却在把握曾子以来的论

---

① 皇侃：《论语义疏》，第22—23页。
② 转引自陈金木《皇侃孝经义疏佚文考辨》，《皇侃之经学》，第120页。

孝大义的同时，又将爱、敬分而论之：爱是与日俱增的惜爱之情的展现，故人子无论是在温夏还是在凉秋，均能侍奉父母，以尽其孝。敬则是内心恭敬之情的展现，故人子无论是行拜伏礼，还是行擎跪礼都是发自内心的、毕恭毕敬的。皇侃此处阐释的文本乃是《天子章》，其意也甚明，当是阐述由孝亲推至天子之孝。

如果说"以敬为先"的论述还仅侧重于行孝敬养之上，那么通过阐发《孝经》大义，将"敬"与"爱"并举则丰富了行孝的内容。如果联系皇侃所论"仁是恩爱"的观点，行孝也必然是行仁的最基本内容；再联系孔子语"生，事之以礼；死，葬之以礼，祭之以礼"（《论语·为政》），与皇侃上述"温清搔摩"、"肃肃悚悚"、"拜伏擎跪"等敬爱孝行，则可知皇侃和孔子一样均主张以礼事亲，行孝必须依礼而践行，行孝即行礼。

（三）孝之终始

在疏释"曾子有疾召门人"章时，皇侃云：

> （以下疏释："曾子有病，召门弟子曰：启予足！启予手！"）启，开也。予，我也。孔子昔授《孝经》于曾子，曰："身体发肤，受之父母，不敢毁伤。"曾子禀受，至死不忘，故疾病临终日，召己门徒弟子，令开衾视我手足毁伤与不，亦示父母全而生己，己亦全而归之也。先足后手，手近足远，示急从远而视也。①

《孝经·开宗明义章》载孔子语："夫孝，德之本也，教之所由生也。……身体发肤，受之父母，不敢毁伤，孝之始也。立身行道，扬名于后世，以显父母，孝之终也。夫孝，始于事亲，中于事君，终于立身。"皇侃此段疏释仅援引"身体发肤，受之父母，不敢毁伤"句，该内容恰是对"孝之始"的阐述。在皇侃看来，"父母全而生己，己亦全而归之也"就是行孝。如果联系《礼记·祭义》"身也者，父母之遗体也；行父母之遗体，可不敬乎"语，皇侃之论则更容易理解了。自己的血肉之躯来自父母，对自己身体的保全则体现出对父母的孝敬，以此为"孝之

---

① 皇侃：《论语义疏》，第129—130页。

始"最为直接、最为恰当不过了。然而这种孝敬并非仅停留在身体层面，而需要进一步提升到精神层面。推而扩展之，则涉及如何在社会生活中行孝。故皇侃在疏释《孝经·开宗明义章》"立身行道，扬名于后世，以显父母，孝之终也"时，又云：

> 若生能行孝，没能扬名，则身有德举，乃能光荣其父母也。因引祭义曰："孝也者，国人称愿，然曰：'幸哉！有子如此。'"又引哀公问称孔子对曰："君子也者，人之成名也，百姓归之，名谓之君子之子，是使其亲为君子也。"此则扬名荣亲也。①

显然，这段疏释阐述了人子以"生而行孝"与"没能扬名"的行为来"光荣其父母"。"扬名荣亲"成了行孝的结果，为"孝之终"。如果联系《孝经》"夫孝，始于事亲，中于事君，终于立身"语，则知皇侃以"扬名荣亲"为孝之终，恰是说明实现了"扬名荣亲"，也就使自己"立身"了。

然而，在《孝经》看来，行孝立身作为德行并无终始，故其云："自天子至于庶人，孝无终始，而患不及者，未之有也。"（《庶人章》）皇侃疏释云："无始有终谓改悟之善，恶祸何必及之。"② 如何理解皇侃此句疏释？邢昺疏云："夫子述天子、诸侯、卿大夫、士、庶人行孝毕，于此总结之，则有五等。尊卑虽殊，至于奉亲，其道不别，故从天子已下至于庶人，其孝道则无终始贵贱之异。或有自患己身不能及于孝，未之有也。自古及今，未有此理，盖是勉人行孝之辞也。"③ 陈金木则云："虽以孝道内蕴广大，塞乎天地，横乎四海，难备终始。因而勉人以虽无始，然能有改悟之善，亦可无祸；可谓别开蹊径，然于经义，称嫌不足。"④ 实际上，邢疏与陈说理应源于《孝经·感应章》所云："孝悌之至，通于神明，光于四海，无所不通。"但是《感应章》此句在于说明孝道之广，凡有人处皆有孝道。《感应章》是就孝道存在的范围与行孝的普遍性而言的。然而皇侃却云"无始有终"，非契合邢疏、陈说所释孝道广博之义。因皇疏前

---

① 转引自陈金木《皇侃孝经义疏佚文考辨》，《皇侃之经学》，第120页。
② 同上书，第125页。
③ 李隆基注，邢昺疏：《孝经注疏》，第20—21页。
④ 陈金木：《皇侃之经学》，第126页。

后文缺失，很难清晰地考知皇疏的具体含义。故愚以为，如果从皇侃疏释《论语》中"子夏问孝章"所引沈峭注"今世万途，难以同对，互举一事，以训来问。来问之训，纵横异辙，则孝道之广，亦以明矣"① 看，皇侃认为，孝道广博，随事可言，行孝入手不能拘于一处、一种形式，即便是最基础的"事亲"也是如此，故云"无始"。但恰恰是"无始"、不拘一格的行孝，可以达到改善迁过、全生、扬名的目的，故可以说是"有终"。换句话说，皇侃认为，遵循"无始有终"的行孝行为，有助于"无终始"的孝道推广。

（四）父子相隐

在疏释"叶公语孔子有直躬"章时，皇侃云：

> （以下疏释叶公语孔子语：吾党有直躬者。）叶公称己乡党中有直躬之人，欲自矜夸于孔子也。……（以下疏释叶公语："其父攘羊，而子证之"。）此直躬者也。攘，盗也。言党中有人行直，其父盗羊，而子与失羊之主证明，道父之盗也。……（以下疏释孔子语：吾党之直者异于是）拒于叶公，故云：吾党中有直行者，则异于证父之盗为直者。（以下疏释孔子语：父为子隐，子为父隐，直在其中矣）孔子举所异者，言为风政者，以孝悌为主。父子天性，率由自然至情，宜应相隐。若隐惜则自不为非，故云直在其中矣。若不知相隐，则人伦之义尽矣。②

皇侃阐述的重点在于孔子与叶公所论的"直"不同。叶公论的"直"是立足于理性法则之"直"，据事而判定是非。而皇侃则认为，孔子所举与之恰恰相反：父子相隐本源于父子与生俱有的自然天性，相隐属于人性的"自然至情"，而"自然至情"的展现则是"直"。可见，孔子论"直"依据的是人的自然性情。孔子的判定也不符合理性法则左右下的是非。但是皇侃认为，孔子的判定不仅不悖于社会教化，而且恰恰体现了父子之间所具有的"人伦大义"。在皇侃看来，父与子之间的伦理关系乃是

---

① 皇侃：《论语义疏》，第24页。
② 同上书，第232—233页。

基于先天即有的自然情感，这种情感的自然彰显是社会中最为合理的。维护这种父子真情，不仅有助于维系家庭的和谐，而且可以进一步稳定社会秩序、导引社会风化。故皇侃又援引范宁注："夫子所谓直者，以不失其道也。若父子不相隐讳，则伤教破义，长不孝之风焉，以为直哉？故相隐乃可为直耳。今王法则，许期亲以上得相为隐，不问其罪，盖合先王之典章。"① 由此看来，叶公论"直"，将人伦与礼法完全对立的做法，从表面上看是维护了社会礼法，实际上则违背了社会礼法所建立的基础——人性，是不可取的。而皇侃认为，孔子所谓的"直"是符合人性、人情的，于人性上立法、容情于法，符合"先王之典章"。此种思想也被当时的统治者所接受，并列入法制。

值得注意的是，皇侃的这种阐述并不是说面对"其父攘羊"，其子无所作为。皇侃在疏释苞氏注"见志者，见父母志有不从己谏之色，则又当恭敬，不敢违父母意而遂己之谏也"时，又云：

> 然夫谏之为义，义在爱惜。既在三事同，君亲宜一，若有不善，俱宜致谏。今就经记参差，有出没难解。案，《檀弓》云："事亲有隐无犯，事君有犯无隐。"则是隐亲之失，不谏亲之过，又谏君之失，不隐君之过，并为可疑。旧通云："君亲并谏，同见《孝经》，微进善言，俱陈记传。故此云：'事父母几谏'，而《曲礼》云'为人臣之礼不显谏'，郑玄曰'合几微谏'也，是知并宜微谏也。"又若君亲为过大甚，则亦不得不极于犯颜。故《孝经》曰："父有争子，君有争臣。"又《内则》云："子之事亲也，三谏不从则号泣而随之。"又云："臣之事君，三谏不从则逃之。"以经就记，并是极犯时也。而《檀弓》所言，欲显真假本异，故其旨不同耳。何者？父子真属，天性莫二，岂父有罪，子向他说也？故孔子曰："子为父隐，父为子隐，直在其中。"故云"有隐"也。而君臣既义合，有殊天然。若言君之过于政有益，则不得不言。……又父子天性，义主恭从，所以言无犯，是其本也。②

① 皇侃：《论语义疏》，第233页。
② 同上书，第66页。

皇侃认为，如同致谏君主一样，对待父亲之过也需要致谏。因此，皇侃对《礼记·檀弓》所云"事亲有隐无犯，事君有犯无隐"的说法提出了质疑。这也是援引"君亲并谏"的"旧通"佐论自己观点的原因。一般而言，君亲"并宜微谏"，但若父亲犯了大过，子谏亲三次，若不见从则"号泣而随之"；而谏君主则不同，若是三谏不从则逃离君主。为什么同样是致谏，出现了两种不同的情况？皇侃认为，父子关系是天然自成的，子恭从亲属于自然天性；而君臣虽然义合，但已非天然即有的关系了。

综上所论，在皇侃看来，父子相隐并不是说儿子任凭父亲犯错，而不进行任何纠误。恰恰是基于父子生而即有的亲情，父子相隐，融情于法，不仅符合孝之本义，而且与礼法建立的基础及其社会教化的目的不相违背。

三　"以孝友为政"

在皇侃思想中，孝除了为"事亲之目"之外，还展现于社会政治生活中。拟从以下两个方面阐述。

（一）"为风政者，以孝悌为主"

皇侃疏释"父为子隐，子为父隐，直在其中矣"时，云："孔子举所异者，言为风政者，以孝悌为主。"[1] 皇侃除了强调因父子间具有自然至情而父子相隐，维护人伦大义外，也强调行孝悌是社会风政的重要内容。事实上，以孝悌作为社会治化的内容，早在皇侃之前，便被统治者视为社会教化的法典。诸如汉宣帝于元平四年五月下诏云："父子之亲，夫妇之道，天性也。虽有患祸，犹蒙死而存之。诚爱结于心，仁厚之至也，岂能违之哉！自今子首匿父母，妻匿夫，孙匿大父母，皆勿坐。"（《汉书·宣帝本纪》）甚至在汉代也出现了父子一方犯罪，告发的另一方要受到法律制裁的情况。诸如刘爽告发其父衡山王刘赐谋反，以"坐告王父不孝，皆弃市"（《汉书·衡山王传》）。可见，从社会实践上看，皇侃"为风政者，以孝悌为主"，融情于法的思想，具有一定的历史传统，并非空穴来

---

[1]　皇侃：《论语义疏》，第232页。

风。皇侃之论则试图从孝的本质与功用上为其思想的合理性做出阐述。

在疏释"或问孔子子奚不为政"章时，皇侃云：

> （疏释孔子语："《书》云：'孝乎惟孝，友于兄弟，施于有政。'是亦为政也。"）此以上并《尚书》言也。引《书》以答或人也。然此语亦与《尚书》微异，而义可一也。善父母曰孝，善兄弟为友。……言人子在闺门，当极孝于父母，而极友于兄弟。若行此二事有政，即亦是为政也。（疏释孔子语："奚其为为政？"）此是孔子正答于或人也。言施行孝友有政，家家皆正，则邦国自然得正。亦又何用为官位乃是为政乎？故范宁曰："夫所谓政者，以孝友为政耳。行孝友则是为政，复何者为政乎？引《尚书》所以明政也。或人贵官位而不存孝道，故孔子言乎此也。……（疏释苞氏注：所行有政道，即是与为政同耳也。）行孝友有政道，即与为政同，更何所别复为政乎？①

善父母曰孝，善兄弟为友。皇侃视行孝友之事为政，其因有二：其一，在儒家传统里，齐家是治国的前提，其中也蕴藉着为政的理念。如《大学》所谓"治国必先齐家，齐家必先修身"。这一如皇侃所言，人子在家庭中当孝敬父母、友爱兄弟，此二事恰是修身与齐家的内容。进而可以为政，即以行孝友推及为政。其二，行孝友二事与为官为政在义理上是相合的。这也是皇侃最为关注的内容。皇侃疏释《为政》章时云："为政者，明人君为风俗政之法也。谓之'为政'者，后卷云：'政者，正也。子率而正，孰敢不正。'又郑注《周礼·司马》云：'政，正也。政所以正不正也。'"② 显然，皇侃赞同"政，正也"的观点，认为为政引导社会风化，"政所以正不正"。据此看，行孝友虽为整饬家庭事务，但可以使家庭和谐，符合有物有则之"正"，即如皇侃所谓"家家皆正"。以"家家皆正"推而广之，"邦国自然得正"。故皇侃云："行孝友有政道，即与为政同，更何所别复为政乎？"

可见，皇侃孝论不是孤立地就孝论孝，而是将孝置于家庭伦理与社会治化中论述，将行孝友看作社会治化的基本因素。

---

① 皇侃：《论语义疏》，第30页。
② 同上书，第18页。

（二）"以孝事君则忠"

"孝"、"忠"并论在《论语》里已有展现，如云："事父母，能竭其力；事君能致其身"（《学而》），"迩之事父、远之事君"（《阳货》），"季康子问：'使民敬、忠以劝，如之何？'子曰：'临之以庄则敬，孝慈则忠，举善而教不能，则劝。'"（《为政》）在《孝经》中则出现了四次"忠"："君子之事亲孝，故忠可移于君。事兄悌，故顺可移于长。居家理，故治可移于官。"（《广扬名章》）"以孝事君则忠，以敬事长则顺。忠顺不失，明事其上。"（《士章》）"君子之事上也。进思尽忠。"（《事君章》）曾子亦云："君子立孝，其忠之用，礼之贵。"（《大戴礼记·曾子立孝》）① 可见，"孝"、"忠"并论的思想在孔子之后儒家学者那里得到进一步阐述。

皇侃对《论语》与《孝经》的疏释也涉及"以孝事君则忠"的问题。故择其要，做一疏解。在疏释"其为人也孝悌"章时，皇侃云：

> （以下疏释有子语："而好犯上者鲜矣"）……言孝悌之人，必以无违为心，以恭从为性。若有欲犯其君亲之颜谏争者，有此人少也。然孝悌者，实都不欲。必无其人，而云少者，欲明君亲有过，若任而不谏，必陷于不义。……"君亲有日月之过，不得无犯颜之谏，然虽屡纳忠规，何尝好之哉？今实都无好，而复云"鲜矣"者，以"好"见开，则生陵犯之惭；以"犯"见塞，则抑匡弼之心。必宜微有所许者，实在奖其志分，弥论教体也。……（以下疏释："不好犯上，而好作乱者，未之有也。"）……云："夫孝者不好，心自是恭顺，而又有不孝者，亦有不好，是愿君亲之败。"故孝与不孝，同有不好，而不孝者不好，必欲作乱；此孝者不好，必无乱理，故云"未之有也"。②

在皇侃看来，孝悌为仁之本，一切德行均以此为基础。而行孝者具有无违、无欲、恭从的品性，不仅对父母如是，推及君主也是无欲、恭从，

---

① 《上海博物馆藏战国楚竹书（四）》中的《内礼》云："君子立孝，爱是用，礼是贵。"
② 皇侃：《论语义疏》，第30页。

故很少会出现有意犯上的现象。但是皇侃又认为，面对君亲之过，孝悌之人也需要微言上谏，进行规劝匡弼。而此种上谏行为并非"犯上"，而是避免君亲陷于"不义"的行为中。与之相反，不孝之人即便表现出恭顺之貌，但其心有作乱之欲，其不好犯上恰"是愿君亲之败"。可见，当皇侃将孝悌视为忠君，不犯上作乱的基础时，即认同了移孝为忠的思想。这也与《孝经》所云"夫孝，始于事亲，中于事君，终于立身"（《开宗明义章》）一脉相承。行孝始于奉侍父母，推广于侍奉君王，最后扬名立身。这即所谓的"求忠臣于孝子之门"。

在疏释《孝经·天子章》"子曰"时，皇侃又云：

> 上陈天子极尊，下列庶人极卑，尊卑既异，恐嫌为孝之理有别，故以"子曰"通冠五章，明尊卑贵贱有殊，而奉亲之道无二。[1]

考之《孝经》，"子曰"一词共出现 15 次，且或置于章首，或放于介绍背景及向孔子提问之后。《天子章》首称"子曰"，而其后《诸侯章》《卿大夫章》《士章》《庶人章》四章则不称"子曰"。这五章虽内容不同，但均是论孝，即所谓的"五等之孝"（天子之孝、诸侯之孝、卿大夫之孝、士之孝、庶人之孝）；从内容上看，各章也具有一定的逻辑性。故皇侃认为"子曰"通冠五章，也是有道理的。五等之孝，因其对象不同，相应的行孝规范也不同。现存皇疏甚为简略，但仍可以辨析出皇侃立论基础在于将孝、忠合论。再如，疏释《诸侯章》"制节谨度"，皇侃云："（谨度者）谓宫室车旗之类，皆不奢僭也。"[2] 皇侃认为，诸侯之孝，不奢侈、不僭越则是遵循礼法制度，是对君主之"忠"。这恰符合《孝经》论诸侯之孝，"在上不骄，高而不危；制节谨度，满而不溢"，常守富贵，和悦百姓，保存社稷的论述。又疏释《士章》"忠顺不失，以事其上，然后能保其禄位，而守其祭祀。盖士之孝也"时，又云："称保者安镇也，守者无近也。社稷禄位是公，故言保；宗庙祭祀是私，故言守也，士初禄位，故两言之。"[3] 皇侃以公、私，保、守分而言之。士取得禄位，但不

---

① 转引自陈金木《皇侃孝经义疏佚文考辨》，《皇侃之经学》，第119—120页。
② 同上书，第122页。
③ 同上书，第124页。

废宗庙祭祀，仍是忠孝并举，将家庭伦理与国家伦理相结合。

可见，皇侃"以孝事君则忠"的思想源于儒家传统中忠孝并举，齐家与治国相结合的思想。南朝之时，虽然三教流行，但是儒家的孝、忠等纲常伦理依然是稳定政治秩序、弘扬社会教化的重要内容。

综上，在对《论语》《孝经》的疏释中，皇侃立足于儒家自然人性论，认为孝所具有的自然亲爱、利人惠他的特性为仁中最基础、最根本的部分。由行孝推广至行仁，故孝行具有"仁之本"的本质及"百行之本"的地位；其内容不仅包括事亲的行为，也涉及以"孝友为政"的风政教化，将家庭伦理层面的个体行孝与国家伦理层面的忠君思想相结合，有效地揭示了孝的意义结构。身处南朝玄学流宕、三教盛行之时，皇侃对孝的疏释不仅反映了皇侃的儒学立场，也反映出儒家的孝、忠等纲常伦理依然是稳定政治秩序、弘扬社会教化的重要内容，因而深入人心。

第五章 礼论

"礼"是儒家文化的核心内容之一。在《论语》中，"礼"仅次于"仁"，出现了 72 次，涉及 45 章，其内涵较为复杂。而《礼记》49 篇，则广泛涉及制度、通论、明堂、丧服、世子法、祭祀、子法、乐记、吉事等方面。皇侃对礼的阐释，乃是基于其对《论语》《礼记》的疏释。皇侃《礼记义疏》仅存 448 条，但涉及《礼记》44 篇，[①] 且内容已涵括上述诸方面。在皇侃礼论中，以命题形式出现的论述相当多，诸如"礼理起于大一，礼事起于遂皇，礼名起于黄帝"，"礼以敬为主"，"礼之本，贵在奢俭之中"，"礼乐相须"，"礼是体别"，"礼让以治国"，"学礼以自立身"，等等。据此类命题看，皇侃礼论也呈现出较为驳杂的情况。由于现存皇侃《礼记义疏》极不完整，故难以对皇侃礼论做出全面的揭示。就现存皇疏看，皇侃对礼的疏解注重从礼本身所具有的义理出发，而非专注礼的形式。如皇侃云："礼之所尊，尊其义也"（疏释《礼记·郊特牲》"天地合，而后万物兴焉"），"晓其义者解礼，知其吉凶所归解乐"（疏释《礼记·祭义》"礼得其报则乐，乐得其反则安"）。故本章拟侧重"礼义"，就皇疏礼论中的一些重要命题做一揭示。

一 "礼有三起"

礼的起源是礼学研究中的重要问题，且众说纷纭。[②] 皇侃在《礼记义

---

① 本章据陈金木先生《皇侃之经学》中所统计的现存皇侃《礼记义疏》条数，其中皇侃关于《问丧》《三年问第》《冠义》《昏义》《燕义》五篇的疏释未存。

② 近代以来，关于礼的起源的研究，概言之，主要有三种观点：其一，礼源于宗教仪式，以王国维、郭沫若等人为代表（分别参见王国维《观堂集林》卷 6《释礼》，中华书局 1959 年版；郭沫若《十批判书》之《孔墨的批判》，东方出版社 1996 年版）。其二，礼源于俗，以梁启超、杨宽等人为代表（分别参见梁启超《先秦政治思想史》，东方出版社 1996 年版；杨宽《古史新探》，中华书局 1965 年版）。其三，多种起源说，以刘师培、陈戍国、陈来等为代表。刘氏持礼既起源于宗教仪式，又起源于俗的观点。后者则明确认为，礼的起源具有多元化（分别参见刘师培《刘申叔遗书》之《礼俗原始论》，江苏古籍出版社 1997 年版；陈戍国《中国礼制史》之《先秦卷》，湖南教育出版社 2002 年版；陈来《古代宗教与伦理——儒家思想的根源》，三联书店 1996 年版）。

疏》中认为，"礼有三起：礼理起于大一，礼事起于遂皇，礼名起于黄帝。"① 事实上，"礼有三起"说并非皇侃独创，在西汉时期的纬书《礼含文嘉》中，即存在"礼理起于太一，礼事起于遂皇，礼名起于黄帝"之语。② 然而皇侃是如何阐发"礼有三起"说的？就现存资料看未见有其他记载，上述乃为"独语"。因此，我们对皇侃"礼有三起"说的揭示，仅能依据皇侃哲学的内在理路，并联系其他相关论述加以窥测

（一）"礼理起于大一"

"礼理"即礼所具有的理则或礼意，具有抽象性。从《礼记》内容看，"礼理起于大一"当为对《礼运》"夫礼，必本于大一，分而为天地"句的疏释。皇疏的来源当为纬书《礼含文嘉》，理解皇疏的关键则为"大一"一词。然而，考索《礼含文嘉》，除皇侃引文中出现的一处"太一"（大一）③ 外，另存一处是："三台为天阶，太一摄以上下，一曰天阶。"④ 显然，《礼含文嘉》中的"太一"指"太一神"。如果进一步联系先秦以来的某些论述，《礼含文嘉》之论则更为清晰。诸如，屈原《九歌·东皇太一》云："吉日兮良辰，穆将愉兮上皇。"上皇即东皇太一，为《九歌》中最高的天神；高诱注《淮南子》释"太一"，云："天神总万物者"（《诠言训》注），"太一，天之刑神"（《本经训》注）；《汉书·郊祀志》云："天神，贵者太一。太一佐曰五帝"；《汉书·王莽传》又云："太一、黄帝皆仙而上天。"据此看，《礼含文嘉》视"太一"为天神乃皇侃之前常说；甚至明确指为遂皇、黄帝之前的上古得道帝王。故而《礼含文嘉》"礼理起于大一"语无疑具有创世的宗教色彩。

事实上，除了《礼含文嘉》中"太一"指"太一神"外，在皇侃之前还存在多种含义⑤：其一，"太一"为"元气"。如《孔子家语》援引

① 陈金木：《皇侃礼记义疏佚文汇集》，《皇侃之经学》，第305页。
② 安居香山、中村璋八辑：《礼含文嘉》，《纬书集成》（中册），河北人民出版社1994年版，第504页。
③ 《荀子·礼论》："贵本之谓文，亲用之谓理，两者合而成文，以归大一，夫是之谓大隆。"王先谦云："大，读为太。"
④ 安居香山、中村璋八辑：《礼含文嘉》，《纬书集成》（中册），第505页。
⑤ 丁四新先生认为，"太一"约有三重路向的理解："一种是道家思想中的'一'概念，它相当于道，是宇宙之本体或本根，一与万物之多相对。《周易·系辞》等书中的'太极'观念，人们常谓极、一相通，太极或许即太一。一种是指宗教、神学的'太一神'，还有一种是指天文学上的'太一星'。"（丁四新《郭店楚墓竹简思想研究》，东方出版社2000年版，第91页）

"夫礼必本之太一，太一分为天地，转为阴阳，变为四时，列为鬼神"时，云："太一谓元气也。"其二，"太一"为道家的"道"或"一"。如《庄子·天下篇》云："关尹、老聃闻其风而悦之，建之以常无有，主之以太一。"成玄英疏："太者广大之名，一以不二为称。言大道旷荡，无不制围，括囊万有，通而为一，谓之太一。"① 其三，"太一"为"太古时"。如《荀子·礼论》："贵本之谓文，亲用之谓理，两者合而成文，以归大一，夫是之谓大隆。"王先谦云："大，读为太。太一，谓太古时也。"② 其四，"太一"为"太一星"。如《史记·天官书》云："中宫天极星，其一明者，天一常居。"其五，"太一"为"太白山"。张衡《西京赋》："终南太一，隆崛崔萃。"顾祖禹云："所谓太一，谓武功县之太白山也。"③

　　可见，在皇侃"独语"之前，即存在多种不同的"太一"论，展示了不同的礼论。故而，直接从传统中的"太一"含义看，皇疏中的"太一"存在多种可能。而后世孔颖达疏释此句时，则云："'必本于大一'者，谓天地未分，混沌之元气也。极大曰天，未分曰一，其气既极大而未分，故曰大一也。礼理既与大一而齐，故制礼者用至善之大理以为教本，是本于大一也。'分而为天地'者，混沌元气既分，轻清为天在上，重浊为地在下，而制礼者法之，以立尊卑之位也。"④ 又云："夫礼者，经天地，理人伦。本其所起，在天地未分之前。故《礼运》云：'夫礼必本于大一。'是天地未分之前已有礼也。礼者，理也。其用以治，则与天地俱兴。"⑤ 显然，在孔颖达看来，"大（太）一"为"混沌之元气"，"大（太）一"本身又具有自然理则，这种理则落实到现实中，也就是社会秩序。换言之，孔颖达把作为社会秩序（礼）的内在理则视为一种先天地存在的自然之理。

　　如果联系本章第一节皇侃"性论"可知，一方面皇侃受到先秦、汉儒思想的影响，所论之"天"，仍具有宗教性、人格性的特征，但是此类

---

① 郭庆藩：《庄子集释》，中华书局 2004 年版，第 1094 页。
② 王先谦：《荀子集解》，中华书局 1988 年版，第 352 页。
③ 一说"太一"为"终南山"。顾祖禹《读史方舆纪要》卷 52《陕西一》考辨为"太白山"（中华书局 2005 年版，第 2460 页）。本书从此说。
④ 郑玄注，孔颖达正义：《礼记正义》，上海古籍出版社 2008 年版，第 1 页。
⑤ 同上书，第 1 页。

"天"已不是其阐述的重点。另一方面皇侃更侧重于以自然运势论天，以天道气化论天，把禀气定性作为其理论的重要内容。同时，皇侃又吸收阴阳五行等思想来阐述五常及人的天赋品行与才能等。据此知，皇侃所持依然为宇宙生成论，采用由天道论及人道的思维模式。故可推测，皇侃论礼也应当不会离开气、阴阳五行为特征的宇宙生成论模式，更不会轻易采取"创世说"，违背自己辛辛苦苦所构建的气性论。诸如，皇侃在疏释《礼记·中庸》"天命之为性"时，云"东方春，春主施生，仁亦主施生"，而非如郑玄所云"木神则仁"①。疏释《礼记·乐记》"化不时则不生，男女无辨则乱升，天地之情也"时，云"天地无情，以人心而谓之耳"②。疏释《礼记·丧服小记》"三月之丧，一时也"时，云："除服必依气。"③ 在皇侃此类言论中，"天"或"天地"并不具有天神创世的宗教思想，而是展现了古代学者朴素的哲学思想。

如果再联系《左传》所载子产语"夫礼，天之经也，地之义也，民之行也"（《昭公二十五年》），又载晏婴语"礼之可以为国也久矣，与天地并"（《昭公二十六年》），"赏以春夏，刑以秋冬"（《襄公二十六年》）等论述可知，春秋之时礼作为贯彻天地的理则已经深入人心，依四时的变化来安排农事、政事为礼的重要内容。尤其是魏晋以降，玄学兴起，名教与自然之辨成了思想界的核心主题，天人相合、统自然秩序与社会秩序为一，成了学者理论构建的普遍归宿。而在皇侃之时，虽然佛教广播，但是玄风依旧流宕不止。基于此，愚认为，皇侃此处"礼理起于大一"说，应该倾向于孔颖达之论，视"大一"为"元气"，立足于宇宙生成论，将礼（社会秩序）之"理"来源归本于天地本身所具有的理则，进而统自然秩序与社会秩序为一。

事实上，将自然秩序与社会秩序统合为一，展现在哲学层面上即是对天人关系的论述，这也是儒家礼学传统的重要内容。在《礼记》中，关于天人关系的论述更为突出，且更具哲学意蕴。如云："夫礼，必本于大一，分而为天地，转而为阴阳，变而为四时，列而为鬼神"（《礼运》），"夫礼，先王承天之道，以治人之情"（《礼运》），"先立春三日，大史谒

---

① 陈金木：《皇侃礼记义疏佚文汇集》，《皇侃之经学》，第 433 页。
② 同上书，第 413 页。
③ 同上书，第 403 页。

之天子曰：'某日立春，盛德在木。'天子乃齐。立春之日，天子亲帅三公、九卿、诸侯、大夫，以迎春于东郊。还反，赏公、卿、诸侯、大夫于朝"（《月令》），"是月也，天气下降，地气上腾，天地和同，草木萌动。王命布农事，命田舍东郊，皆脩封疆，审端经术"（《月令》）。显然，天子依时节论行赏、劝农事等，则更进一步将天道与人事、自然与社会和谐统一起来。

据"礼理起于大一"的命题疏释看，皇侃十分注重将天道与人事类附的天人相合思想。就现存448条皇侃《礼记义疏》佚文看，近二十处明确展现了天人相合思想。仅择《论语义疏》《礼记义疏》中的两例做一阐述：

疏释《论语·学而》"学而时习之"时，皇侃云：

> 时者，凡学有三时：一是就人身中为时，二就年中为时，三就日中为时也。一就身中者，凡受学之道，择时为先。长则捍格，幼则迷昏。故《学记》云"发然后禁，则捍格而不胜；时过然后学，则勤苦而难成。"是也。既必须时，故《内则》云："六年教之数与方名，七年男女不同席，八年始教之让，九年教之数日，十年学书计，十三年学乐，诵《诗》，舞《勺》，十五年成童，舞《象》。"并是就身中为时也。二就年中为时者，夫学随时气则受业易入，故《王制》云"春夏学《诗》、《乐》，秋冬学《书》、《礼》。"是也。春夏是阳，阳体轻清；《诗》、《乐》是声，声亦轻清。轻清时学轻清之业，则为易入也。秋冬是阴，阴体重浊；《书》、《礼》是事，事亦重浊。重浊时学重浊之业，亦易入也。三就日中为时者，前身中、年中二时而所学，并日日修习不暂废也。故《学记》云"藏焉，修焉，息焉，游焉。"是也。今云"学而时习之"者，"而"犹因仍也，"时"是日中之时也，"习"是修故之称也。[①]

在此段疏释中，皇侃认为，凡学具有"身中、年中、日中"三时，并援引《礼记》加以佐证。虽然皇侃最终认为"学而时习之"之"时"当为"日中"之时，但又认为"日中"涵摄"身中"、"年中"义。就

---

① 皇侃：《论语义疏》，第3页。

"春夏学《诗》、《乐》，秋冬学《书》、《礼》"的"年中"看，恰恰是根据四时季节的变化调节学习的内容，以激发学习的兴趣。故可以说，皇侃所认为的"日中"之时也蕴含着天道与人道相统合的思想。

类似上述，皇侃将天道与人事统合并论的情况，尚存在很多。诸如疏释《礼记·郊特牲》"凡饮，养阳气也。凡食，养阴气也。故春禘而秋尝，春飨孤子，秋食耆老，其义一也"时，皇侃云："春是生养之时，故飨孤子，取长养之义。秋是成熟之时，故食耆老，取老成之义。"① 疏释《礼记·王制》"凡养老，有虞氏以燕礼，夏后氏以飨礼，殷人以食礼，周人脩而兼用之"时，云："夏虽以饮为主，亦有食，先行飨，次燕，次食。秋冬以食为主，亦有飨，先行食，次燕，次享，一日之中，三事行毕。"② 疏释《礼记·月令》"命有司大难，旁磔，出土牛，以送寒气"时，又云："北方盖藏，故为坟墓。北方岁终，以司主四时，故云四司。……以季春国难，下及于民。以此季冬大难，为不及民也。"③

值得注意的是，皇侃在阐述时又杂摄了阴阳五行的思想。虽然这种论述在现存《礼记义疏》中并不多见，但此类阐释却是皇侃礼论中最具有哲学意蕴的内容。最典型者当为对《礼记·中庸》"天命之谓性"的疏释，皇侃云："东方春，春主施生，仁亦主施生。"④ 此例于第二章中已做分析，不再赘述。除此例以外，另举一例：

疏释《礼记·月令》"（孟春之月）其数八"时，皇侃云：

> 金木水火得土而成，以水数一，得土数五，故六也；火数二，得土数五，为成数七；木数三，得土数五，为成数八，又金数四，得土数五，为成数九。⑤

《月令》在论述结构上，主要采取了五行相生的理论，阐述十二月中的天象特征、物候及其天子所宜的居处、车马、衣服、饮食、器具，乃至政府当行的有关祭祀礼仪、法令、禁令等。皇侃的疏释则是对《月令》

① 陈金木：《皇侃礼记义疏佚文汇集》，《皇侃之经学》，第348页。
② 同上书，第320页。
③ 同上书，第330页。
④ 同上书，第433页。
⑤ 同上书，第322页。

所采用的五行理论的进一步阐发。孔颖达在援引皇侃上述疏释时，仅云皇侃"用先儒之义"、"此非郑义"①，并没有指出皇疏的具体内涵。事实上，皇侃采用了以数论五行的理论。以五行之数论天象、论天地万物的生成乃是汉魏以来的重要学术思潮。郑玄云："数者，五行佐天地生物、成物之次也。"② 在《汉书·律历志》中也提出"天数二十五"、"地数三十"的观点。即天一、天三、天五、天七、天九，总为二十五。地二、地四、地六、地八、地十，总为三十。以天地之数相合，也就是《易》之大衍之数五十五。而以五行生数③而论，则五行排列顺序，又自水始，火次之，木次之，金次之，土为后。天一生水于北，地二生火于南，天三生木于东，地四生金于西，天五生土于中，而明五行生之本。据生于梁武帝时期的萧吉云："《礼记·月令》是时候之书。所贵成就事业，故言成数。唯土言生数者。土以能生为贵，且以成四行，足简之矣。是其能生能成之义也。"④ 显然，若据上述之论，皇侃的疏释则明晰，因土主生，水、火、木、金得土而成就五行相生之数，并以此阐述孟春之月的天象特征。而在《月令》中阐述此种天象则是为了说明下文祭祀的对象（"祀户"）与祭品（"先脾"），与"东风解冻，蛰虫始振，鱼上冰，獭祭鱼，鸿雁来"的物候，乃至是月天子所宜的居处（"天子居青阳左个"）、所乘的车马（"乘鸾路，驾仓龙"）、所穿的衣服（"载青旗，衣青衣，服仓玉"）、所享用的食物（"食麦与羊"）与器具（"其器疏以达"），等等。基于此，虽然现存皇侃疏文不全，但是亦可看出其疏释理路依然是遵循"因天时，制人事"思想的。

综上，皇侃吸收了传统中的"礼理起于大一"之说，在阐述人事时往往从天道入手，以人事类附天道，视天人为一体；尤其是皇侃承续了

---

① 孔颖达：《礼记正义》，第 606 页。

② 同上。

③ 传统五行思想中存在生数与成数之分。生数指五行的排列顺序（一、二、三、四、五），成数指奇偶相配相成之数（六、七、八、九、十）。诸如，《书·洪范》云："五行：一曰水，二曰火，三曰木，四曰金，五曰土。"孔安国传云："皆其生数。"孔颖达疏云："《易·系辞》曰：'天一，地二；天三，地四，天五，地六，天七，地八，天九，地十。'此即是五行生成之数。天一生水，地二生火，天三生木，地四生金，天五生土，此其生数也。如此则阳无匹，阴无偶，故地六成水，天七成火，地八成木，天九成金，地十成土。于是阴阳各有匹偶而物得成焉。故谓之成数也。"（参见孔安国传，孔颖达疏：《尚书正义》，北京大学出版社 2000 年版，第 357 页）

④ 萧吉：《五行大义》卷 1，宛委别藏本。

《礼记》中援引阴阳五行学说的特点，为其礼论中天道与人事统合的思想提供了重要的理论支撑。从此种意义上说，虽然现存皇侃礼论中关于阴阳五行思想的阐述不多，但是，这恰是皇侃礼论中较有哲学色彩的内容。

（二）"礼事起于遂皇，礼名起于黄帝"

如果说"礼理起于大一"侧重揭示包括伦常、法制等在内的社会秩序所存在的天道根源，那么皇侃吸收《礼含文嘉》"礼事起于遂皇，礼名起于黄帝"的思想，则是侧重揭示如何沟通天道的自然秩序与社会秩序，为名教社会的伦常制度提供令人信服的合理说明。实际上，此说也是儒家传统中"圣人制礼"思想的展现。在儒家学者看来，圣人或先王是至上的道德和行为的楷模，礼的内涵与形式由其制定，方能体现出权威性。因此，通过"圣人制礼"可以沟通自然秩序与社会秩序，形成以礼为核心的社会制度，培养人们的道德修养，平息社会中所存在的众多纷乱与争端，等等。如《荀子·王制》云："先王恶其乱也，故制礼义以分之，使有贫富、贵贱之等，足以相兼临者，是养天下之本也。"《礼稽命征》云："王者制礼作乐，得见天心，则景星见。"《礼记·曲礼上》云："是故圣人作礼以教人，使人以有礼，知自别于禽兽。"《礼器》又云："是故圣人南面而立，而天下大治。"先王、圣人成了制礼者。一般而言，在儒家传统礼中，先王指的是尧、舜、禹、汤、文、武等寥寥几位帝王，且被后世奉为圣人。圣人制礼的前提是圣人必须具有"德"与"王"位，若仅有德而不具有位，则不存在制礼的前提条件。关于这一点，皇侃也有过明确的论述："夫得制礼乐者，必须德位兼并，德为圣人，尊为天子者也。所以然者，制作礼乐必使天下行之，若有德无位，既非天下之主，而天下不畏，则礼乐不行；若有位无德，虽为天下之主，而天下不服，则礼乐不行，故必须并兼者也。"① 也是基于这种思想，皇侃认为，有位的圣人成了沟通自然秩序与社会秩序、制礼作乐的重要环节；孔子虽有德为圣人，但无位，也只能"述而不作"，"祖述尧、舜，宪章文、武"。

皇侃在疏释《礼记·礼器》"礼也者，合于天时，设于地财，顺于鬼神，合于人心，理万物者也。是故天时有生也，地理有宜也，人官有能也，物曲有利也"时，云：

---

① 皇侃：《论语义疏》，第107页。

有圣人制礼得宜，故致天时有生，地理有宜之等。①

　　从表面上看，皇疏是在说明自然四时的变换、万物的生长均遵循着圣人所制定的理则。实际上，皇侃之义在于表明，圣人以其具有至上德性，能够顺应和把握天地自然的变化，并凭借此德性来制定得宜之礼，使自然与社会得到和谐发展。然而，皇侃的此种理解却遭到孔颖达的"非其义"之讥②。孔颖达云：

　　　"是故天时有生也"者，言天四时自然，各有所生，若春荐韭卵，夏荐麦鱼是也。"地理有宜也"者，地之分理自然，各有所宜，若高田宜黍稷，下田宜稻麦是也。"人官有能也"者，人居其官，各有所能，若司徒奉牛，司马奉羊，及庖人治庖，祝治尊俎是也。"物曲有利也"者，谓万物委曲，各有所利，若麴蘖利为酒醴，丝竹利为琴笙，皆自然有其性，各异也。③

　　孔颖达认为，天地四时的变化均遵循着自然之理，四时的不同自然适合不同的生物生存，土地高低的不同自然适宜不同农作物的生长。与此相似，不同的官职必然有不同的任务。为什么会出现这种现象？孔颖达认为，这是因为万物具有的自然之性存在着诸多差别，虽万物均顺承各自所具有的自然之性，但其变化、功用等是不同的。故而，从疏文表层看，孔颖达和皇侃之论存在着差别，但是如果深入皇侃的理论体系，皇侃之论何尝不是从万物的"性分"出发，从万物本身所具有的自然之性来阐述呢？圣人制礼，当是据万物的性分。从此意义上讲，二者的论述又确有一致之处。显然，孔颖达"非其义"的批评是浮于皇侃理论的表层。

　　既然"圣人制礼"为皇侃礼论中的重要内容，那么礼如何制定？对此，皇侃则吸收了《礼含文嘉》"礼事起于遂皇，礼名起于黄帝"之说。礼事属于礼的实践，礼名则为礼的名称。"遂皇"指燧人氏，黄帝指轩

---

① 陈金木：《皇侃礼记义疏佚文汇集》，《皇侃之经学》，第342页。
② 孔颖达：《礼记正义》，第958页。
③ 同上。

辕，均是上古帝王。然而为什么说"礼事起于遂皇，礼名起于黄帝"呢？孔颖达、皇侃则有着不同的说法。首先，看孔颖达之说：

> （《易纬·通卦验》）云"遂皇始出，握机矩。"注云："遂皇谓遂人，在伏羲前，始王天下也。矩，法也。言遂皇持斗机运转之法，指天以施政教。"既云"始王天下"，是尊卑之礼起于遂皇也。持斗星以施政教者，即《礼纬·斗威仪》云："宫主君，商主臣，角主父，徵主子，羽主夫，少宫主妇，少商主政，是法北斗而为七政。"七政之立，是礼迹所兴也。郑康成《六艺论》云："《易》者，阴阳之象，天地之所变化，政教之所生，自人皇初起。"人皇即遂皇也。既政教所生初起于遂皇，则七政是也。《六艺论》又云："遂皇之后，历六纪九十一代，至伏羲，始作十言之教。"然则伏羲之时，《易》道既彰，则礼事弥著。案谯周《古史考》云："有圣人以火德王，造作钻燧出火，教民熟食，人民大悦，号曰遂人。次有三姓，乃至伏羲，制嫁娶以俪皮为礼，作琴瑟以为乐。"又《帝王世纪》云："燧人氏没，包羲氏代之。"以此言之，则嫁娶嘉礼始于伏羲也。但《古史考》遂皇至于伏羲唯经三姓，《六艺论》云"历六纪九十一代"，其文不同，未知孰是。……但伏羲之前及伏羲之后，年代参差，所说不一，纬候纷纭，各相乖背，且复烦而无用，今并略之，唯据《六艺论》之文及《帝王世纪》以为说也。案《易·系辞》云："包羲氏没，神农氏作。"……《世纪》又云："神农始教天下种谷，故人号曰神农。"案《礼运》云："夫礼之初，始诸饮食，燔黍捭豚，蒉桴而土鼓。"又《明堂位》云："土鼓苇龠，伊耆氏之乐。"又《郊特牲》云："伊耆氏始为蜡。"蜡即田祭，与种谷相协，土鼓苇龠，又与蒉桴土鼓相当。故熊氏云：伊耆氏即神农也。既云始诸饮食，致敬鬼神，则祭祀吉礼起于神农也。又《史记》云"黄帝与蚩尤战于涿鹿"，则有军礼也。《易·繁辞》"黄帝九事"章云：古者葬诸中野。则有凶礼也。又《论语撰考》云："轩知地利，九牧倡教。"既有九州之牧，当有朝聘，是宾礼也。若然，自伏羲以后至黄帝，吉、凶、宾、军、嘉五礼始具。皇氏云："礼有三起，礼理起于太一，礼事起于遂皇，礼名起于黄帝。"其"礼理起于太一"，其义通也；其"礼事起于遂皇，礼名起于黄帝"，其义乖也。且遂皇在伏羲

之前，《礼运》"燔黍捭豚"在伏犠之后，何得以祭祀在遂皇之时？①

　　关于"三皇"历来存在着不同的说法，从引文可知，孔颖达认为，依时间先后顺序，"三皇"当为燧皇、伏犠与黄帝。基于此论，孔颖达援引诸说，求证《周礼》中的吉、凶、宾、军、嘉"五礼"的起源。认为，"嫁娶嘉礼始于伏犠"，"祭祀吉礼起于神农"，"凶礼"、"兵礼"、"宾礼"则起于黄帝；而且礼最初起源于"燔黍捭豚"的简单饮食行为，这是在伏犠之后才出现的。更无须论较饮食行为更为复杂的祭礼产生于遂皇之时是如何荒谬了。故而，孔颖达认为，皇侃所说的"礼事起于遂皇，礼名起于黄帝"，"其义乖也"。但是，从征引的文献看，孔颖达也征引了《易纬·通卦验》《礼纬·斗威仪》等纬书，并没有否认其可靠性，甚至得出"尊卑之礼起于遂皇"、"政教所生初起于遂皇"的结论。据此知，孔颖达所指责的"其义乖也"，似针对皇侃不明"五礼"得名之因，并未否认遂皇时已经具有一些礼事活动。姑且不论孔颖达的批评有无道理，据此，也可以看出皇侃对礼事、礼名的起源问题，仍停留在纬书论述的阶段，并没有加以明确的诠释。

　　为何以治礼闻名的皇侃，忽略了孔颖达所揭示的问题，而不加以进一步诠释呢？因皇疏多亡佚不可征考，兹仅以"礼事起于遂皇"为例，联系《礼含文嘉》及其他纬书，略加探讨。《礼含文嘉》载："燧人始钻木取火，炮生为熟，令人无腹疾，有异于禽兽，遂天之意，故为遂人。……三皇：虑戏（伏犠）、燧人、神农……伏犠始别八卦，以变化天下。天下法则，咸伏贡献，故曰伏犠。"②《春秋演孔图》云："矩燧皇，谓人皇，在伏犠前，风姓，始王天下者。"③《论语摘辅象》又云："燧人出天，四佐出洛，明由晓升级，必育受税役，成博受古诸，陨蓝受延嬉。"（宋均注云："出天，天所生。出洛，地所生也。级，等差，政所先后也。受赋税及徭役，所宜施为也。古诸，古诸侯职等也。延，长也。嬉，兴也，主受此录也。"）④《春秋元命包》云："伏犠、女娲、神农为三皇。"⑤可见，

____

① 孔颖达：《礼记正义》，第1—2页。
② 《礼含文嘉》，《纬书集成》（中册），第493—494页。
③ 《春秋演孔图》，《纬书集成》（中册），第574页。
④ 《论语摘辅象》，《纬书集成》（中册），第1070页。
⑤ 《春秋元命包》，《纬书集成》（中册），第589页。

在不同的纬书中，"三皇"及其顺序也存在着不同，这极有可能对皇侃造·成了误导。尤其是在上述纬书中燧皇不仅教导人们"钻木取火，炮生为熟，令人无腹疾，有异于禽兽"，从饮食上开启了礼之起源；而且燧皇"始王天下"，设置古诸官职，如后世贾公彦《周礼正义序》所云"自遂皇始有臣矣"；甚至，燧皇时也出现了较高的治理国家的行为——赋税及徭役。这些均说明燧皇时期的礼事已经相当完备了。加上皇侃思想中存在着强烈的圣人观倾向，其援引《礼含文嘉》而不加考察，也在事理之中。

　　总之，皇侃"礼有三起"说，虽源于纬书，并非是皇侃的创见，但皇侃在阐释时也加入了个人的理解："礼理起于大一"，侧重揭示礼的天道根源，而"礼事起于遂皇，礼名起于黄帝"，则侧重揭示了圣人通过制礼沟通自然秩序与社会秩序，为名教社会伦常制度的制定与实施提供了权威性的说明与支撑。

二　礼的本质

　　《礼记·礼器》云："礼也者，犹体也。"以"体"释"礼"，说明礼的本质在于礼本身所具有的区别与差等的内涵。依此本质，社会方能上下有序、各职其位。皇侃的老师贺玚释此云："其体有二，一是物体，言万物贵贱高下小大文质各有其体；二曰礼体，言圣人制法，体此万物，使高下贵贱各得其宜也。"[①] 前者云礼是区别万物的准则，标识万物的尊卑。后者云礼乃区别社会尊卑的准则，即"体制"与"制度"。贺玚此论遵循天道与人道合一的原则，与上述"礼理起源于大一"，"圣人制礼"等理路并无二致。当然，这也是传统儒家礼学思想的呈现。诸如《易传·序卦》云："有天地然后有万物，有万物然后有男女，有男女然后有夫妇，有夫妇然后有父子，有父子然后有君臣，有君臣然后有上下，有上下然后礼义有所措。"天地不仅创生万物，而且其本身所具有的理则（礼意）与现实社会秩序（礼体）存在着同一性。如果依《论语义疏》中皇侃屡屡承续师说的情况推测，皇侃礼论也理当受到贺玚的影响。具体而言，皇侃主要围绕"礼是体别"与"礼者，体其情"两方面加以阐述。

---

① 　孔颖达：《礼记正义》，第 3 页。

（一）"礼是体别"

在儒家礼学传统中，十分注重阐述社会秩序的稳定、社会各阶层在差等关系中的和谐发展。然而，如何说明各阶层差等的合理性则是礼学家面对的重要问题。荀子云："人生而有欲；欲而不得，则不能无求；求而无度量分界，则不能不争；争则乱，乱则穷。先王恶其乱也，故制礼义以分之，以养人之欲、给人之求，使欲必不穷乎物，物必不屈于欲，两者相持而长。"（《荀子·礼论》）荀子认为，从人性的自然根源看，人生来即有各种自然欲望，如果一味地追求欲望则会产生各种争乱与不均。因此，先王为了平息争乱"制礼义以分之"，"明别"成为礼的应有之义。《礼记》对之论述得更为广泛："天尊地卑，君臣定矣。卑高已陈，贵贱位矣。动静有常，大小殊矣"（《乐记》），"亲亲、尊尊，长长，男女之有别，人道之大者也"（《丧服小记》），"礼者，所以定亲疏，决嫌疑，别同异，明是非也"（《曲礼》），等等。广泛涉及宗族、人伦、政治等方面，对人类社会的不同成员均做出了不同的地位和行为的规定。而在这些规定中，亲亲、尊尊是其最为重要的内容。

在疏释《论语·学而》"有子曰信近于义"章时，皇侃提出了"礼是体别"的命题：

> （疏释有子语"恭近于礼，远耻辱也"）恭是逊从，礼是体别。若逊从不当于体，则为耻辱。若逊从近礼，则远于耻辱。逊从不合礼者何？犹如逊在床下，及不应拜而拜之属也。①

疏释《论语·泰伯》"子曰恭而无礼"章时，又云：

> （疏释孔子语"恭而无礼，则劳"）此章明行事悉须礼以为节也。夫行恭逊，必宜得礼，则若恭而无礼，则逊在床下，所以身为自劳苦也。②

---

① 皇侃：《论语义疏》，第 14 页。
② 同上书，第 128 页。

"礼是体别",当源自《礼器》"礼也者,犹体也"语。礼为体别,指人们的行为应当遵循礼的规范与制度,且不同的行为所遵循的规范与制度也不同。诸如处世时虽持守逊从的态度,但必须是在礼的规范之内的恭逊;如果超越了礼的规范,则会遭到羞辱。换句话说,皇侃认为,唯有遵循合乎自己地位的礼,才能保障人们在社会中的尊严,这即是礼作为体别的基本内容。也符合贺场所论万物"高下贵贱各得其宜"之义。

事实上,在皇侃那里,"礼是体别"义最突出的展现是对亲亲、尊尊的阐述。在儒家礼学思想中,建立在血缘关系上的亲亲本身也包含着上下尊卑之别,由此向外推广,则进入了社会政治秩序的领域。就目前所存448条《礼记义疏》疏文看,皇侃关于亲亲、尊尊的阐述虽不具有系统性,但又存在着诸多的疏解。故择其一二述之:

关于"亲亲"义,皇侃云:

> 夫服道有六:一曰亲亲,则父母为主;二曰尊尊,则以君为主;三曰名;四曰出入;五曰长幼;六曰从服。前言亲亲也,亲亲者,父母为主,下通五属。谓亲亲者,父母是于之亲,令此子又亲爱父母。故曰亲亲。[1]
>
> 结亲亲义也,始于父母,终于族人,故云亲毕矣。且五属之亲,若同父则期;同祖则大功;同曾则小功;同高则缌,高外无服,亦是毕矣。[2]

此处,皇侃将亲亲、尊尊置于宗族家庭内部与政治体制之中,分而论之。亲亲,首先展现的父母与子女间的血缘亲情,进而推至五属(服)。五属(服)之内,又存在着亲疏的不同,故五属成员所服的丧服和服丧时间也存在着不同。

关于"尊尊"义,皇侃疏释《礼记·丧服小记》"王者禘其祖之所自出,以其祖配之"时,云:

> 此辨尊尊而尊也。其祖,始祖也,自出谓所感帝,其祖配之谓。

---

① 陈金木:《皇侃礼记义疏佚文汇集》,《皇侃之经学》,第 379 页。
② 同上书,第 383 页。

若周灵威仰，则以始祖后稷配之也。唯天子有此礼，故云不王不禘也。①

疏释《礼记·丧服小记》"庶子不祭祖者，明其宗也"时，又云：

此犹尊尊义也，庶子适子俱是人子，道宜供养；而适子蒸尝庶独不祭者，政是推本崇适，明有所宗故也。故云明其宗也。……万物本乎天，人本乎祖，故人尊宗，是明其为己本也。②

上述所论，禘礼为天子所享有，适子则不祭祖。但是从"万物本乎天，人本乎祖"的礼意看，适子却可以明宗、明本，此即突出"尊尊"之义。

可见，无论是论亲亲，还是尊尊，皇疏均揭示了礼所具有的差异性。此种以亲疏、尊卑的差别论述亲亲、尊尊，看似平常，然而，如果置于礼学史，尤其是汉魏以来郑、王礼学之争的学术背景下，则具有更深层的含义。在不同的时代关于亲亲、尊尊的论述出现了不同的阐述：西周时期，顺应宗法制度的发展，亲亲、尊尊作为并列的社会政治理念被提出。如王国维所说："古人言周制尚文者，盖兼综数义而不主专一义之谓。商人继统之法，不和尊尊之义，其祭法又无远迩尊卑之分，则于亲亲、尊尊二义，皆无当也。周人以尊尊之义经亲亲之义而立嫡庶之制，又以亲亲之义经尊尊之义而立庙制。此其所以为文也。"③ 此即说明在西周礼制中，尊尊与亲亲为二系并列，而非尊尊凌驾于亲亲之上，也非亲亲凌驾于尊尊之上。④ 然而，自春秋中叶之后，诸侯争霸、王室衰微、礼崩乐坏，亲亲、尊尊并列发展的状态被打破。秦汉之时，以君主为首的政府在社会政治中居主导地位，尊尊也随之更为突显。至魏晋以后，随着宗族门第的兴盛，

① 陈金木：《皇侃礼记义疏佚文汇集》，《皇侃之经学》，第383页。
② 同上书，第386—387页。
③ 王国维：《殷周制度论》，《王国维论学集》，云南人民出版社2008年版，第10页。
④ 张寿安：《十八世纪礼学考证的思想活力》，北京大学出版社2005年版，第92页。此外，另有二说：其一，认为"以尊尊为主，以亲亲为辅"（参见李小平《礼"亲亲""尊尊"孰重之辨》，《孔孟月刊》1982年第11期。林素英《降服的文化结构意义》，《中国学术年刊》1983年第19期。其二，认为亲亲重血缘关系，尊尊重直系父系关系（参见钱杭《周代宗法制度研究》，学林出版社1991年版，第159页）。笔者认同王国维、张寿安先生之说，故取之。

亲亲又得到空前的彰显，这也必然与政治领域内强化君主政权的尊尊观念产生了诸多矛盾。故而，在魏晋南北朝时期的礼学中，亲亲、尊尊之辩甚为盛行，以郑玄、王肃之争最为突出。郑玄、王肃相抵而注经，郑玄注礼，特重尊尊之义；而王肃议礼，力扶亲亲之义。虽然二人取径不同，但均依亲亲、尊尊，强调其差异性。① 这也是皇侃阐发其礼学思想的前提与基础。陈金木云："皇侃由差异性以论亲亲、尊尊，是欲疏通郑、王之解礼，亦兼释礼义也，皇氏是有其特见也。皇氏首以尊卑之名来解亲亲、尊卑之差异性。"② 陈氏认为，皇侃以尊卑之名（亲亲、尊尊的差异性）来论述亲亲、尊尊，进而疏通郑、王。此论将皇疏置于郑、王之争的背景下来论述，指出了其学术史价值，颇为中的！

然而，我们还可以进一步考察皇侃疏通郑、王的理论倾向如何。皇侃主张"晓其义而解礼"，对亲亲、尊尊的阐发也是如此，如云"礼之所尊，尊其义也"③。故试从郑、王之争，反观皇侃礼论的倾向。诸如，释《仪礼·丧服》"父卒，继母改嫁。从，为之服报"时，郑玄云："尝为母子，贵终其恩。"王肃则云："从乎继而寄育，则为服，不从则不服也。"④ 郑玄从母子名分出发，认为既为母子，当有恩义。继母虽改嫁，也当服报服。而王肃则从继母对继子的养育之恩出发，认为若寄从改嫁后的继母，受其养育则服报服；若不随其改嫁寄育，则无恩可言，也无须服报服。再联系皇侃对亲亲、尊尊的疏释，则可以看出皇侃既重视亲亲、尊尊的差异性又重视名分，这类似于郑玄；又以"亲爱父母"为亲亲的基础，以"尊宗"、"明本"作为尊尊的基础，重视情感、恩情，又类似于王肃。再如，疏释《仪礼·丧服》"改葬，缌"时，郑玄认为"服缌三月"，而王肃则认为"葬讫而除"⑤。在此例中，郑玄认为，改葬时也和葬时一样服缌服，也要"三月"才能除服；而王肃则认为改葬非葬，不必遵循三月，"葬讫"即除服。如果将上述郑、王的不同与皇侃疏释"宰我问三年之丧"章时突出人的自然情感相对比的话，皇侃理应倾向于郑玄突出名分

---

① 陈金木：《皇侃礼记义疏佚文汇集》，《皇侃之经学》，第 79—80 页。

② 同上书，第 80 页。

③ 同上书，第 355 页。

④ 杜佑：《通典》卷 89，第 488 页。文中所援引此例与"改葬，缌"例，受张寿安先生的疏释启发（见《十八世纪礼学考证的思想活力》，第 100 页）。

⑤ 参见《晋书》卷 19《礼志上》所载挚虞语。

的阐释，而非王肃重视实际的说法。可以说，皇侃沟通郑、王，持一种融通杂摄的态度，既突出名分，也注重实际人情，试图兼顾礼的内容与形式。①

（二）"礼者，体其情也"

值得注意的是，皇侃疏通郑、王礼学，从人情处诠释"礼是体别"义则涉及素被古代思想家所关注的"礼"与"情"的关系问题。自先秦以来，在关于礼情关系的阐述中，"缘情制礼"始终为其核心内容之一，即礼的形成和内容均来源于自然人情，是人真实情感的呈现。如孔子指责宰我所云："予之不仁也！子生三年，然后免于父母之怀。夫三年之丧，天下之通丧也，予也有三年之爱于其父母乎！"（《论语·阳货》）孔子把三年之期的丧礼规定诉诸人们自身情感的需求。在孔子之后，子张云"祭思敬，丧思哀"（《论语·子张》）；孟子云"盖上世尝有不葬其亲者，其亲死，则举而委之于壑。他日过之，狐狸食之，蝇蚋姑嘬之。其颡有泚，睨而不视。夫泚也，非为人泚，中心达于面目。盖归反虆梩而掩之。掩之诚是也，则孝子仁人之掩其亲，亦必有道矣"（《孟子·滕文公上》）；荀子云"人情之所同欲也，而天下之礼制如是者也"（《荀子·王霸》），"夫礼义文理之所以养情也"（《荀子·礼论》）；《礼记》云"孝子之志也，人情之实也。礼仪之经也，非从天降也，非从地出也，人情而已矣"（《问丧》），"三年之丧何也？曰：称情而立文"（《三年问》）；《史记·礼书》云"缘人情而制礼"，等等。这些论述虽不乏以礼、情赋予道德方面的内涵，但是将礼的本质视为人自然情感的展现，则是上述阐论的重点。尤其是魏晋以降，随着道家思想的兴盛，名教与自然之辩成为时代学术思潮，"缘情制礼"思想得到极力彰显。诸如，徐广云"且礼……缘情立制"（《晋书·礼志中》），颜之推云"礼缘人情，恩由义断"（《颜氏家训·风操》），朱膺之云"即情变礼，非革旧章"（《宋书·礼志二》），等等；甚至也出现了阮籍"毁几灭性"（《世说新语·任诞》），王戎"哀毁

---

① 乐胜奎先生通过解析皇侃对禘祫礼的阐释，认为皇侃虽在"回避郑王之争，但在内容上仍倾向于王肃学派"（参见《皇侃与六朝礼学》，第50—55页），并以王肃、皇侃均以天道为基础论礼的特点，认为皇侃继承了王肃礼学中的义理化倾向。事实上，皇侃对郑、王是兼取的，在郑、王之争盛行的魏晋南北朝时期，也很难有学者回避郑王之争。且以缘天道论礼，乃是儒家礼学的重要传统，郑玄礼论中也广泛存在，很难据此认为皇侃继承了王肃礼学的义理化倾向。

骨立"(《世说新语·德行》)，吴隐之"哀毁过礼"(《晋书·吴隐之传》)
等以情胜礼、以情毁礼的现象。

作为礼学家，皇侃论礼也不可避免地受到传统和时代学术思潮的影
响，重视对"缘情制礼"的阐述。在疏释《论语·为政》"齐之以礼"
时，皇侃云："以礼齐整之也。郭象曰：'礼者，体其情也。'"① 显然，
皇侃援引郭象注是赞同郭注，并进一步阐发了"以礼齐整之"之义，将
情视为礼的本质与内涵。"礼者，体其情也"即"缘情制礼"。

皇侃关于"礼者，体其情也"的疏释，最典型的莫过于对《论语·
阳货》"宰我问三年之丧"章的阐发：

> （以下疏释宰我问"三年之丧，期已久矣"）礼，为至亲之服至
> 三年，宰我嫌其为重，故问至期则久，不假三年也。（疏释"君子三
> 年不为礼，礼必坏；三年不为乐，乐必崩"）宰我又说丧不宜三年之
> 义也。君子，人君也。人君化物，必资礼乐，若有丧三年，则废于礼
> 乐，礼乐崩坏，则无以化民。为此之故，云宜期而不三年。……
> （疏释"旧谷既没，新谷既升"）宰予又说一期为足意也。言夫人情
> 之变，本依天道，天道一期，则万物莫不悉易。旧谷既没尽，又新谷
> 已熟，则人情亦宜法之而夺也。（疏释"钻燧改火"）……改火者，
> 年有四时，四时所钻之木不同。若一年则钻之一周，变改已遍也。
> （疏释"期可已矣"）宰我断之也，谷没又升，火钻已遍，故有丧者
> 一期亦为可矣。……（以下疏释孔子语"食夫稻也，衣夫锦也，于
> 女安乎？"）孔子闻宰予云，一期为足，故举问之也。……若一期除
> 丧，除丧毕便食美衣华，在三年之内，为此事，于汝之心以此为安不
> 乎也？（疏释宰我语"安"）……云期而食稻衣锦以为安也。（以下疏
> 释孔子语"汝安，则为之"）孔子闻宰我之答云安，故孔子云："汝
> 言此为安，则汝自为之也。"（疏释"夫君子之居丧，食旨不甘，闻
> 乐不乐，居处不安，故不为也"）孔子又为宰我说三年内不可安于食
> 稻衣锦也。言夫君子之人居亲丧者，心如斩截，故无食美衣锦之理。
> 假令食于美食，亦不觉以为甘，闻于《韶》《武》亦不为雅乐，设居
> 处华丽，亦非身所安。故圣人依人情而制苴麤之礼，不设美乐之具，

---

① 皇侃：《论语义疏》，第 19 页。

故云"不为"也。（疏释"今汝安，则为之"）陈旧事既竟，又更语之也。昔君子之所不为，今汝若以一期犹此为安，则自为之，再言之者，责之深也……（以下疏释孔子语"予之不仁也"）仁，犹恩也，言宰我无恩爱之心，故曰"予之不仁也"。①

上述疏文甚详，主要论说孔子与宰我对待三年之丧的不同态度及其不同态度所产生的原因。宰我认为，三年之丧期限太长的原因在于：君子三年不为礼乐，则礼乐崩溃，不利于社会的教化，故应根据谷物的新旧交替、天道一期的原则，改三年为一年。而孔子则持反对态度，质问宰我：若如此，改而享受美食与华衣，心"安"吗？当得到宰我肯定的答复后，孔子虽说"汝言此为安，则汝自为之也"，但又进一步阐明"圣人依人情而制苴麤之礼"的道理。皇侃认为，遵循三年之丧的本质在于君子之心的安与不安。由"心"而言，君子在服丧期间即便让他享受美食，也不会感到甘美；让他欣赏《韶》《武》雅乐，居处华丽，也不会感到舒适。三年之丧在于"心之安"，而非"环境之安"、"身体之安"。"心之安"是发自人性潜在的仁爱父母的自然亲情，这才是孔子坚持三年丧期的原因。因此，从本质上说，礼制不过是顺应人情的外在表现而已。据此知，孔子与宰我的区别是：宰我看重的是礼的形式与功用，而孔子注重的是礼的本质。如果不从本质上论礼，礼也必然徒有形式，其功用也不可能得到有效地发挥。

若再将皇疏与宋儒疏释相比较，也可以进一步明晰皇侃的理解。范祖禹云："宰我学于圣人，岂不知三年之丧不可以期止之也。其所见如此，则仁心不笃也，故夫子以为不仁。"吕大临云："宰我欲短丧，自以为义当如是，不知三年之爱于父母，故食稻衣锦自以为安。"②朱子则云："君子所以不忍于亲，而丧必三年之故。"③范、吕、朱三人均注重从人所具有的善心、不忍之心来论述三年之丧，将三年之丧置于心性论理路中去做出价值判断；而皇侃则不同，在其疏释中，孔子指责宰我之"不仁"，乃是基于人之生而即有的自然情感而言，并不具有价值判断的意义。

---

① 皇侃：《论语义疏》，第316—318页。
② 朱熹：《论孟精义》，第588页。
③ 朱熹：《四书章句集注》，第181页。

值得注意的是，在上述关于"三年之丧"的疏释中，皇侃依然是延承了"圣人制礼"的思想。皇侃认为："孝子本有终身不除之志，但一期是天道之变，圣人制服断使哀随气衰，哀情既衰，故服亦脱，脱服由于天道之变，故云道也。"[①] 圣人依循人情制礼，"称情而立文"。但是圣人依情制礼为何以三年为期？皇侃在疏释"宰我问三年之丧"章时，也做了进一步的阐释：

> （以下疏释孔子语"子生三年，然后免于父母之怀"）又解所以不仁之事也。案圣人为礼制以三年，有二义：一是抑贤，一是引愚。抑贤者，言夫人子于父母，有终身之恩、昊天罔极之报，但圣人为三才宜理，人伦超绝，故因而裁之，以为限节者也。所以者何？夫人是三才之一，天地资人而成，人之生世，谁无父母？父母若丧，必使人子灭性及身服长凶，人人以尔，则二仪便废，为是不可。故断以年月，使送死有已，复生有节。寻制服致节，本应断期，断期是天道一变。人情亦宜随人而易，但故改火促期，不可权终天之性，钻燧过隙，无消创巨文。故隆倍以再变，再变是二十五月，始末三年之中，此是抑也。一是引愚者，言子生三年之前，未有知仪，父母养之，最钟怀抱。及至三年以后，与人相关，饥渴痛痒，有须能言，则父母之怀，稍得宽免。今既终身难遂，故报以极时，故必至三年，此是引也。而宰予既为其父母所生，亦必为其父母所怀矣。将欲骂之，故先发此言引之也。……（疏释"夫三年之丧天下之通丧也"）人虽贵贱不同，以为父母怀抱，故制丧服不以尊卑致殊，因以三年为极，上自天子，下至庶人。故云"天下通丧也"。[②]

圣人为礼制三年，其目的在于"抑贤"与"引愚"。从"抑贤"看，皇侃认为，天、地、人三才相应而立。就人伦而言，父母与子女天然具有最亲密的感情，父母对子女有生养之恩。父母若丧，人子基于其人性中的自然之情，必然会哀伤灭性，人心无法安定，当然也无享受美食华服的欲望。但是，如果过分顺应人情，而不加裁制，则会忽略天地"二仪"。故

---

① 陈金木：《皇侃礼记义佚文汇集》，《皇侃之经学》，第 402—403 页。
② 皇侃：《论语义疏》，第 318—319 页。

而，圣人"制服致节"，以三年为丧期来节制人情。从"引愚"看，人在3岁之前处于"愚"而不知"仪"的状态，需要仰赖父母的照顾方得以生存。因此，不论人的贵贱是如何的不同，均应有此三年的经历，也理应遵循三年丧期。可见，在皇侃看来，圣人制礼不仅基于人的自然情感，也着眼于人的生存事实，其阐释也更具现实性。皇侃此种疏释被后世学者所延承。诸如刘宝楠在疏释《论语·八佾》"林放问礼之本"章时，云："先王制礼，缘人情世事而为之，节文以范围之。"① 刘氏以先王制礼本自人情世事，依人情需要而节文的阐述与皇疏具有一致性。

此外，在皇侃《礼记义疏》中，也屡屡对情、礼关系加以阐述。诸如，疏释《礼记·乐记》"化不时则不生，男女无辨则乱升，天地之情也"时，孔颖达云："'天地之情也'者，乐以法天，化得其时则物生，不得其时则物不生，是天之情也。礼以法地，男女有别则治兴，男女无别则乱成，是地之情也。"② 孔颖达于此解后又援引皇侃义疏："天地无情，以人心而谓之耳。"③ 孔颖达将二说并存，而且并未对皇疏做出评价，这也被后世学者所采用。④ 从表面上看，似乎孔颖达赞同皇疏。然而，孔颖达所云"天地之情"中的"情"当为"情实"义，而皇侃所论之"心"则为"人情"、"情感"义。再如，皇侃云："天道有变，故便使人情从之也"⑤，"天地无情，以人心而谓之耳"⑥，"孝子祭祀，威仪严正，心有继属，故齐齐皇皇"⑦，等等。这些论述虽多是延承传统观点，但就皇侃的思想体系看，其礼论注重人的自然人情，这恰恰是其人性论思想在礼论中的展现。

三 礼的实践

《礼记·祭义》云："礼者，履此者也。"郑玄释云："践而行之曰履。"故"礼之履"当为礼在社会中的实践，即礼仪、礼节、礼貌等方面

① 刘宝楠：《论语正义》，第82页。
② 孔颖达：《礼记正义》，第1486页。
③ 参见《礼记正义》，第1486页；《皇侃礼记义疏佚文汇集》，《皇侃之经学》，第641页。
④ 朱彬：《礼记训纂》，第458—459页。
⑤ 陈金木：《皇侃礼记义疏佚文汇集》，《皇侃之经学》，第403页。
⑥ 同上书，第413页。
⑦ 同上书，第410页。

的行为。皇侃礼论也十分强调这方面的内容，并提出了诸多命题。诸如"礼之本，贵在奢俭之中"，"礼以敬为主"，"礼乐相须"，"学礼立身"等。以下仅择其要，做一阐述。

（一）"礼贵得中"

"礼贵得中"为儒家传统礼学思想的重要内容。诸如《礼记》云："礼之不同也，不丰也，不杀也。"又云："先王之制礼也，不可多也，不可寡也，唯其称也。"此类阐述皆是"礼贵得中"思想的某种展现。事实上，"礼贵得中"的思想，最典型的例子莫过于在《论语·八佾》"林放问礼之本"章中孔子本人的言论："林放问礼之本。子曰：'大哉问！礼，与其奢也，宁俭；丧，与其易也，宁戚。'"孔子论礼一贯坚持"中庸"之德，主张过犹不及的思想，试图在奢与俭、易与戚中寻找践履礼的平衡点，这也为皇侃所认同。拟以皇侃对"林放问礼之本"章的疏释为例做一阐述。

> （疏释"林放问礼之本"）问孔子，求知礼之本也。……（疏释孔子语"大哉问"）重林放能问礼之本，故美其问而称之"大哉"也。故王弼云："时人弃本崇末，故大其能寻本礼意也。"（疏释"礼，与其奢也，宁俭"）美之既竟，此答之也。奢，奢侈也。俭，俭约也。夫礼之本，贵在奢俭之中，不得中者皆为失也。然为失虽同，而成败则异。奢则不逊，俭则固陋。俱是致失，奢不如俭，故云"礼与奢，宁俭"也。（疏释"丧，与其易也，宁戚"）易，和易也。戚，哀过礼也。凡丧有五服轻重者，各宜当情，所以是本。若和易及过哀，皆是为失。会是一失，则易不如过哀，故云"宁戚"也。或问曰："何不答以礼本，而必言四失，何也？"通云："举其四失，则知不失其本也。其时世多失，故因举失中之胜，以诫当时也。"①

在皇侃看来，"奢"、"俭"、"易"、"戚"四者都不是"各宜当情"，于礼均为一失，偏离了不偏不倚的"中"道，但是据四者之失的程度与所造成的结果看，奢不如俭，易不如过哀，四者又不能同而视之。因此，

---

① 皇侃：《论语义疏》，第37页。

皇侃引用"通说"，认为"其时世多失，故因举失中之胜，以诫当时也"。皇侃的这种论述与孔子意旨相近，也被后世一些学者所取用。刘宝楠释此章云："不同者，礼之差等。礼贵得中，凡丰杀，即为过中不及中也。过中不及中，俱是失礼。然过中失大，不及中失小，是故文家多失在过中，质家多失在不及中。……然二者相较，则宁从其小者取之，所谓权时为进退也。质有其礼，俭戚不足以当之，而要皆与礼之本相近，盖礼先由质起，故质为礼之本也。"① 刘氏援引《礼记》"不丰不杀"的"礼贵得中"思想说明如何实践礼，并提出"宁取其小者"，"权时为进退"的主张。较之皇疏，刘氏所释更为清晰。如果就理路看，皇侃虽援引了王弼"弃本崇末"之论，但皇侃所谓的礼之本并不具有王弼玄学思想中的本体义，而是"凡丧有五服轻重者，各宜当情，所以是本"中"各宜当情"义。"各宜当情"即《礼器》中的"不丰不杀"，"不可多，不可寡"之"称"义，也就是刘宝楠所谓"礼贵得中"之"中"。可见，皇侃所持"礼贵得中"的思想，不仅深刻揭示了礼作为社会重要规范的本质要求，而且也反映了作为礼学家的皇侃在三教互摄的学风中对儒家传统礼学思想的持守。

（二）"礼以敬为主"

将"敬"作为礼的规范与展现，也是儒家礼学的重要传统。诸如"敬，礼之舆；不敬则礼不行"（《左传·僖公十一年》），"礼，身之干也。敬，身之基也"（《左传·成公十三年》），"祭则观其敬而时也"（《礼记·祭统》），"敬慎重正昏礼"（《礼记·昏礼》），"仁者爱人，有礼者敬人"（《孟子·离娄下》），等等。皇侃承续此传统，在《论语义疏》中加以广泛论述，提出了"礼以敬为主"的命题。择其数例析之：

> 礼以敬为主，而当时行礼者不敬也。（疏释《八佾》"居上不宽"章孔子语"为礼不敬"）②

> 礼以敬为主，君既好礼，则民莫敢不敬，故易使也。民莫敢不

① 刘宝楠：《论语正义》，中华书局 1990 年版，第 82 页。
② 皇侃：《论语义疏》，第 57 页。

敬，故易使之也。(疏释《宪问》"上好礼"章孔子语"上好礼，则民易使也")①

言上若好礼，则民下谁敢不敬，故云莫"敢不敬"。礼主敬故也(疏释《子路》"樊迟请学稼"章"上好礼，则民莫敢不敬")。②

"敬"是源自内心的行事态度，礼为社会的规范。敬与礼的结合，一方面，说明作为礼的行为主体（人）在践履礼时，内心须敬，以敬的庄重心态去履行礼，即皇侃认为的行礼者须敬；另一方面，作为社会规范的礼本身包含着人在社会生活中所要具备的敬，人们在践履礼的过程中也将"敬"的态度表露，进而使他人也以敬的态度遵守礼的规范。这即是皇侃认为的"上若好礼，则民下谁敢不敬"。据此看，皇侃对"礼以敬为主"的强调，不仅仅是强调人内心态度的敬，而是更注重如何有效地以敬的态度在社会中实践礼。

（三）"礼乐相须"

在儒家文化传统中，十分注重对礼乐互补思想的阐述。一般来说，礼乐互补关系有二③：其一，礼外乐内。礼作为等级制度和人们的行为规范，具有外在性；乐本是乐歌、乐舞、乐曲的统称。乐以其精神来辅助礼，以期达到移风易俗的教化目的。故《乐记》云："乐也者，动于内者也；礼也者，动于外者也。"其二，礼异乐同。从礼、乐的精神而言，礼侧重于"分"，而乐侧重于"和"。礼以明别、分辨为其主要特征，乐以和谐、亲顺为主要特征。如《礼记·乐记》云："乐统同，礼辨异"，"乐者为同，礼者为异；同则相亲，异则相敬。乐胜则流，礼胜则离。合情饰貌者，礼乐之事也。礼义立，则贵贱等矣；乐文同，则上下和矣。"礼虽侧重分辨，但如果过分注重礼，则会出现社会各等级相离的现象，故而，需要以乐相辅助，促进上下等级的亲和。事实上，如前文所说"礼贵得

---

① 皇侃：《论语义疏》，第266页。
② 同上书，第225页。
③ 这方面的论述参考陈来先生的《古代宗教与伦理——儒家思想的根源》，三联书店1996年版，第275—278页；刘丰先生的《先秦礼学思想与社会的整合》，中国人民大学出版社2003年版，第246—277页。

中"，礼在辨别等级差异之时，也包含着"中"的思想，以适度、节制为准则。因此，礼中有"分"，也有"和"。而乐本是乐歌、乐舞、乐曲的统称，不同等级制度的社会成员所使用的乐器、乐舞、乐曲等也存在着不同。"乐"中也具有"分"的思想。据此看，"礼异乐同"的传统并非只强调礼之分、乐之和，而是将二者的内外部关系相统合、相辅相成、辩证互补。

礼乐互补思想在皇疏中是非常突出的。最典型的例子是对《论语·学而》"礼之用，和为贵"章的疏释：

> （疏释有子语"礼之用，和为贵"）此以下明人君行化，必礼乐相须。用乐和民心，以礼检民迹。迹检心和，故风化乃美。故云"礼之用，和为贵"。"和"即乐也。变乐言和，见乐功也。乐既言和，则礼宜云敬。但乐用在内为隐，故言其功也。（疏释"先王之道，斯为美"）先王，谓圣人为天子者也。斯，此也。言圣天子之化行，礼亦以此用和为美也。（疏释"小大由之，有所不行"）由，用也。若小大之事皆用礼，而不用和，则于事有所不行也。（疏释"知和而和，不以礼节之，亦不可行"）上明行礼须乐，此明行乐须礼也。人若知礼用和，而每事从和，不复用礼为节者，则于事亦不得行也。所以言"亦"者。沈居士云："上纯用礼不行，今皆用和，亦不可行也。"（疏释马融注"人知礼贵和。而每事从和，不以礼为节，亦不可行也。"）此解"知和而和，不以礼为节"义也。①

皇侃立足于"礼异乐同"、"乐内礼外"的传统，言说人君教化之道。皇侃认为，人君行教化必须采取礼乐相须的途径。礼以外在规范约束人们的行为，大小事皆遵循礼。但是若一味地要求人们循礼，则会处处以严毅整饬的面貌出现，难使人亲近。故需要乐来和顺民心。值得注意的是，皇侃明确指出"和"即"乐"，突出"乐功"的内涵。乐"在内为隐"，故以乐功来彰显，"变乐言和，见乐功也"。皇侃又认为："礼所贵，在安上治民"，"乐之所贵，在移风易俗"。② 人君教化之道，既要行礼须乐，也

① 皇侃：《论语义疏》，第13—14页。
② 同上书，第310—311页。

要行乐须礼；以礼节乐，以乐辅礼。

然而，后世学者对礼乐相须存在着不同的看法：一是延承皇疏。如邢昺《论语注疏》云："和，谓乐也。"① 明确继承皇侃说。甚至在宋儒范祖禹那里，也存在着皇疏的痕迹。范祖禹云："凡礼之体，主于敬；及其用，则以和为贵。先王为礼，非以强世，盖欲天下皆可行，人请莫不安，此所以为美也。敬者，礼之所以立也；和者，乐之所由生也。有敬而无和，则礼胜；有和而无礼，则乐胜。乐胜则流，礼胜则离矣。知和之为美，而不以礼节之，则至于流，此其所以不可行也。故君子礼乐不可斯须去身。动而有节则礼也，行而有和则乐也。有子可谓达礼乐之本。"② 范氏虽没有明确将"乐"释为"和"，但也从乐功（和）与礼乐相须的教化之道方面加以阐述，与皇侃具有一致性。二是于皇疏之外另举他解。如朱子释此云："礼者，天理之节文，人事之仪则也。和者，从容不迫之意。盖礼之为体虽严，而皆出于自然之理，故其为用，必从容不迫，乃为可贵。先王之道，此所以为美，而小事大事无不由之也。……如此而复有所不行者，以其徒知和之为贵而一于和，不复以礼节之，则亦非复理之本然，所以流荡忘返，而不可行也。"③ 朱子此释，立足于"礼即理"的思想，以礼的体用模式来阐释有子语，与皇疏迥然不同。若与皇疏相较，皇疏当更契合有子本意，突出了礼乐相须的政治教化功用。

（四）"学礼立身"

皇侃礼学在注重礼乐相须的政治功用之外，也突出礼对个人修身、立世的功用，这也是儒家传统礼学思想的应有之义。自先秦以来，"以礼立身"即被广泛重视，仅在《左传》中就存在着大量的相关论述："礼，身之干也"（《成公十三年》），"礼，人之干也"（《昭公七年》），"君子之行，度于礼"（《哀公十二年》），"无礼必亡"（《昭公二十五年》），等等。

关于这方面的论述，皇侃基本上延续传统，少有创造。故择例略析之：

疏释《论语·泰伯》"兴于《诗》"章时，皇侃云：

---

① 何晏注，邢昺疏：《论语注疏》，第 11 页。
② 朱熹：《论孟精义》，第 51—52 页。
③ 朱熹：《四书章句集注》，第 51—52 页。

（疏释孔子语"兴于《诗》"）此章明人学须次第也。兴，起也。言人学先从《诗》起，后乃次诸典也。所以然者，《诗》有夫妇之法，人伦之本，近之事父，远之事君故也。……（疏释"立于礼"）学《诗》已明，次又学礼也。所以然者，人无礼则死，有礼则生，故学礼以自立身也。……（疏释"成于乐"）学礼若毕，次宜学乐也。所以然者，礼之用，和为贵，行礼必须学乐，以和成己性也。①

在此段疏释中，皇侃提出了学习的次第问题，由学《诗》，再学礼，最后学乐。从表面上看将礼、乐分为两截，与上述礼乐相须、礼乐互补思想相矛盾。事实上，皇侃此处的疏释侧重于个人修习，而并非社会教化。个人修习和社会教化对礼乐的次第要求可以不同，是并行不悖的。值得注意的是，皇侃以"学礼"连接学《诗》与学乐，将"礼"视为人之生存的必备条件，"人无礼则死，有礼则生，故学礼以自立身"；也只有在学礼的基础上，才能进一步陶冶人的性情，成就君子所具备的品行，这也是皇侃一贯坚持的观点。

再如疏释"克己复礼"时，皇侃云："若能自约俭己身，还反于礼中，则为仁也。"② 约俭己身的过程也是复礼的过程，复礼的过程也即为仁的过程。如果联系前文，"约俭己身"是行仁、彰显仁性的功夫，那么"克己复礼"为"仁"之义则更为明晰。皇侃对"学礼立身"的阐发也是通过外在之礼的约束，达到彰显仁性，从而行仁。

总之，皇侃论礼立足于自然秩序与社会秩序的统合，既重视外在的礼仪规范，也注重内在的情感需求。将"礼贵得中"、"礼以敬为主"、"礼乐相须"、"学礼立身"等礼学实践统内外而一之。

综上，皇侃礼论从礼的起源、本质与实践方面立论，形成具有丰富意义的结构，且在疏释时立足现时，秉持开放融通的诠释态度。礼理起源于"太一"元气，着眼于礼本具有的天地理则，这种理则亦是现实社会所应遵循的秩序。"圣人制礼"既揭示出礼事与礼名的起源，也展现了圣人通过制礼沟通自然秩序与社会秩序，为名教社会伦常制度的制定与实施提供

① 皇侃：《论语义疏》，第134页。
② 同上书，第206页。

权威性的说明与支撑。尤为值得注意的是，在面对魏晋以来盛行的郑玄、王肃礼学的亲亲、尊尊之辨时，皇侃内外兼顾，统二者而一之，不仅重视外在的尊尊"体别"的规范，也注重人性内在的"亲亲"情感。并重新诠释"礼贵得中"、"礼以敬为主"、"礼乐相须"、"学礼立身"等行礼规范，有效地促进了礼学的义理化进程，典型地反映了南朝时期儒家礼学发展的特点。

第六章 君子论

"君子"一词在《诗经》《周易》《尚书》等先秦典籍中频频出现，在《论语》中出现了107次，甚至多于"仁"，这也为历代《论语》注疏者所关注，故一些学者认为，虽然《论语》"看起来缺乏系统的结构，叙述也颇为游离"，但君子是其焦点，"从君子入手十分有利于我们更好地理解《论语》"。① 作为魏晋南北朝时期《论语》学的集大成之作，皇侃的《论语义疏》十分注重对儒家人物形象及人格的阐发，这在当前学术界已为个别学者所注意，且往往集中于"圣人"观进行阐发；② 相形之下，据愚视域所及，鲜有阐发皇《疏》中"君子"观研究成果的。事实上，皇侃在疏释《论语》时不仅无法绕过"君子"这一"焦点"式词汇，而且在皇《疏》中"圣人"与"君子"相较，更注重对"君子"的阐发，屡屡出现"君子，有德之称也"，"君子，人君也"，"君子常以忠信为心"，"君子之道"，"君子性本自善"等大量描绘或界定君子及其人格的言论。以下拟从君子的内涵与君子之道两个方面揭示皇《疏》中的君子观。

一 君子的内涵

（一）先秦君子观述评

关于先秦典籍中"君子"的内涵，历代学者多有阐发，在现代学术

---

① 狄百瑞：《儒家的困境》，北京大学出版社2009年版，第34页。

② 参见高荻华《皇侃〈论语集解义疏〉研究》，花木兰文化出版社2007年版，第66—67页；邱忠堂《论皇侃〈论语义疏〉中的圣人观》，《西藏大学学报》2010年第S1期。在《论语》中，"圣人、君子、士"是最主要的三类人格，其中圣人出现8次、士出现14次（不包括2次"士师"），远远少于"君子"。

界也出现了多种理解，典型者有五：其一，"君子"之名见诸《诗》《书》，为"周代流行之名称"，"惟《诗》、《书》'君子'殆悉指社会之地位而不指个人之品性。即或间指品性，亦兼地位言之"，而"孔子言君子，就《论语》所见观之，则有纯指地位者，有纯指品性者，有兼指地位与品性者。……孔子所言君子之第一义完全因袭《诗》、《书》，其第二义殆出自创，其第三义则袭旧文而略变其旨"。① 此论代表为萧公权。其二，君子最初为"贵族在位者"的专称，"逐渐从身份地位的概念取得道德品质的内涵是一个长期演变的过程。这个过程大概在孔子以前早已开始，但却完成在孔子的手里"。② 此论代表为余英时。其三，从分析君子语义出发，阐发其语义的扩大或缩小，进而解释君子由"尊贵男子"引申为"有地位的男子"，再引申为"丈夫"或"情人"；而在孔子处又由侧重"地位"变为侧重"道德"。③ 此论代表为吴正南。其四，君子初义就"位"而言，指为政者，其本身就隐含着"德"，《论语》不过是从隐含的"德"与显性的"位"并言。④ 此论代表为程碧英。其五，在《论语》中，"君子"有时指"有德者"，有时指"有位者"。⑤ 此论以杨伯峻为代表。

上述五种观点虽指出先秦时期君子在"德"、"位"上的倾向不同，但在理解时又各有侧重，亦有可商榷之处。萧公权以《诗经》《尚书》为例考察孔子之前的"君子"内涵，无疑立足于二书早于《论语》，其论乃是"就位以修德"论君子旧义，"修德以取位"论孔子的君子新义，忽视了其他学者所揭示的在《诗经》或《尚书》中所存在的"尊贵男子"、"情人"、"丈夫"等义项。余英时立足于出现"君子"最早且正式的定义（"或称君子者何？道德之称。君子为言，群也；子者，丈夫之通称也"）而阐发，不仅其文献出处较晚，也和萧氏一样忽视了君子内涵的多种义项，且认为在孔子手里完成了"道德品质"的内涵，实未深察在早于孔子的《诗经》《尚书》中已出现了"以德配天"，甚至"以德代天"

---

① 萧公权：《先秦政治思想史》，辽宁教育出版社 1998 年版，第 65 页。

② 参见余英时《儒家"君子"的理想，中国思想传统及其现代变迁》，广西师范大学出版社 2004 年版，第 140 页。

③ 吴正南：《"君子"考源》，《武汉教育学院学报》1998 年第 10 期。

④ 程碧英：《〈论语〉"君子"文化新探》，《天府新论》2009 年第 4 期。

⑤ 杨伯峻：《论语译注》，中华书局 1980 年版，第 2 页。

的人文主义思潮，若据此思潮，就很难断定"君子"内涵中"德"、"位"之易一定完成于孔子之手了。吴正南之论隐含着余英时的思想理路，只不过采用了三次词义引申以证明孔子完成君子由"位"到"德"的转化；而程碧英之论则恰是为驳斥吴正南之说而发，虽揭示了"君子"义项在具体环境下的不同变化，但将"德"之隐义贯穿于"位"之显义与事实存在不符。杨伯峻之论流行甚广，但仅是概言之。就《论语》具体语境看，君子仍存在着"德"、"位"兼取和其他义项。事实上，上述诸说之所以歧出，究其因在于能将"君子"义项的动态演变与静态理解有机的结合。从思想演变看，在君子内涵演变中"德"、"位"的侧重不同，虽然存在着"就位修德"与"修德取位"的新旧不同倾向，但不能否定仅"就位"或仅"取德"的个例。从词义的静态展现看，在不同时期不同语境下"君子"存在着"尊贵男子"、"丈夫"、"情人"、"为政者"、"有德者"、"雅言"等不同义项①；从词义的动态发展看，在不同的历史时期君子的内涵或扩展或缩小。可见，不能仅以"德"、"位"作为君子义项判断的标准。因此，愚以为在解读先秦君子观时，兼取纵向与横向（动态与静态）双重维度考察，既要看到历史时期君子"德"、"位"的演变，也要观照具体语境下君子义项的不同。这对下文考察皇《疏》君子内涵及君子之道注重历史与当下语境的视域融合也有所启迪。

（二）《论语义疏》中的君子内涵

在皇《疏》中君子观体现了皇侃对孔门人格形象的认识，其内涵十分丰富，主要包括以下几种。

1. 人君

以"人君"释"君子"是皇《疏》极为突出的特点。在疏释《论语·泰伯》"恭而无礼则劳"章"君子笃于亲，则民兴于仁"时，皇侃说：

> 君子，人君也。笃，厚也。人君若自于亲属笃厚，则民下化之，

---

① 柯昊先生认为，君子初义无明确的道德含义，不仅包括"周天子以下的贵族阶层"，也是对男性的称谓和西周时期的"雅言"，其后"被早期儒家赋予道德内核，扩展为'君子之道'，并逐渐内化为个体的情感结构和原发本性"（见柯昊《先秦君子观念的流变》，《宝鸡文理学院学报》2007 年第 5 期）。这一见解亦值得注意。

皆竞兴起仁恩也。孝悌也者，其仁之本与也。①

皇侃一方面以《论语·学而》中"孝悌也者，其仁之本与也"进行互释，人君笃厚于亲的孝悌即为行仁；另一方面人君又以仁行化民，形成仁厚民风。显然，这种君子观是从为政者的角度阐发的，立足于为政者与民众所处的相对阶层而言。事实上，皇侃往往刻意彰显这种相对性，似乎唯有此才能有效地凸显作为人君之君子的风范。诸如，皇侃在疏释曾子语"慎终追远，民德归厚矣"时，云：

> 明人君德也。慎终，谓丧尽其哀也。……追远，谓三年之后，为之宗庙，祭尽其敬也。……上之化下，如风靡草。君上能行慎终追远之事，则民下之德日归于厚也。②

在皇侃看来，人君能"慎终"、"追远"便是君子。君子厚德，民自然归附。基于这种思维理致，在释"君子三年不为礼，礼必坏；三年不为乐，乐必崩"时，皇侃云："君子，人君也。人君化物，必资礼乐，若有丧三年、则废于礼乐，礼乐崩坏，则无以化民。"③ 依照上述思维理致，"君子"与"小人"不可避免地具有阶层色彩（"位"）。再如，疏释《论语·颜渊》"君子之德风也，小人之德草也。草尚之风，必偃"时，皇侃又云：

> 更民从上之譬也。君子，人君。小人，民下也。言人君所行，其德如风也；民下所行，其事如草。……言君如风，民如草，草上加风，则草必卧。东西随风，如民从君也。④

疏释《论语·里仁》"君子怀德，小人怀土"时，引用他人言论：

> 一云："君子者，人君也；小人者，民下也。上之化下，如风靡

---

① 皇侃：《论语义疏》，第 129 页。
② 同上书，第 11 页。
③ 同上书，第 316 页。
④ 同上书，第 216 页。

草。君若化民安德，则下民安其土，所以不迁也。"故李充曰："凡言君子者，德足轨物，义兼君人，不唯独善而已也。言小人者，向化从风，博通下民，不但反是之谓也。故曰：'君子之德风，小人之德草'也。此言君导之以德，则民安其居而乐其俗，邻国相望而不相与往来，化之至也。"①

显然，上述"君子"、"小人"是就位而言的，指的是为政者与民众；就德行而言，君子为德行的主体，小人为接受者，这种思想是符合孔子"为政以德"思想的。但值得注意的是，在诠释"为政以德"章时，皇侃云：

（以下释"为政以德"）此明人君为政教之法也。德者，得也。言人君为政，当得万物之性，故云"以德"也。故郭象曰："万物皆得性谓之德，夫为政者奚事哉？得万物之性。故云德而已也。"（以下释"譬如北辰居其所，而众星拱之。"）此为"为政以德"之君为譬也。北辰者，北极紫微星也。所，犹地也。众星，谓五星及二十八宿以下之星也。北辰镇居一地而不移动，故众星共宗之以为主也。譬人君若无为而御民以德，则民共尊奉之而不违背，犹如众星之共尊北辰也。故郭象曰："得其性则归之，失其性则违之。"②

上述皇《疏》引用郭象性论，是不是沦入了玄学的泥沼，容下文再论。显然，此处皇侃表明人君为政之法在于德，即得民之性而加以教化，而非违其性。如何得万民之性，一如前文所言，当依万民之性分随类而教。因此，从这种意义上而言，皇《疏》中的君子不仅自己具有充裕的德性，而且具有超乎常人的察识教化能力。

事实上，皇侃并没有将"有位"的为政之君子囿于人君，当臣下具有上述德性和能力时亦可以视为君子。在疏释子夏语"君子信而后劳其民，未信则以为厉己也；信而后谏，未信则以为谤己也"时，皇侃云：

① 皇侃：《论语义疏》，第63页。
② 同上书，第18页。

（以下疏释"君子信而后劳其民"）君子，谓国君也。国君者能行信素着，则民知其非私，故劳役不惮，故云"信而后劳其民"也。（以下疏释"未信，则以为厉己也"）厉，病也。君若信未素着，而动役使民，民则怨君行私，而横见病役于己也。江熙云："君子克厉德也，故民素信之服劳役，故知非私。信不素立，民动以为病己而奉其私也。"（以下疏释"信而后谏"）此谓臣下也。臣下信若素着，则可谏君，君乃知其措我非虚，故从之也。（以下疏释"未信则以为谤己也"）臣若信未素立，而忽谏君，君则不信其言，其言其所谏之事，是谤于己也。江熙云："人非忠诚相与，未能谏也。然投人夜光，鲜不案剑。《易》'贵孚在道'，明无素信，不可轻致谏之也。"①

上述本为疏释子夏语："君子信而后劳其民，未信则以为厉己也；信而后谏，未信则以为谤己也。"从语法结构上看，一般学者均将君子作为全句的主语，如朱熹所谓"事上使下，皆必诚意交孚，而后可以有为"②。然而，皇疏却将前半句（君子信而后劳其民，未信则以为厉己也）与后半句（信而后谏，未信则以为谤己也）分别置于君民、臣君的关系中考察，要求君或臣以忠信相与。虽然这类以"臣下"为君子的例子在皇《疏》中不多见，但亦是着眼于"为政者"进行的诠释，可视为"君主"义项的扩展。概而论之，无论以"国君"还是以臣下释君子，均着眼于"位"与"德"。为政者存在"行己能恭"、"所行宽弘"、"立言必信"、"行事不懈"、"恩惠加民"等道德品行，③必然会"一日克己复礼、则天下之民咸归于仁君也"④，为人君者亦会"事无小大悉须敬……又与民必信"⑤等。

2. 人师

相对于以人君释君子，皇《疏》以人师论君子的言论是较少的。在疏释"学而时习之"章时，皇侃说：

① 皇侃：《论语义疏》，第339—340页。
② 朱熹：《四书章句集注》，中华书局1983年版，第189页。
③ 皇侃：《论语义疏》，第306页。
④ 同上书，第206页。
⑤ 同上书，第221页。

从"人不知"讫"不亦君子乎"为第三，明学业已成，能为师为君之法也。先能招友，故后乃学成为师君也。故《学记》云"九年知类通达，强立而不反，谓之大成。又云"能博喻，然后能为师。能为师，然后能为长。能为长，然后能为君"是也。今此段明学者少时法也。谓为学者，《白虎通》云："学，觉也，悟也。"言用先王之道，导人情性，使自觉悟也。去非取是，积成君子之德也。……君子出其言善，则千里之外应之。出其言不善，则千里之外违之。今由我师德高，故有朋从远方而来，与我同门，共相讲说，故可为乐也。所以云"远方"者，明师德洽被，虽远必集也。①

据引文而言，虽然"师"、"君"并举，但人师作为君子的义项是无疑的。人师为君子，具有两个方面的特征，即"德"与"学"。"德"为君子必备内容，而"学"则为成德必由途径，故皇侃尤重君子"学"的品性。从学的内容看，学的是先王之道；从学的效果看，乃"导人情性，使自觉悟"。可见，学并不是停留在具体知识的涉猎与掌握之上，而是学"道"和悟"道"。显然，这种大成之学具有较高的难度。事实上，皇侃也认识到了这一问题，故疏释"温故而知新，可以为师矣"章时云"明为师之难也。……若学能日知所亡，月无忘所能，此乃可为人师也"②，"日知所亡，是知新也，月无忘所能，是温故也，可谓好学，是谓为师也"③，而"令人日新其德"④则为劝学的目的。再如，疏释"道听途说，德之弃也"时，皇侃云：

记问之学不足以为人师，人师必当温故而知新，研精久习、然后乃可为人传说耳！若听之于道路，道路仍即为人传说，必多谬妄，所以为有德者所弃也，亦自弃其德也。江熙云："今之学者不为己者也，况乎道听者乎？逐末愈甚，弃德弥深也。"⑤

① 皇侃：《论语义疏》，第2页。
② 同上书，第25页。
③ 同上书，第338页。
④ 同上书，第337页。
⑤ 同上书，第313页。

在皇侃看来，人师离不开"学"，"学"又不可离"德"，在这种意义上，道听途说的记问方式背离了"温故知新"的觉悟成德之学，故被视为"逐末"、"弃德"的行为。

如果和"人君"义项相比较，除了存在"位"的区别之外，皇侃认为，对于人师与人君的德行要求也非完全一致。诸如在疏释"事父母几谏"章时，皇侃说：

> 君臣既义合，有殊天然。若言君之过于政有益，则不得不言。……唯值有益乃言之，示不恒为口实。若言之无益，则隐也。……而君臣假合，义主匡弼，故云有犯，亦其本也。……又在三有师，《檀弓》云："事师无犯无隐。"所以然者，师常居明德无可隐，无可隐故亦无犯也。①

显然，此处皇侃认为处理社会关系时，臣子应"事君有犯有隐"，有别于《礼记·檀弓》"事君有犯有隐"，而事师则应坚持《檀弓》"无犯无隐"。究其原因，人师本身具有明德，谈不上德亏。换言之，据德而言，人师必然是有德君子，而人君未必均是有德君子。可见，皇侃在诠释时，注重在社会关系中考察实际情况。

3. 善人、贤人

在疏释孔子语"论笃是与，君子者与？色庄者乎"时，皇侃云：

> 此亦答善人之道也。……笃，厚也。言善人有所论说，必出笃厚谨敬之辞也。故云"论笃是与"也。又能行君子之行，故云"君子者"乎。又须颜色庄严，故云"色庄者"乎。②

可见，在皇侃看来，善人行君子之行当为君子。换言之，君子"所行皆善，故无鄙恶"（疏释何晏注"'君子'者，谓身无鄙行也"）。事实上，在皇《疏》中，"善人"与"贤人"是相通的。在疏释"善人为邦

---

① 皇侃：《论语义疏》，第66页。
② 同上书，第196页。

百年，亦可以胜残去杀矣"时，皇侃又云：

> 善人谓贤人也。……言贤人为诸侯已百年，则残暴不起，所以刑辟无用。袁氏曰："善人，谓体善德贤人也。言化当有渐也，任善用贤，则可止刑；任恶，则杀愈生也。"①

就上述皇疏看，仅引用袁氏语，当是赞同袁氏的观点，并将其作为己说的辅证。袁氏以"体善德贤人"为善人与前文"所行皆善"之善行存在着不同。一如前文所言"体仁"之体仅能以"体质"之"体"而论，此处之"体"也当为"体质"之"体"。"体善德"指善德是贤人顺性的自然展现，也只有在这种意义上，"体善德"与"善行"能有效地贯通起来。

值得注意的是，皇侃对贤人、善人的人格层次也做了进一步的说明。诸如，疏释"子张问善人之道"时，云"此问善人，非圣人也"②。疏释"圣人，吾不得而见之矣；得见君子者，斯可矣"时，仅引用王弼注云："此为圣人与君子异也。然德足君物皆称君子，亦有德者之通称也。'"③一方面，从人格形象而言，皇侃认为，善人、贤人非圣人，贤人、善人皆在圣人之下，这是相异之处。另一方面，皇侃又引用王弼语"然德足君物皆称君子，亦有德者之通称"，就"有德者"而言，圣人与贤人、善人具有一致性，皆就"德"而论，故存在"君子之称，上通圣人，下至片善"④，"善人之称亦上通圣人，下通一分"⑤的说法。也正是在上述意义上，皇侃疏释"圣人，吾不得而见之矣；得见君子者，斯可矣"时，又云"今此上云不见圣，下云得见君子，则知此之君子，贤人以下也"⑥；疏释孔子语"善人吾不得而见之矣"时，云"善人之称亦上通圣人，下通一分，而此所言指贤人以下也"⑦；疏释孔子语"君子而不仁者有矣夫"

① 皇侃：《论语义疏》，第 229 页。
② 同上书，第 195 页。
③ 同上书，第 120 页。
④ 同上。
⑤ 同上。
⑥ 同上。
⑦ 同上。

时，云"此谓贤人已下不仁之君子也"①。可见，皇侃在疏释君子义项时具有灵活性，根据《论语》中的具体语境进行不同的阐发，而其阐发的原则则是"有德"或"片善"，唯有此，君子的义项才是广泛的，不仅包括善人、贤人，也包括贤人以下之人的片善之人。

4. 朋友

在疏释"君子以文会友"章时，皇侃云：

> （疏释曾子语"君子以文会友"）言朋友相会，以文德为本也。（疏释曾子语"以友辅仁"）所以须友者，政持辅成己仁之道故也。（疏释孔安国注"友相切磋之道，所以辅成己之仁"）讲学以会友，则道益明；取善以辅仁，则德日进。②

可见，在皇《疏》中朋友为君子义项之一。朋友相会以"文德"为根本，以持"辅成己仁之道"为目的。显然，此处的朋友亦非一般意义上的朋友，也不是朋友的本义。事实上，关于朋友的本义，皇侃也有所阐发。在疏释"有朋自远方来，不亦乐乎"时，皇侃云：

> 同处师门曰"朋"，同执一志为"友"。"朋"犹党也，共为党类在师门也。"友"者，"有"也，共执一志，绸缪寒暑，契阔饥饱，相知有无也。……《学记》云："独学而无友，则孤陋而寡闻。"君子出其言善，则千里之外应之。出其言不善，则千里之外违之。今由我师德高，故有朋从远方而来，与我同门，共相讲说，故可为乐也。……然朋疏而友亲，朋至既乐，友至故忘言。但来必先同门，故举"朋"耳。……今朋友讲说，义味相交，德音往复，形彰在外，故心貌俱多曰"乐"也。故江熙云："君子以朋友讲习，出其言善，则千里之外应之。远人且至，况其近者乎？道同齐味，欢然适愿，所以乐也。"③

---

① 皇侃：《论语义疏》，第243页。
② 同上书，第220页。
③ 同上书，第3页。

在上述引文中，皇侃延续郑玄"同师为朋，同志为友"①的论述，并阐发了朋疏而友亲的特点。值得注意的是，皇侃引用《学记》言论试图在"君子"意义上将朋、友统一，亦是强调讲学重在"道同齐味"。如果再联系下文疏释"不知而不愠，不亦君子乎"时，云"君子，有德之称也"②，则可知"道同齐味"的朋与友亦均是君子。

5. 孔子

"孔子"为君子义项非皇侃的发明，在孟子处即存在。孟子云："君子之厄于陈、蔡之间，无上下之交也"（《孟子·尽心下》），显然此处君子指孔子。在先秦时期，这类疏释虽然不多见，但依然被皇侃所继承。在疏释孔子语"君子去仁恶乎成名"时，皇侃云：

> 此更明不可去正道以求富贵也。……言人所以得他人呼我为君子者，政由我为有仁道故耳。若舍去仁道傍求富贵，则于何处更得成君子之名乎？③

疏释仪封人语"君子之至于斯者，吾未尝不得见也"时，又云：

> 此封人请见之辞也。既欲见孔子，而恐诸弟子嫌我微贱，不肯为通闻，时故引我恒例以语诸弟子，使为我通也。……言从来若有君子来至此卫地者，我尝未不得与之相见，言皆见我也。④

如前文所言，在皇侃思想中，孔子作为"圣师"，是有德无位的圣人。以君子论孔子，显然是着眼其仁德。

综上可以看出，在皇《疏》中君子存在着多种义项，就其思想来源看，既存在着从"德"、"位"各自的角度阐述君子，也注重了"德"、"位"的变化，即在皇《疏》中作为人君或臣子的君子往往是具有"德"的要求的，实行德政及其礼乐教化。同时，在具体语境下，君子义项又存在着不同，除人君义项明显继承前人外，其他义项多突出了皇《疏》君

---

① 皇侃：《论语义疏》，第3页。
② 同上书，第4页。
③ 同上书，第60页。
④ 同上书，第55页。

子观的鲜明特色。

事实上，如果将皇侃对君子的诠释置于其思想体系中，亦可以发现其思想的一贯性。如前文所论，皇侃认为，人俱禀天地之气而生，禀气而定性。因同禀一气，故人性"相近"，此即人性的共性特征；又因所禀之气存在着厚薄之别，故人性的特质（性分）存在着不同，此为人性的个性特性。从人性共性看，所禀为一气，性则无善恶之别。从个性特征看，因人所禀之气的厚薄不同，每个人的"性分"也不同。受性分所限，人性在现实中的彰显与受到的影响也不同，即"习相远"。从人性的共性出发，皇侃认为，仁、义、礼、智、信为人性中生而即有的五种不同品质，即人性的内容或潜质。从人性的个性看，由于每个人所禀之气存在着厚薄之分，不同人的"仁性"存在着多少之别。唯性仁之人可以有效地展现自己的仁性潜质而成为仁人；少有仁性者则不能有效展现仁性而成为不仁之人。基于这种人性论，君子必然是人性中具有某种善性之人，且这种善性也能自然地得到彰显。就皇侃所论"君子之称，上通圣人，下至片善"而言，君子人性受各自性分所限，并非"均善"，而是不同的"善"。诸如，在疏释孔子语"君子而不仁者有矣夫，未有小人而仁者也"时，皇侃云：

> 此谓贤人已下，不仁之君子也。未能圆足，时有不仁。如管氏有三归，官事不摄，后则一匡天下，九霸诸侯，是长也。袁氏云："此君子无定名也。利仁慕为仁者，不能尽体仁，时有不仁一迹也。"……小人并为恶事，未能有行民善，达于仁道，故云"未有小人而仁者也。"又袁氏曰："小人性不及仁道，故不能及仁事者也。"①

上述引文中皇侃援引并赞同袁氏语，值得注意处有三：其一，君子可以是贤人以下，可以展现出不仁的行为。其二，小人与君子、仁与不仁的区别在于其人性中是否存在仁的特质，小人不存在仁性、纯粹为不仁之人，所行必然是恶事。其三，管仲虽为君子，但其性无法圆足，即其存在仁性，但不能将仁性全部展现，故其行为虽有"一匡天下，九霸诸侯"的仁功，也有"三归"、"官事不摄"的违背礼制的不仁之举。可见，皇

---

① 皇侃：《论语义疏》，第 243 页。

侃君子论的基础是其人性论，人性的差异造成了君子行为的不同，形成了不同的君子义项。

二　君子之道

皇侃君子论尤其重视对君子之道的阐述，主要存在"善人之道"、"先王之道"、"礼道"等观点。

（一）善人之道

如前文所论，基于"有德"或"片善"，善人为君子的义项，在这种意义上君子之道亦是善人之道。在皇《疏》里虽多处提及"善人"，但明确阐述"善人之道"的仅有两处：

一是疏释"子张问善人之道"章：

> （以下释"子张问善人之道"）此问"善人"，非圣人也。问其道云：何而可谓为"善人"也。（以下释孔子答语"不践迹"）亦（鲍本作"达"）善人之法也。……言善人之道亦当别宜创建善事，不得唯依循前人旧迹而已。（以下释孔子答语"亦不入于室"）又虽有创立，而未必使能入圣人奥室也。能入室者，颜子而已。（以下释孔安国语"践，循也。言善人不但循旧迹而已，亦少能创业。然亦不能入圣人之奥室也"）创业谓创仁义之业也。"圣人之奥室"，即前云"子路升堂矣，未入于室"是也。①

一是疏释"论笃"章：

> （以下疏释孔子语"论笃是与，君子者与？色庄者乎？"）此亦答善人之道也。……言善人有所论说，必出笃厚谨敬之辞也。故云"论笃是与"也。又能行君子之行，故云"君子者乎"。又须颜色庄严，故云"色庄者乎"。（以下疏释何晏注"'论笃'者，谓口无择言"）……论笃是言语并善，故复无可择之言也。（以下疏释何晏注

---

① 皇侃：《论语义疏》，第195页。

"'君子'者，谓身无鄙行也"）所行皆善，故无鄙恶也。然此注亦与上互也。（以下疏释何晏注"'色庄'者，不恶而严，以远小人者也"）威而不猛是也。（以下疏释何晏注"言此三者皆可以为善人道也"）三者，言、行、色也。云必备三，皆可为善人。明若能有一，则亦可为善人，不必备三也。殷仲堪云："夫'善'者，淳穆之性，体之自然。虽不拟步往迹，不能入窥奥室，论笃质正，有君子之一致焉。"①

善人作为君子的义项乃是基于"有德"或"片善"，故引文有所谓"善人之道亦当别宜创建善事，不得唯依循前人旧迹而已"之论。此论值得注意处有二：其一，在皇侃看来，"创建善事"主要就"创立"而言，非就"创业"而论。创业乃是创立仁义之业，这非片善之善人所能完全做到的，故皇侃仅云善人"少能创业"。其二，在引文中，皇侃疏释何晏注仅引用了殷仲堪之论，显然是赞同殷说，即认为善人的淳穆之性，其自然展现即为善人之道。再就其"云必备三，皆可为善人。明若能有一，则亦可为善人，不必备三也"而言，皇侃思想中的善人并非具有圆足之性，故其善性在言、行、色方面也非能完全展现，得其一者即可进入善人序列。也基于此，善人与君子相通，可以视之为君子，其行为展现为善人之道。

如何展现善人之道，除了上述在言、行、色方面的阐述外，皇侃亦有所论述，典型处有二：

其一，疏释"君子不重则不威"章"无友不如己者，过则勿惮改"语时，皇侃云：

> 又明凡结交取友，必令胜己。……友主切磋，若有过失者，当更相谏诤，莫难改也。一云："若结友过误，不得善人，则改易之，莫难之也。"故李充云："若友失其人，改之为贵也。"②

此处仅引用"一云"，从文义看乃是对前文的补充说明。在皇侃看

---

① 皇侃：《论语义疏》，第195—196页。
② 皇侃：《论语义疏》，第11页。

来，"求友之道，固当见贤思齐，同志于胜己，所以进德修业，成天下之亹亹也"①，以善人为友恰恰是进德修业的求友之道的要求。换言之，更相谏诤，劝友进德修业是善人之道的内容。

其二，疏释"善人为邦百年，亦可以胜残去杀矣"时，云：

> 善人，谓贤人也。为者，治也。为邦，谓为诸侯也。胜残，谓政教理胜，而残暴之人不起也。去杀，谓无复刑杀也。言贤人为诸侯已百年，则残暴不起，所以刑辟无用。袁氏曰："善人，谓体善德贤人也。言化当有渐也，任善用贤，则可止刑；任恶，则杀愈生也。"②

此处"善人"乃就为政诸侯而言，因其为体德贤人，故能教化百姓，任善用贤，无复刑杀残暴之举。就其重视生命而言，与皇侃以"慎战"疏释"善人教民七年，亦不即戎"相通。③ 故教化百姓摒除杀戮也是为政的善人之道。

可见，皇侃论善人之道，本于善人人性中善的特质的自然展现，其展现不仅在言、行、色等方面倾向于个人的行为，也包含在社会政治关系中善人劝友进德修业、教化百姓、摒除杀戮等行为。

（二）先王之道

在传统儒家学者看来，先王不仅具有高尚的品德，而且具有丰功伟业，因此先王人格及其先王之道应该成为儒家学者的理想和希冀所在。在皇侃思想中，"君子之称，上通圣人，下至片善"④，作为品德高尚具有丰功伟业的圣人在被视为君子时也被疏释为先王。诸如，皇侃疏释"先王之道，斯为美"时，云"先王，谓圣人为天子者也"⑤；疏释子夏语"君子之道，孰先传？孰后倦焉"时，云"君子之道谓先王之道也"⑥。皇侃在将君子的内涵扩至先王的同时，实际上也是为君子提出了更高的道德或

---

① 皇侃：《论语义疏》，第 11 页。
② 同上书，第 239 页。
③ 同上书，第 113 页
④ 同上书，第 120 页。
⑤ 同上书，第 13—14 页。
⑥ 同上书，第 341 页。

事功要求。换言之，先王之道是君子毕生努力的方向和践行的内容。因此，学先王之道成了君子应然之事。诸如，在疏释"学而时习之"时，皇侃云：

> 谓为学者，《白虎通》云："学，觉也，悟也。"言用先王之道，导人情性，使自觉悟也。去非取是，积成君子之德也。①

疏释"古之学者为己，今之学者为人"时，云：

> 古人所学，己未善，故学先王之道，欲以自己行之、成己而已也。②

可见，皇侃认为，先王之道重在学，即所谓"圣教殷勤，唯学为先"③。学先王之道是自我觉悟、成己积德的必由途径。事实上，皇侃不仅认识到学先王之道的重要性，也对先王之道的内容进行了解读，主要包括以下几个方面：

其一，"中和可常行之德"。在疏释"中庸之为德也，其至矣乎！民鲜久矣"时，皇侃云：

> 中，中和也。庸，常也。鲜，少也。言中和可常行之德，是先王之道，其理甚至善，而民少有行此者也已久，言可叹之深也。④

皇侃此释亦非其发明，乃是源自何晏《论语集解》"庸，常也。中和可常行之德也。世乱，先王之道废，民鲜能行此道久矣，非适今也"⑤。以"常"释"庸"，以"中和"释"中"，也为后世朱熹所继承，其进一步云："过则失中，不及则未至，故惟中庸之德为至。然亦人所同得，初

---

① 皇侃：《论语义疏》，第 2 页。
② 同上书，第 257 页。
③ 同上书，第 226 页。
④ 同上书，第 105 页。
⑤ 同上书，第 105 页。

无难事，但世教衰，民不兴行，故鲜能之，今已久矣。"① "中庸者，不偏不倚、无过不及，而平常之理，乃天命所当然，精微之极致也。"② 虽然皇侃未必如朱熹般将中庸之德视为天命所当然，但其疏释"为政以德"章时云"德者，得也。言人君为政，当得万物之性，故云'以德'也"③，以"中和可常行之德"为民性，君子之道、先王之道乃是顺民性的教化之道。此道至平至易，并非无法企及。事实上，在皇侃看来，"德谓行事得理者也"④，"德"实为"行"，这并非先秦以后儒家传统意义上的道德，而是来源于"德"的本义。一如陈来所论"德的原初含义与行、行为有关"⑤，"早期'德'的概念包含了德性与德行两义，故早期儒家文献《五行》也仍然把'仁义礼智圣'称为'行'，可见'德'与'行'本来是相通的"⑥。但是，值得注意的是，在皇侃所论的"德"与《五行》所谓"仁形于内，谓之德之行"，"不行于内，谓之行"尚有区别：在《五行》处"德之行"为纯粹的内在德性，"行"为外在行为；皇侃的"德"似乎包括了内在与外在两个方面：如果说根据下文"而民少有行此者也已久"判断"中庸可常行之德"为内在德性，为"德之行"，那么皇侃在疏释"有君子之道四焉"章时云"言子产有四德，并是君子之道也"⑦，其中"四德"为"行己也恭"、"事上也敬"、"养民也惠"、"使民也义"之"恭"、"敬"、"惠"、"义"，这已经是由内在的"德之行"（或者说人性中的潜质）落实为现实生活中的行为，其行为也必然是"德之行"的体现。据此而言，皇侃以"中和可常行之德"释"先王之道"，实际上是认为先王顺应民性而创设教化之道。此道的创设依自民性，又落实于百姓的日常行为之中，并非空洞的道德或治世理想。

其二，先王之典。在皇侃关于先王之道的阐发中，屡屡围绕先王之典进行解读。这方面主要围绕先王的典籍、典章、典训、典文四个方面阐发。

就典籍而言，在疏释"樊迟请学稼"章孔子语"吾不如老农"时，

① 朱熹：《四书章句集注》，第19页。
② 同上。
③ 皇侃：《论语义疏》，第18页。
④ 同上书，第109页。
⑤ 陈来：《古代宗教与伦理》，三联书店1996年版，第292页。
⑥ 陈来：《古代思想文化的世界》，第2002页。
⑦ 皇侃：《论语义疏》，第80页。

皇侃云：

> 农者，浓也，是耕田之人也，言耕田所以使国家仓廪浓厚也。樊迟既请学稼于孔子，孔子言我门唯有先王之典籍，非耕稼之所。汝若欲学稼，当就农夫之老者学之。故云"吾不如老农"。①

皇侃认为，孔门讲授的先王典籍，并非耕稼之术。申言之，皇侃此论乃是强调文以载道之义，明言先王典籍，实指先王之道。故皇侃疏释孔子语"小人哉，樊须"时，云："君子喻于义，小人喻于利。樊迟在孔子之门，不请学仁义忠信之道，而学求利之术，故云'小人'也。"② 在皇侃看来，孔门所授为君子之学，所行为仁义忠信的君子之道，亦为先王之道。

就典章而言，在疏释"吾党有直躬者"章"父为子隐，子为父隐，直在其中矣"时，皇侃援引范宁语：

> 夫子所谓直者，以不失其道也。若父子不相隐讳，则伤教破义，长不孝之风焉，以为直哉？故相隐乃可为直耳。今王法则，许期亲以上得相为隐，不问其罪，盖合先王之典章。③

皇侃认为，风政当以孝悌为主。父子基于天性而产生的自然真情，宜应相隐，即孔子所谓的"直"，故皇侃引用范宁语的目的在于进一步申说己论，显然是赞同范说的。范说"先王之典章"当为先王制定的国家制度法令等，这些制度法令乃是先王之道的展现。

就典训而言，在疏释"仕而优则学"章时，皇侃云：

> 优，谓行有余力也。若仕官，治官，官法而已。力有优余，则更可研学先王典训也。④

---

① 皇侃：《论语义疏》，第 225 页。
② 同上。
③ 同上书，第 233 页。
④ 同上书，第 242 页。

典训原指《尚书》中《尧典》《伊训》等篇什，此处当指先王所撰经典或言论。先王经典或言论展现的就是先王德性与事业，这也是后世所效法的楷范。

就典文而言，在疏释"文学：子游子夏"时，皇侃援引范宁语"文学谓善先王典文"①，并作按语：

> 四科次第，立德行为首，乃为可解。而言语为次者，言语，君子枢机，为德行之急，故次德行也。而政事是人事，则比言语为缓，故次言语也。文学指博学古文，故比三事为泰，故最后也。②

显然，此处皇侃将"古文"作为先王典文，与先王典籍义同。

综上可见，皇侃虽然从不同的层面阐发先王之典，但是从其疏释看，先王之典不仅是载道形式，也展现了形式本身的价值与意义，也正是在这种意义上先王之典即为先王道。

其三，文武之道。在疏释"卫公孙朝问于子贡"章时，皇侃疏释子贡语：

> （以下疏释"文武之道未坠于地"）子贡答称仲尼必学也，将答道学，故先广引道理也。文武之道，谓先王之道也。未坠于地，谓未废落坠于地也。（以下疏释"在人"）既未废落坠地，而在于人所行也。（以下疏释"贤者识其大者，不贤者识其小者"）既犹在人所行，人有贤否。若大贤者，则学识文武之道大者也；不贤者，则学识文武之道小者也。（以下疏释"莫不有文武之道焉"）虽大小有异，而人皆有之。故曰"莫不有文武之道"也。③

以上引文是皇侃最集中论及文武之道的言论。一般而言，文武之道指儒家学者心目中的先王周文王、周武王"制定的典章制度、礼乐教义及其所立政事和功业"④。朱熹注云："文武之道，谓文王、武王之谟训功

---

① 皇侃：《论语义疏》，第 185 页。
② 同上书，第 185—186 页。
③ 同上书，第 345 页。
④ 张岱年主编：《中国哲学大辞典》，上海辞书出版社 2010 年版，第 328 页。

烈，与凡周之礼乐文章皆是也。"① 朱子此论将文武之道视为"谟训功烈"和"礼乐文章"，是符合皇侃意旨的。根据上文，先王的典籍、典章、典训、典文展现的就是"谟训功烈"和"礼乐文章"。值得注意的是，皇侃认为，大贤者学识文武之道为大，而不贤者学识文武之道为小。虽有大小之别，均是在学识文武之道。事实上，皇侃这种理解是立足于其人性论之上的。在疏释子贡语"夫子焉不学？而亦何常师之有"时，皇侃明确说："大人，学识大者。孔子是人之大者，岂得独不学识之乎？……言孔子识大，所学者多端。多端故无常师也。"② 在皇侃的思想脉络中，"大人，圣人也。见其含容，而曰大人。见其作教正物，而曰圣人也。今云'畏大人'，谓居位为君者也"③。大人为圣人，不仅就其人君之位而言，更主要的是就其"识"而言。一如第二章"性论"中所论，"识"本为佛教语，一般认为，包括眼识、耳识、鼻识、舌识、身识、意识六种，这六种识又以同名的六根为依据，对色、声、香、味、触、法六境，产生见、闻、嗅、味、触、知的分析与了别作用。皇侃援用佛教"识"义，视之为人性内在潜能，具有先天性。在现实生活中，因不同人"识"之不同，出现"学"文武之道的大小之别。

其四，"道，犹礼也"。在疏释"子夏之门人小子"章时，皇侃疏释子游语云：

> （以下疏释"子夏之门人小子，当洒扫应对进退，可矣"）子游言子夏诸弟子不能广学先王之道，唯可洒扫堂宇，当对宾客，进退威仪之少（按：鲍本作"小"）礼，于此乃则为可也耳矣。（以下疏释"抑末也，本之则无，如之何？"）……洒扫以下之事，抑但是末事耳。若本事则无如之何也。本，谓先王之道。④

皇侃又释子夏答语：

> （以下疏释"君子之道，孰先传？焉孰后倦焉？"）既云子游之说

---

① 朱熹：《四书章句集注》，第 192 页。
② 皇侃：《论语义疏》，第 345 页。
③ 同上书，第 295 页。
④ 皇侃：《论语义疏》，第 341 页。

是过，故更说我所以先教以小事之由也。君子之道，谓先王之道也。
孰，谁也。言先王大道既深且远，而我知谁先能传而后能倦懈者耶？
故云孰先传焉，孰后倦焉，既不知谁，故先历试小事，然后乃教以大
道也。张凭云："人性不同也，先习者或早懈，晚学者或后倦，当要
功于岁终，不可以一限也。"（以下疏释"譬诸草木，区以别矣。"）
言大道与小道殊异，譬如草木，异类区别，学者当以次，不可一往
学，致生厌倦也。（以下疏释"君子之道焉可诬也"）君子大道既深，
故传学有次，岂可发初使诬罔其仪而并学之乎？（以下疏释"有始有
卒者其唯圣人乎！"）唯圣人有始有终，学能不倦，故可先学大道耳。
自非圣人，则不可不先从小起也。张凭云："譬诸草木，或春花而风
落，或秋荣而早实。君子道（按：鲍本作"君子之道"）亦有迟速，
焉可诬也，唯圣人始终如一，可谓永无先后之异也。①

　　就引文中皇侃对子游与子夏争论的疏释而言，值得注意处有三：一是
先王之道是否包括洒扫应对进退之道？在子游看来，洒扫应对进退之道乃
是"末"，非"本"。"本"为先王之道。此处之本虽未明言，理应指先
王典章制度、礼义教化的大道。而在子夏看来，君子之道即先王之道，此
道有大道小道之分。洒扫应对进退之道乃是其中的小道。关于小道，皇侃
在疏释子夏语"虽小道，必有可观者焉；致远恐泥，是以君子不为也"
时，云："小道，谓诸子百家之书也。一往看览，亦微有片理，故云'必
有可观者焉'也。……小道虽一往可观，若持行事，至远经久，则恐泥
难不能通也。……故君子之人秉持正典，不学百家也。"② 并援引江熙论
证其说云："圣人所以训世轨物者，远有体趣、故文质可改，而此处无
反也。至夫百家竞说，非无其理，然家人之规谟（按：鲍本作"模"），
不及于经国，虑止于为身，'无贻厥孙谋'。是以君子舍彼取此也。"③ 上
述小道为诸子百家之书，而非洒扫应对进退之道。可见，皇侃虽对"小
道"的理解也存在歧义，但值得注意的是均承认小道犹可取性，尤其是
认为子夏并非完全摒弃小道，而是认识到小道亦有"片理"，只不过不可

---

① 皇侃：《论语义疏》，第341—342页。
② 同上书，第337页。
③ 同上。

以"致远","虑止于为身","无贻厥孙谋",没办法为后世所取法而已。同时，皇侃援引江熙语，实际上指明与小道相对应者为"经国""正典"。此类经国正典当为大道，即子夏心目中的"既深且远"之道。或许，这就是子游所谓的"本"。二是援引张凭语，从人性的不同阐发传学先后途径的差异。对于圣人而言，学而不倦，可先学大道。事实上，对于体足圆满的圣人而言，亦无先后之分；圣人以下之人，不仅需要从洒扫应对进退的小道学起，而且对君子之道的践行也有迟速之别。三是洒扫应对进退的小道实为礼仪规范，亦是君子之道、先王之道。关于这一点，皇侃有明确的揭示。

在疏释"曾子有疾"章曾子语"君子所贵乎道者三"时，皇侃又云：

> 道犹礼也。言君子所贵礼者有三事也。（以下疏释"动容貌，斯远暴慢矣"）此所贵三之第一也。动容貌谓成仪容举止也。君子坐则俨然，行则跄跻，如此则人望而畏之，不敢有暴慢之者。故云"斯远暴慢"也。……（以下疏释"正颜色，斯近信矣"）此所贵三之第二也。就凡人相见，先睹容仪，容仪故先也。次见颜色，颜色故为次也。人之颜色恒欲庄正，不数变动，则人不敢欺诈之，故云"近信"也。……（以下疏释"出辞气，斯远鄙倍矣"）此所贵三之第三也。……既见颜色，次接言语也，出言有章，故人又敢鄙秽倍违之也。……（以下疏释"笾豆之事则有司存"）笾豆，礼器也。……而好修饰笾豆，笾豆比三事为小事，故曾子先戒此三礼，若笾豆之事付于有司，不关汝也。①

在上述引文中，从君子所贵的角度阐发"道犹礼"，实际上表明礼为先王之道的应有内容。君子当从容仪、颜色、言语三方面修习礼义，在曾子看来，这些方面贯穿于君子的日常生活，其重要性超越了笾豆之礼。如果依照前文所论，这依然为小道。

显然，皇侃上述疏释着眼于礼仪而论。事实上，作为礼学家的皇侃也十分重视礼仪背后的礼义，强调礼义在人们日常生活中的指导性作用。在疏释《论语·雍也》中"谁能出不由户者？何莫由斯道也？"时，皇

---

① 皇侃：《论语义疏》，第 131 页。

侃云：

> 道，先王之道也。人生得在世，皆由于先王道理而通，而世人多违理背道，故孔子为譬以示解时惑也。言人之在室，出入由户而通，亦如在世由道理而生。而人皆知出室由户，而未知在世由道。故云："谁能出不由户，何莫由斯道也。"莫，无也。斯，此也。故范宁云："人咸知由户而行也，莫知由学而成也。"①

在上述引文中，皇侃将"道"释为"先王之道"，认为先王道理是"人生得在世"的指导或规范。也是在此意义上，有学者认为："'在世由道'便是将'先王之道'视之为立身处世的准则，是人生在世，和人事物接处的道理。这里的解释便和先前视为'礼'的'君子之道'不同。"② 这种理解将"先王之道"进行抽象化，以立身处世的道理来对待。愚以为略有诠释过度之嫌。皇侃云"人生得在世，皆由于先王道理而通"乃是"孔子为譬以示解时惑"之语，乃是表层意思；而其后所云"言人之在室，出入由户而通，亦如在世由道理而生。而人皆知出室由户，而未知在世由道"则展现出皇侃的深义。就"言人之在室，出入由户而通"语看，作为礼学家皇侃此论有其渊源。《礼记·礼器》云："礼有大小，有显有微。大者不可损，小者不可益。显者不可掩，微者不可大也。故经礼三百，曲礼三千，其致一也。未有入室而不由户者。"显然，皇侃借用《礼器》论礼之义，谈人事由礼。一如刘宝楠《论语正义》所云："彼文言人行事必由礼，如入室不能由户。故此文亦言出当由户，何莫由斯道。意与《礼器》同。"③ 如就上述意义而言，皇侃所说的"先王道理"当为礼仪背后的礼义，突出人生在世"立于礼"之义。

（三）"通而不壅"之道

"通而不壅"之道是皇侃论述君子之道时较具哲学意蕴的内容，集中体现在皇侃对《论语·述而》"志于道"章的疏释上，其云：

---

① 皇侃：《论语义疏》，第98页。

② 高荻华：《皇侃〈论语集解义疏〉研究》，第70页。

③ 刘宝楠：《论语正义》，《论语上》（四部要籍注疏丛刊），中华书局1998年版，第803页。

（以下疏释孔子语"志于道"）此章明人生处世，须道艺自辅，不得徒然而已也。志者，在心向慕之谓也。道者，通而不壅（按：原作"擁"，据鲍本改）也。道既是通，通无形相，故人当恒存志之在心，造次不可暂舍离者也。（以下疏释何晏《集解》"志，慕也。道不可体，故志之而已矣也。"）"不可体"谓无形体也。（以下疏释"据于德"）据者，执杖之辞也。德谓行事得理者也。行事有形，有形故可据杖也。……（以下疏释"依于仁"）依，依倚也。仁者，施惠之谓也。施惠于事宜急，故当倚之而行也。仁劣于德，倚减于据，故随事而配之。（以下疏释"游于艺"）游者，履历之辞也。艺，六艺，谓礼、乐、书、数、射、御也。其轻于仁，故不足依据，而宜遍游历以知之也。①

关于上述引文，值得注意处有四：一是"通而不壅"之道的内涵。皇侃对道的描述是"通而不壅"、"不可体"、"无形相"，因此只能"心向慕之"，"存志之在心，造次不可暂舍离者也"。不可体的无形体之道是什么？皇侃并未明言，我们可以将其与何晏、王弼注对照，进而判断其内涵。引文援引的何晏注为："志，慕也。道不可体，故志之而已矣也。"王弼注为："道者，无之称也，无不通也，无不由也。况之曰道，寂然无体，不可为象。是道不可体，故但志慕而已。"② 实际上，对何晏注乃至王弼注、皇侃疏中"道"的理解，其关键在于对"体"的理解。如果说何晏注中的不可体之"道"的含义尚不明确，那么王弼注中的道显然具有本体义，"体道"之"体"当为"体知"义。③ 而皇侃以"道既是通，

---

① 皇侃：《论语义疏》，第 109 页。

② 楼宇烈：《王弼集校释》，中华书局 1980 年版，第 625 页。

③ "体知"概念借鉴了杜维明先生的观点。杜氏在解读王弼"圣人体无"论时，云："王弼所谓的'体无'，当然是体知，但他的用心所在不是道德实践，而是本体证会。不过，正因为本体证会是体知，所以和道德实践确有相契合之处。'知'在这个层次上必然包含着'技能'（skill）的意思，也就是包含着'会'的意思。如果顺着前面例证的思路，自知冷暖的知，与其说是认知，勿宁说是体知。"（杜维明《魏晋玄学中的体验思想——试论王弼"圣人体无"观念的哲学意义》，《杜维明文集》第 5 卷，武汉出版社 2002 年版，第 73 页）杜氏从"本体的体会"与"知识论上的含义"两个方面解读王弼"体无"，提出了"体知"概念，本书认同此说。另可参见杜氏《论体知》，见《杜维明文集》第 5 卷，第 329—364 页。

通无形相"言道，较之何晏、王弼对"体"的理解，此处的"体"并不是"体知"义，而是指形体，与何晏原义存在差别。① 这或许是皇侃在援引诸家注时，未采用具有明确含义的王弼注的原因。因此，皇侃所谓的"通而不壅"之道当为无形体的道。此外，在皇侃疏中也存在"体道"思想，如皇侃在疏释《论语·为政》中孔子语"吾与回言，终日不违，如愚"章时，云：自形器以上，名之为无，圣人所体也；自形器以还，名之为有，贤人所体也。"② 此论甚明，形器之上的当为道，道无形故为无，孔子境界即是与道一体的境界；形器之下则是有，属于贤人的境界。这种体道思想有明确的指向，强调圣人的境界，非如上述对道的描述。事实上，在皇侃看来，正是因为道超越了具象，才难以把握，但道又非远离现实生活。如皇侃疏释"朝闻道，夕死可矣"时，仅援引栾肇语做出了解答："道所以济民，圣人存身，为行道也。济民以道，非为济身也。故云：诚令道朝闻于世，虽夕死可也。伤道不行，且明己忧世不为身也。"③可见，道展现于人们的日用常行之中，其价值在于济民。

　　二是道与德的关系。上述引文中"德谓行事得理者也"，显然，德存在于现实生活之中，展现的是"得理"之行事。道无形，德（行事）有形。值得注意的是，在皇侃那里，"理"是否为"道"？"得理"是否就是"得道"？换言之，此处皇侃所谓的理是"道理"还是汉魏以来的"事理"？抑或类似于宋明理学中基于天理的"事物当然之理"？就前者而言，如前文所言，皇侃的思想受到汉魏形名思想的影响。刘邵《人物志》提出"夫理有四部……若夫天地气化，盈虚损益，道之理也。法制正事，事之理也。礼教宜适，义之理也。人情枢机，情之理也。"④ 将理分为道理、事理、义理、情理四种，显然据此分类，皇侃此处所云的理当为事理，而非道理。就后者而论，朱熹在注"朝闻道，夕死可矣"时，云："道者，事物当然之理。苟得闻之，则生顺死安，无复遗恨矣。……（程子）又曰：'皆实理也，人知而信者为难。死生亦大矣！非诚有所得，岂

────────

　　① 关于此处"体"为"形体"之解，在日本学者室谷邦行《何晏〈论语集解——魏晋的时代精神〉》一文中已有论述，其云："这里的'体'字，依王弼注里类似的说明或皇侃疏来看，它不是本体或体得的意思，而是指形体。"（参见松川健二编《论语思想史》，万卷楼图书股份有限公司 2006 年版，第 95 页）

　　② 皇侃：《论语义疏》，第 24 页。

　　③ 同上书，第 62 页。

　　④ 王晓毅：《知人者智——〈人物志〉解读》，中华书局 2008 年版，第 100 页。

以夕死为可乎?'"①　此处程朱所谓"事物当然之理"、"实理"乃是基于具有本原性的天道之理（朱子疏释"夫子之言性与天道"云"天道者，天理自然之本体"）而言，一旦闻道，便证彻天命，自觉挺立自我道德性命。显然，这远非皇侃所能达到的理论层次。此外，皇侃疏释"为政以德"章时云"德者，得也。言人君为政，当得万物之性，故云'以德'也。故郭象曰：'万物皆得性谓之德，夫为政者奚事哉？得万物之性。故云德而已也'"②，又将"德"视为"得性"。事实上，"得性"与"得理"，并不冲突，且有其思想渊源可循。《荀子·解蔽篇》云："凡以知，人之性也；可以知，物之理也。"荀子性、理并举，以认识事物作为人的本性，而被认识作为事物之理，据此推论，当认识与被认识一致时，必然会达到性理一致。受荀子的影响，《韩诗外传》卷3又云"类不悖，虽久同理，故性缘理而不迷也"，将性理进一步结合。至郑玄则提出"理犹性也"，明确事物之理（规律或形式）即事物之性（本性）。据此而言，皇疏中"得性"、"得理"在意义上并不具有本质区别。值得注意的是，虽然皇侃援引了郭象"万物皆得性谓之德"等语，但皇侃并没有将"性"如郭象般提升到形上本体的意义层面。下文"行事有形，有形故可据杖也"，实指明事理有形，可以执据（据于德）。类似思想在皇侃之前已存在，如"物成生理，谓之形"（《庄子·天地》），"形体色理以目异"（《荀子·正名》），均是视事理有形可以据执。基于上述，皇侃疏中的"道"与"德"的关系并非类似于玄学或道家体用或内外的思维模式。

三是"仁劣于德"。如前文所言，在皇侃看来，仁源自五行之气，为人性先天具有的特质。

> 五常谓仁、义、礼、智、信也。就五行而论，则木为仁，火为礼，金为义，水为信，土为智。人禀此五常而生，则备有仁、义、礼、智、信之性也。人有博爱之德谓之仁，有严断之德为义，有明辨尊卑敬让之德为礼，有言不虚妄之德为信，有照了之德为智。此五者是人性之恒，不可暂舍，故谓五常也。③

---

① 朱熹：《四书集注》，第71页。
② 同上书，第18页。
③ 皇侃：《论语义疏》，第31页。

据引文而言，仁、义、礼、智、信五性的现实展现为博爱之德、严断之德、明辨尊卑敬让之德、言不虚妄之德、照了之德。此处的"德"不是类似于《五行》所谓的人性内在未发的"德之行"，而是已发的"行"。就这种意义看，"德之目"并非仅展现仁性，还存在着展现"义、礼、智、信"的特性。因此，从大小或范围而言，仁不过是"随事而配之"，必然劣于德，更逊于道。

四是道艺自辅。六艺从理论来源上看，不是源自人性，而是外部的教化手段，其重要性显然劣于仁。然而，皇侃却说"此章明人生处世，须道艺自辅，不得徒然而已也"，显然是在突出艺的重要性，这也表明其并不忽视外在的教化。皇侃之所有此论当与六艺在古代政治社会生活中的作用有着密切关系。黄式三《论语后案》中关于"游于艺"的注解可作辅助说明：

> 《周官》之法，教万民以艺，养国子以艺，党正之所校比，州长之所考勤，乡大夫之所察以宾兴，皆以艺。官正之会什伍，诸子之进退游倅，亦莫不以艺。士固有滞于艺而不闻道者，要未有不通于艺而遽高语道德者，此实学之所出也。今六艺之学微，其中易于复古而济于时务者，则有如射御与数，其复古甚难者，则有如乐；而犹可考正是非厘定得失者，五礼与六书耳。礼之大纲为五，尊卑际会之节，亲疏隆衰之分。先王本诸性情制为度数，既使之犟然各当于人心，而无过不及之差。细而起居出入之微，亦有所持循，使人庄敬日强，而非僻之心无自入。学者高言志道、据德、依仁，而不亟亟于礼，其能不违道贼德而大远乎仁也邪？六书之法，⊥丁指事，日月象形，江河形声，武信会意，四者为古昔字体所由制，声音所由分；考老转注，令长假借，二者为古昔用字同异之辨，而包括诂训之全。学者不留心于此，臧氏玉林所谓"不识字何以读书，不通诂训何以明经"也。古之识字者曰："反正为乏，皿虫为蛊，止戈为武。"理义莫精于是。后人以冥悟为仁，以虚无为道，以清净为德，离训诂文字而言理义，弊遂至于此，君子博学无方，六艺之学皆宜遍历以知之。故曰游于艺。①

---

① 程树德：《论语集释》，中华书局1990年版，第444—445页。

　　上述黄氏疏释从实学的角度论述六艺（礼、乐、射、御、书、数）在政治、社会、制度、文化等方面的价值与作用，视之为古代君子必要的博学之途和修身之道。黄氏此论强调六艺的重要性，这在历代《论语》注解中也是少见的。以此反观皇《疏》，皇侃提出的"道艺自辅"，将道艺看作人生处世的关键，也是突出六艺的地位，显然这与玄学家何晏、王弼"以冥悟为仁，以虚无为道，以清净为德"的疏释特点有着本质上的区别。然而，在皇侃疏中又云："其轻于仁，故不足依据"，明确表明了"道—德—仁—艺"的轻重问题，这其中似乎出现了疏解上的抵牾？事实上，从皇侃思维理路看，道以其无形（不可体）作为价值理想或原则存在于人们的日用常行之中，不可或缺，处于最重要的地位。德以其有形（成形）为现实中"得理"之行事，处于次重要的地位，而仁不过是德之一目，处于再次的地位，艺不直接来自人性，为教化之具，当轻于仁，必然处于末位。事实上，皇疏提出"道艺自辅"，并不仅就孰轻孰重而言，也存在先后问题。虽然，皇侃未能明确指明四者关系的先后，但以道艺并提，抽象与具象并举，将"游艺"视为"志道"、"据德"的实践途径，这也反映出皇侃并不是一个追求玄妙尚虚的思想家，而是反对蹈虚骛高的务实学者。

　　通过上述皇侃关于君子内涵的界定，以及对包括善人之道、先王之道、"通而不壅"之道在内的君子之道的阐发，可以看出，皇侃论君子及君子之道既继承传统，又注重在《论语》具体语境下的阐发，甚至结合了当下的实际情况。在皇侃思想中，道不是悬空的理念，而在与仁、礼及其他德行紧密结合的同时加以落实，也只有这样，才能充分体现道在现实生活中的价值，从而丰富君子的人格内涵。当然，皇侃论君子的言论是十分广泛的，除了前文所论"君子仁功"及本章所展示的君子不同义项、君子之道外，也涉及其他方面。诸如，疏释孔子语"居处恭，执事敬，与人忠，虽之夷狄，不可弃也"时，视之为"行仁之道"，并云："恒以恭逊为用也。燕居温温是也"，"行礼执事时，礼主于敬也"，"交接朋友时，宜尽忠不相欺"等，[①] 甚至引用他人语，认为"恭、敬、忠，君子任

---

①　皇侃：《论语义疏》，第 233 页。

性而行已，所以为仁也。本不为外物"①。疏释孔子语"君子义以为质，礼以行之，逊以出之，信以成之"时，认为是论"君子之行"，并云："义，宜也。质，本也。人识性不同，各以其所宜为本"，"虽各以所宜为本，而行之皆须合礼也"，"行及合礼，而言出之，必使逊顺也"，"行信合礼，而言逊顺而出塞，终须信以成之也"等。② 上述言论的侧重点虽然不一致，但是可以看出在皇侃思想中君子及其君子之道，乃至君子的其他行为，不仅仅是外在地展现先王所遗留的典文、礼乐规范及其符合德性的言行，更重要的是凸显了人性所具有的气性特质。从这种意义上而论，皇侃的君子观试图在其人性论的基础上建构一套回归传统儒学的儒家成德之教。

---

① 皇侃：《论语义疏》，第233页。
② 同上书，278页。

第七章 皇侃思想的哲学史价值

自宋以后，皇侃的著作在国内散佚。唯有唐时传入日本的《论语义疏》以完书形式存世。清乾隆三十六年（1771），杭州商人汪鹏（字翼沧，生卒年不详）从日本购回《论语义疏》，国内学者方得见（参见附录一"《论语义疏》研究述评"）。故而，因皇侃著作的遗阙，皇侃的思想长期在国内学术界未能产生重大的影响。即便如此，从哲学史延承的角度看，唐代以来在个别学者的著述及其思想中，依然能够看出所受皇侃的某些影响。以下拟就皇侃思想的哲学史价值略做概述。

一 对先秦以来儒学传统的继承

由前文可知，皇侃的哲学思想主要围绕"性"、"仁"、"孝"、"礼"等哲学范畴展开阐发。其中又以其"性论"为哲学的核心与基础。从表面上看，皇侃在阐述"性"时援引了儒、道、释、阴阳诸家之说，但皇侃性论的主要来源仍是先秦以来的"即生言性"与"用气为性"的气性论传统。在汉魏时期这一传统又被充分融入了阴阳五行与才性品鉴的思想，形成了较为复杂的气性论。皇侃性论则是此种气性论的展现。

皇侃在阐述性论时，始终坚持从自然人性论出发，人俱为禀气而定性，人性不仅无善恶，而且人性本身具有接受外界影响的特质，人性特质的彰显则形成不同的社会行为。如果说在荀子那里主张"化性起伪"，侧重强调后天的教化，那么皇侃所强调的是，虽然因禀气厚薄不同，人性存在着差异，但对每个人而言人性又具有自足性。皇侃也是立足于这种自足性阐发后天接受教化行为的。因此，较之先秦乃至两汉的气性论，皇侃性论更注重人性的特质及其彰显。事实上，皇侃对仁、孝、礼等哲学范畴的阐发也无不贯穿着这种人性论思想。诸如以自然亲爱释孝，以具有利他性的恩爱释仁，以自然情感释"恻隐"，等等。概言之，皇侃哲学的建构是以继承和丰富儒家传统思想中的气性论为其核心内容的。

如果进一步比较汉魏诸儒与皇侃的思想，皇侃对以往汉魏诸儒的继承也是非常明显的。展现在皇侃《论语义疏》《礼记义疏》中，则是广泛取用以往的诸家《论语》注，及其他一些相关文献；同时，又在取用诸家注的基础上阐述个人的哲学思想。就《论语义疏》而言，皇侃援引了汉魏南朝时期的《论语》注，标明姓氏者多达 39 家，合计 528 处；征引"一云"、"又一云"、"旧说"等未注明姓氏者多达 18 家，合计 158 处。①《礼记义疏》完书虽佚失，但据孔颖达《礼记正义序》知，其"章句详正，微稍繁广"。据现存《礼记义疏》辑文看，也是广泛援引各种经籍。皇侃博引他说不仅在于"存汉晋经学之一线"（《四库全书总目·经部·四书类一》）的文献保存价值，② 也在于皇侃通过吸收诸家注，形成了自己的思想。诸如在《论语义疏》中，疏释"有朋自远方来，不亦乐乎"时，皇侃云："同处师门曰朋。"又疏释苞咸注"同门曰朋也"时，云："郑玄注《司徒》云：'同门为朋，同志为友。'"显然，皇侃吸收了郑玄、苞咸的注释。疏释"放于利而行"时，皇侃云："放，依也。"又在疏释孔安国注"放，依也。每事依利而行之者也"时，云："若依利而行者，则为怨府，故云'多怨'。"此例则是吸收了孔安国注。

事实上，皇侃并不是一味继承前人之说，继承时是具有选择性的。诸如在疏释"学而时习之"章时，皇侃云："谓为学者，《白虎通》云：'学，觉也，悟也。'言用先王之道，导人情性，使自觉悟也。"③ 此例取《白虎通》以"觉"、"悟"释"学"之说，继承了前人之说。但是，下文同时疏释王肃注"时者，学者以时诵习也。诵习以时，学无废业，所以为说怿也"时，皇侃云："背文而读曰'诵'也。然王此意，即日中不

---

① 据顾涛先生统计。参见顾涛《汉唐经学史料索引——"皇侃〈论语义疏〉存汉晋经学之一线"说绎析》，《传统中国研究集刊》，上海人民出版社 2007 年版，第 224—237 页。然顾涛先生的统计，仍存在着一些遗漏。诸如，皇侃援引的 3 处郑玄注，顾氏未能注明。另外，梁冀注出现 3 次，也仅考征到 2 处。此外，董季棠先生《评论语皇侃义疏之得失》（上）一文（《孔孟学报》第 28 期）也对皇侃的引文做出详细的考证与罗列。

② 对皇侃《论语义疏》保存汉魏《论语》注的价值多有学者加以阐述（参见附录一），兹不赘述。

③ 皇侃：《论语义疏》，第 2 页。

忘之时也。"① 虽然此处重在释"时",但就"背文而读曰'诵'"而言,恰是汉魏时期诵习经典的通常做法,实为"学"。皇侃虽疏释王肃语,仅就其中"时"而论,似乎刻意忽略了"诵读之学"。

可见,皇侃对以往哲学思想的继承,虽然着重于传统的气性论思想,但是又博涉杂取诸家,为己所用。不仅使其著述具有了较强的理论性,也是其成为魏晋南北朝时期重要思想家的原因所在。

二　对后世儒家哲学思想的影响

《四库全书总目》认为,邢昺《论语注疏》②"大抵翦皇氏之枝蔓,而稍傅以义理。汉学、宋学,兹其转关。"③ 此实据义理阐发而言。邢《疏》义理虽未达到宋代理学的高度,但较之汉儒却有了较大的提升,故《四库全书总目》认为其为汉学、宋学的"转关"。愚以为邢《疏》之所以成为汉宋学之"转关",乃是对皇疏发明的结果。若深入对比邢《疏》,皇疏的价值则更明确。不妨以二者对"理"、"道"、"心"、"天"的阐释做比较,略征引数例,管窥由皇《疏》到邢《疏》,再到宋代理学的演变。

其一,就"理"的疏释看,如前文所援引,疏释何晏语"凡人任情,喜怒违理,颜回任道,怒不过分。迁者,移也。怒当其理,不移易也"时,皇侃云:"未得坐忘,故任情不能无偏,故违理也。……颜子道同行舍,不自任己,故曰'任道'也。以道照物,物岂逃形?应可怒者皆得其实,故无失分也。……照之故当理,当理而怒之,不移易也。"④ 而邢昺则认为:"凡人任情,喜怒违理。颜回任道,怒不过分。迁者,移也。怒当其理,不移易也。……'凡人任情,喜怒违理'者,言凡常之人,信任邪情,恣其喜怒,违于分理也。云'颜回任道,怒不过分'者,言

---

① 皇侃:《论语义疏》,第 2 页。

② 是书在历代书目中题目不同,《郡斋读书志》《崇文书目》《四库全书总目》等著录为《论语正义》,《直斋书录解题》著录为《论语注疏解经》,阮元《十三经注疏》著录为《论语注疏》,但每卷首则与《直斋书录解题》同。文中为了与刘宝楠同名著作《论语正义》相区别,均采用《论语注疏》之名。

③ 魏小虎编撰:《四库全书总目汇订》,上海古籍出版社 2012 年版,第 1063 页。

④ 皇侃:《论语义疏》,第 89 页。

颜回好学既深，信用至道，故怒不过其分理也。"① 邢《疏》不仅删去皇疏中"坐忘"、"以道照物"等具有佛道思想的论述，而且突出对"理"、"分理"的阐发。在邢《疏》中，"理"或"分理"不仅具有规则义，也与人性相联系，具有了某种形上性。显然，邢《疏》更倾向于宋代理学，自不待言。再如，疏释"吾道一以贯之"章时，皇侃云："道者，孔子之道也。贯，犹统也。譬如以绳穿物，有贯统也。孔子语曾子曰：'吾教化之道，唯用一道以贯统天下万理也。'故王弼曰：'贯，犹统也。夫事有归，理有会。故得其归，事虽殷大，可以一名举；总其会，理虽博，可以至约穷也。譬犹以君御民，执一统众之道也。'"② 邢《疏》则云："贯，统也。孔子语曾子言，我行之道，唯用一理以统天下万事之理。"③ 皇侃虽然引用王弼注，阐发执一统众思想，其理仍是事理之理，强调的仍是以道统万理；而邢《疏》以"理"代替了"道"，进一步抽象理，使其在形式上类似宋明理学中的"理一分殊"之"理"了。从总体上看，皇侃已经继承汉魏形名学、玄学将理抽象化，而邢昺在此基础上进一步选裁加工，不仅其抽象程度更高，而且论理处也多于皇侃。

其二，就"道"的疏释看，疏释《论语·述而》中"志于道"时，皇侃云："志者，在心向慕之谓也。道者，通而不拥也。道既是通，通无形相，故人当恒存志之在心，造次不可暂舍离者也。"④ 而邢昺则云："（注'志，慕也。道不可体，故志之而已'）道者，虚通无拥，自然之谓也。王弼曰：'道者，无之称也，无不通也，无不由也。况之曰，道寂然无体，不可为象。'是道不可体，故但志慕而已。"从表面上看，二人疏释十分相似，似乎均来自何晏"志，慕也"之注，与王弼"道者，无之称也，无不通也，无不由也"之语。事实上，邢昺所论之道，恰恰是"自然之谓"，与何、王玄学之"道"并无二致。而在皇侃那里，"道"不过是"道理"、"圣人之道"的含义，并不是何、王玄学中具有宇宙本根意蕴的"道"。较之皇《疏》，邢《疏》更具义理化。

其三，就以"心慕"释"志"而言，虽然源自何晏注，但是，皇侃所谓"志者，在心向慕之谓也"，"人当恒存志之在心"突出的是以心求

---

① 何晏注，邢昺疏：《论语注疏》，北京大学出版社 2000 年版，第 78 页。
② 皇侃：《论语义疏》，第 64 页。
③ 何晏注，邢昺疏：《论语注疏》，第 56 页。
④ 皇侃：《论语义疏》，第 109 页。

道。这与邢昺直引王弼注，突出道的本体义是迥然不同的。

其四，就"天"的疏释而论，据前文可知，皇侃思想中的"天"，虽然多就自然运势而言，但是仍存在着一些人格之"天"、宗教之"天"的论述，具有某些神秘性。而在邢《疏》中，屡屡提到"天本无心"（疏释"夫子之言性与天道"章），"天本无体，亦无言语之命"（疏释"子罕言利与命与仁"章），等等。此类"天"或指自然之天，或指义理之"天"，离宋儒天论思想更进了一步。

事实上，也不能因邢《疏》义理性较强而否定皇侃的努力。在皇侃那里，不仅可以找到邢《疏》的某些根源，也存在着宋代理学的某些因素。若再就上述例子看，"理"为理学的核心哲学范畴。邢《疏》中与人性相联系的"理"与"分理"说，虽有可能源自郭象的性分说，但也有可能受皇侃"性分"说的启发。尤其是皇侃也有"理事双该"、"理在事前"的思想（参见第二章），渐近于宋代理学。即便是皇侃论"理"远未达到程朱理学家天理的看法，但是宋学论理并忽视皇疏中"理则"之义。而在邢《疏》中，却很少存在此种"理"、"事"并举的论述。皇侃强调"道理"、"圣人之道"，这与宋儒挺立"道统"，大谈孔孟之道、先王之道也是一脉相承的。皇侃以"心"释"志"，与朱子所谓"志者，心之所之之谓"（疏释"志于道"），"志者，心之所之也。其心诚在于仁，则必无为恶之事矣"（疏释"苟志于仁矣，无恶也"），"志者，心之所之也"（疏释《孟子·尽心上》"尚志"）等，突出作为具有主动性的精神之"心"的论述，并无二致。因此，如果说邢《疏》以其义理化倾向被誉为汉学、宋学的"转关"，那么皇疏则是开启汉学、宋学"转关"的前提与基础。

值得注意的是，皇侃在建构其哲学思想时广泛援引王弼、郭象等玄学家语，乃至采用诸多的佛教词汇。从表面上看，其著述具有浓厚的异教色彩，但是皇侃思想的儒学本质并没有发生改变。皇侃杂摄诸家思想，不过是阐发个人思想的需要。从此种意义上看，皇侃的哲学思想不仅没有违逆魏晋南北朝三教互摄的学术风气，反而恰恰体现了当时追求多元的自由阐释学风。尤其在南朝之际，玄学逐渐暮下，皇侃的思想似乎也展现了玄学对《论语》注释影响日趋减小的现象。就上述皇侃援引佛道建构其哲学思想的方式看，也和后世一些儒家学者存在着相似性。至少在唐代韩愈、李翱撰写《论语笔解》时，援引了诸多佛、道思想。典型者如李翱云：

"寂然不动，则情性两忘矣，虽圣人有所难知。故仲尼称颜回'不言如愚，退省其私，亦足以发，回也不愚'，盖坐忘遗照，不习如愚，在卦为复，天地之心邃矣。亚圣而下，性习近远，智愚万殊。"（疏释《论语·阳货》"惟上智与下愚不移"）此说以"寂然不动"、"坐忘遗照"说明圣人境界。显然，李翱援用了《庄子》与佛教思想，与皇侃并无二致。故可以推测，在唐时类似皇侃援佛、道释儒经的学术遗风依然存在。

自清乾隆时期以来，《论语义疏》自日本传回国内，也成为《论语》注疏者参考的重要文献。以刘宝楠《论语正义》为例，是书"兼容博取，对前人的注疏，取其精要，去其芜陋，并修正疏解不当者。又观其去取，于皇《疏》取用最多，辨正也最多"①。诸如疏释《论语·公冶长》"子贡问曰：赐也何如"章时，刘宝楠云："皇《疏》谓'子贡闻孔子评诸弟子而不及己，故有此问'，非也。"② 此乃修正皇疏之释。

综上所述，无论是皇侃对先秦儒学传统的继承，还是对后世儒家哲学思想的影响，均体现在由其气性论出发而阐发的"仁"、"孝"、"礼"，乃至"道"、"理"、"天"等哲学范畴上。虽然，在皇侃那里，此类范畴远未达到如后世宋明理学的高度，也不如皇侃之时的佛道理论具有思辨性，但皇侃的努力恰恰表明，在理学之前，魏晋南北朝之际的儒学思想在佛道义理交集中的延续与发展，也为后世儒学义理的精微化奠定了理论基础。

---

① 杨菁：《刘宝楠〈论语正义〉研究》，第70页。
② 刘宝楠：《论语正义》，第167页。

结　语

皇侃生年横跨齐、梁二代，不仅受到梁武帝萧衍与其子平西邵陵王萧纶的善待，而且又曾受业于当时的大儒贺场，精通三《礼》《孝经》与《论语》。梁武帝之时，皇侃于仕途与学术上逐渐发迹。皇侃著述有：《礼记义疏》《丧服答问目录》《丧服文句义疏》《论语义疏》《孝经义疏》等。但是在后世流传的过程中，皇侃《礼记》《孝经》类著作均亡佚，目前仅存清季以来一些学者的寥寥辑文。唯有《论语义疏》以完书形式传世，这也是目前研究皇侃思想最主要的文献依凭。

就皇侃思想形成的学术背景看，魏晋南北朝时期两汉儒经注疏中的疏略与偏执的学风，逐渐被自由阐释的解经风尚所代替，促进了三教互摄的学术实践。在梁武帝时期，玄学逐渐消歇，儒学与佛教并盛，以"儒"解"儒经"成了当时的重要学术实践，这深刻影响了皇侃的撰述及其思想的形成。展现在皇侃著述的阐释特点上也是十分突出的。从体例上看，皇侃采用"义疏"与"以疏破注"的解经体例。"义疏"体本身蕴含着自由开放的特质，有助于阐释者自由阐发己说。而"以疏破注"既有助于注疏者阐发个人对《论语》的理解，也有助于在疏文中杂摄更多异质思想，从而使"疏"的地位高于"注"。从语言上看，皇侃广泛援用道家、佛教的语言，张显了经典阐释的空间。从思维方式上看，皇侃运用名实（理）、理事、本末等思维方式，有效地解决《论语》内容及诸家注繁杂甚至相左的情况，对阐释进行了梳理。

在梳理皇侃著述及其所处的学术背景的基础上，本书通过揭示皇侃思想中重要的哲学范畴来呈现皇侃的思想体系。皇侃在建构自己的哲学体系时，主要围绕"性"、"仁"、"孝"、"礼"等范畴加以阐述。

皇侃阐述性论时，首先就性的内涵与特征而言。皇侃提出了三个命题：其一，"性者，生也"。该命题主要延承了传统性论中"即生言性"

与"用气为性"两大传统，尤其受到了告子、荀子及汉魏诸儒"顺气言性"思想的影响，属于典型的气性论。皇侃认为，人俱禀天地之气而生，由禀气而定性。因同禀一气，故人性"相近"，此即人性的共性特征。其二，"性无善恶，而有浓薄"论。从表面上看，皇侃融合了传统性论中"性无善恶"论与道家的"性超善恶"论，但实际上皇侃依然在"生之谓性"、"用气为性"的气性论基础上，承续了肇自告子且在汉魏儒那里得到进一步发展的"性无善恶"论。立足于人性的共性看，所禀为一气，性则无善恶之别。其三，"人生性分各有所能"说。皇侃此论融合了郭象的性分论、孔子以来的性品论及其汉魏才性论等。从人性的个性特征看，因人所禀之气的厚薄不同，人性的特质也存在着不同，即"性分"不同。因此，人性特质的彰显与所接受的环境影响也不同，故出现了不同人格类型，即"习相远"。在上述论述的基础上，皇侃对"性"与"情"，"性"与"命"的关系又进行了着重阐述。皇侃援引了王弼"性其情"说，但是皇侃的"性其情"论已不再是王弼玄学式的以本体之"性"来支配经验之"情"，而是立足于人性中天然具有的合理性，及其在现实中基于这种合理性去恢复人性自然之情，帮助个体摆脱外界欲望的熏染，维护社会的教化。皇侃在阐述"性"与"命"时，不仅强调作为自然运势的天命具有不可改变性，也强调具有主动性的人在各自性分的范围内存在着自足性，而追求这种自足性即是彰显个人的生命价值与意义。尤其值得注意的是，虽然皇侃在其性论中广泛援引了王弼、郭象等玄学家的性论思想，但是从总体上看皇侃始终立足于儒家气性论的立场，对玄、佛思想的吸收多限于思维理路。

皇侃仁论主要从"仁的本质与地位"、"为仁工夫"、"为仁功效"三个方面加以阐述。首先，就仁的本质看，皇侃提出了"仁者，人之性也"与"仁者，恻隐之义"两个命题。皇侃认为，人禀五行之气而生，仁、义、礼、智、信为人性中生而即有的五种不同品质，即人性的内容或特质。由于每个人所禀之气存在着厚薄之分，故造成有的人仁性"少"，有的人仁性"多"的分别，即性分不同。性仁之人可以有效地彰显仁性特质而成为仁人，而少有仁性者则往往会因受外界境遇的影响，不能有效地彰显人性特质而成为不仁之人。可见，仁性成为现实德性人格塑造的前提与保障。为了更进一步说明仁性的彰显，皇侃引入"仁者，恻隐之义"的命题。"恻隐"即指仁性的特质（"仁心"），属于未发的状态。仁性恻隐特质的彰显表现为"恻隐济物"、"恻隐济众"、"利己与利他"、"恩爱"等。皇侃思想中的"爱"、"济物"、"济众"等，均是建立在自然人性论的基础之上的，而非受道德心驱使或观照之下的"爱"、"济物"与"济众"。其次，仁性的彰显即进入了皇侃仁论的第二层结构——"仁之用"（为仁功夫）。"为仁功夫"存在着两个相互关联的方面：一是通过"约俭己身"以彰显仁性，即"克己"、"恕"、"敬"等反求诸己功夫；二是在社会中"行仁"，即皇侃所谓的"仁是恩爱"、"仁是行盛"等利他的践履。可见，皇侃为仁功夫不仅关注个人的修养，也注重对他人、社会的利惠，将"立己"与"利他"有效地结合起来。最后，皇侃也十分突出对为仁功效的阐述。由于人们所具有的仁性特质不同，其仁功也存在着不同。圣王的"仁功"在于"新制礼乐"，而圣师孔子的仁功则在于"传述旧章"。对于圣王以下之人来说，从禀性上说并没有圣王仁性的圆足，其德位也不及圣王，故其仁功主要表现在两个方面：一是论述其在政治上辅佐人君、教化百姓的仁功。二是从成就个人德行上展现仁功。诸如管仲因其禀性中的礼、智等特质得不到有效彰显，故出现不知礼的现象，但却可以成就辅天子、合诸侯、匡天下的济世仁功。皇侃对仁功的论述，也是从禀性、性分出发的，随类而论之。

皇侃主要从"孝的本质与地位"和"孝的实践"方面构建其孝论。从前者考察，皇侃孝论的基础在于人性所具有的特质及其彰显：从人性论出发，皇侃认为，孝与仁在本质上是一致的，均具有自然亲爱、利人惠他向外彰显的特质，且以血缘亲情为基础的孝为仁中最基础、最根本的内容。从现实层面看，行仁居于五常之首，万行之首。由行孝推而行仁，行孝则具有了"百行之本"的地位。从后者考察，皇侃提出"孝是事亲之目"与"以孝友为政"两个命题。在皇侃看来，事亲是行孝最为基础的内容，其论述的着眼点则是从"孝子之心"、孝子生而即有的自然情感出发。行孝具有"无违"、"爱敬"、"父子相隐"等特征。同时，皇侃也认为，孝道的推广自入手处开始即不拘一格，以改善迁过、全生、立身、扬名荣亲等为目的。就"以孝友为政"看，皇侃阐述了"为风政者，以孝悌为主"与"移孝为忠"的思想。紧紧围绕孝忠合一来立论，不仅认为孝悌是为政教化的主要内容，而且将家庭伦理层面的个体行孝与国家伦理层面的忠君思想相结合，即在行孝中将公德与私德并举不悖。

皇侃礼论主要围绕礼的起源、礼的本质、礼的实践三个方面来阐述。

首先，就礼的起源看，皇侃吸收了西汉时期的纬书《礼含文嘉》中"礼理起于大一，礼事起于遂皇，礼名起于黄帝"三个命题。然而皇侃在阐释时却立足于宇宙生成论，将《礼含文嘉》中的"太一"为"太一神"义转化为"元气"，认为礼（社会秩序）之"理"来源于天地理则，统自然秩序与社会秩序为一，以人事类附天道。尤其是皇侃又承续了《礼记》中援引阴阳五行作为其理论的特点，为其礼论中天道与人事统合的思想提供了重要的理论支撑。同时，皇侃又承续儒家传统中"圣人制礼"的思想，揭示礼事与礼名的起源，为名教社会伦常制度的制定与实施提供了权威性的说明与支撑。其次，从礼的本质上看，皇侃吸收了《礼记·礼器》中"礼也者，犹体也"的思想，主要围绕"礼者，体其情"，"礼是体别"两个方面进行阐述。从"礼是体别"看，礼具有"明别"的本质或功能，明别政治秩序与人伦秩序。值得注意的是，皇侃在阐述时面对魏晋以来盛行的郑玄、王肃亲亲、尊尊之辩，试图从礼的内容与形式两个方面沟通郑、王。从"礼者，体其情"看，该命题虽来自郭象，但皇侃援用的目的在于阐发"以礼齐整之"之义，将"情"视为礼的本质与内涵，顺应了魏晋南北朝时期"缘情制礼"的学术思潮。诸如，皇侃在阐发"三年之丧"思想时，认为遵循三年之丧的实质在于君子之心的安与不安。"心之安"乃是发自人性潜在的仁爱父母的自然亲情，故而从本质上说礼制不过是顺应人情的外在表现而已。最后，就礼的实践而言，皇侃吸收了《礼记·祭义》"礼者，履此者也"的思想，提出"礼贵得中"、"礼以敬为主"、"礼乐相须"、"学礼立身"等命题。"礼贵得中"注重吸收孔子的"中庸"思想，主张礼为社会生活的规范，不能偏离不偏不倚的"中"道，遵循"各宜当情"。"礼以敬为主"则是将"敬"作为礼的规范与展现。敬与礼的结合不仅说明作为礼的行为主体（人）在践履礼时内心须敬，以敬的庄重心态去履行礼，也说明作为社会规范的礼本身包含着人在社会生活中所要具备的敬。"礼乐相须"则展现了儒家"礼乐互补"的传统。认为人君行教，须采取礼乐相须的途径。既要以外在规范之礼约束人们的行为，大小事皆须遵循，又要以乐来和顺民心。如果说"礼乐相须"侧重的是社会教化，那么皇侃对"学礼立身"的阐述则是侧重个人的修习，将学礼视为人生存的必备条件，"人无礼则死，有礼则生，故学礼以自立身"。可见，皇侃礼论不仅注重礼的来源与现实的结合、本质与形式的结合，更注重政治教化与个人德行修习的结合。

在人格形象的阐发上，皇侃十分重视对圣人与君子的阐发，其中又以对"君子"的阐发为甚。在解释其君子义项包括人君、人师、朋友、孔子诸多方面后，进一步阐发了皇侃思想中的君子之道。在皇侃看来，《论语》中的君子之道较为广泛，仅择取善人之道、先王之道、"通而不壅"之道三方面加以解读。皇侃论善人之道，本于善人人性中善的特质的自然展现，其展现不仅在言、行、色等方面倾向于个人的行为，也包含着在社会政治关系中劝友进德修业与教化百姓等行为。先王之道存在着"中和可常行之德"，"先王之典"，"文武之道"，"道，犹礼"诸方面的内容，突出继承和学习先王之德、之典、之礼等方面的内容。"通而不壅"展现了皇侃对"道—德—仁—艺"的阐发，既展现道、德的抽象性，又避免其落入玄学的寰臼；既突出仁、艺价值，又看到其劣于道、德。总体而言，皇侃论君子及君子之道一方面展现其继承了儒学传统思想，另一方又呈现出自我创新式的理解。

总之，在魏晋南北朝时期儒、道、释等思想交会融合的学术大背景下，皇侃在构建其哲学思想体系时，虽然援引了诸家思想，但是从其理论本质上看依然是立足于儒家传统，以其具有明显汉魏特色的气性论作为理论基础，不仅阐述了人生而即有的"仁性"及其彰显，也进而阐述了孝、礼等儒家哲学范畴的内涵。从学术史上看，南朝时期，玄学逐渐消歇，儒家日益兴盛，皇侃应时而起，其思想典型地展现了这一时期儒学发展的特点，成为魏晋南北朝儒学发展史上的一枝奇葩。同时，就义理阐发而言，皇侃对儒经义理的阐发，虽然未能达到宋明理学的高度，甚至远逊于同时期的佛、道思想，但仍以其博杂兼收诸家的特点为后世儒家义理之学的发展提供了仿效作用。

附录一 《论语义疏》研究述评^①

清代乾隆年间，久已亡佚的《论语义疏》从日本传回，引起了学术界的广泛关注，关于该书的研究至今不绝如缕。本文拟从以下四个方面对前人的研究成果做一较全面的回顾与检讨。

一 关于《论语义疏》流传过程的研究

关于《论语义疏》流传过程的研究，是学术界最为关注的方面。《论语义疏》成书于南朝梁武帝时期，后于中土亡佚，直至清乾隆时期重新由日本传回。^② 故而，何时成书？何时于中土亡佚？何时传回？有关其中种种波折的研究成了重视考据的清代学者乃至现代学术界诸多学者关注的焦点。

据笔者寓目所及，学术界关于这方面的论述颇多，进行详细分析的重要论著主要有：武内义雄《校论语义疏杂识》之《论语义疏之来历》，陈

---

① 本文撰成于 2009 年下半年。笔者近年又留意到国内出版的数篇日本学界关于《论语义疏》的研究成果，可补文中某些缺憾，本次修改时亦未能一一补入。参见〔日〕影山辉国《〈论语义疏〉钞本与根本刻本的底本》，高田宗平《日本古代〈论语义疏〉受容史初探》，藤塚邻《皇侃〈论语义疏〉及其日本刻本对清朝经学的影响》，长泽规矩也《关于〈论语义疏〉传入日本的疑问》诸文，均载于刘玉才主编《从钞本到刻本：中日〈论语〉文献研究》，北京大学出版社 2013 年版。

②. 《论语义疏》传入日本的时间，日本学术界也存在着歧说，诸如高田宗平认为："皇侃的《论语义疏》早在'古记'成书的天平十年（738），就已经传入日本，经过奈良、平安时代，得到了亲王、公卿、中下级贵族、官员、释家们的接受。"（高田宗平《日本古代〈论语义疏〉受容史初探》，刘玉才主编《从钞本到刻本：中日〈论语〉文献研究》，第 211 页）其中天平十年为唐玄宗开元二十六年。长泽规矩也认为："皇《疏》或许是南宋初年传入日本，将《邢疏》附入《皇疏》是南北两宋之间的人所为。"（长泽规矩也《关于〈论语义疏〉传入日本的疑问》，刘玉才主编《从钞本到刻本：中日〈论语〉文献研究》，第 466 页）

金木《皇侃之经学》，陈东《关于皇侃〈论语义疏〉的整理与研究》，徐望驾《〈论语义疏〉语言研究》附录"皇疏版本流转考略"、刘咏梅《皇侃〈论语义疏〉研究》等，① 其中，刘咏梅的论文贡献良多。刘文虽命名为《皇侃〈论语义疏〉研究》，但主要是对《论语义疏》进行翔实的文献学考察，其思想性较弱。② 然而，上述研究所依据的文献大致相同，但结论出现多种歧说。《论语义疏》最早见于唐修《梁书·儒林传》，其后《南史·儒林传》《经典释文·序》《隋书·经籍志》《旧唐书·经籍志》《新唐书·艺文志》《崇文总目》《中兴馆阁书目》《宋史·艺文志》、晁公武《郡斋读书志》、尤袤《遂初堂书目》等均加以著录，但是至陈振孙《直斋书录解题》则不再著录，故而学术界往往以上述著录情况为研究依凭，来判断《论语义疏》于国内亡佚的时间。代表之论如下：

一者，南宋时或南宋以后散佚。孙志祖、王大隆、武内义雄、王重民等持此说。清儒孙志祖云："皇侃《论语义疏》十卷，当南宋时已佚失，故朱子亦未见之。"③ 王大隆云："至陈振孙《书录解题》始阙不载，朱子《集注》亦未征引，知亡失在南宋时。"④ 陈澧又认为，关于"知德者鲜矣"章的释义，王肃之说非是，皇疏不从，而朱注却取，故"《遂初堂书目》有皇侃《论语疏》，朱子与尤延之友善，盖未借阅欤"⑤。武内义雄云："二家之说（按：邹伯奇、陈澧二家说），不知孰当，然南宋以后

---

① 〔日〕武内义雄：《校论语义疏杂识》，江侠庵编译：《先秦经籍考》（中册），上海文艺出版社 1990 年版，第 619—917 页。陈东：《关于皇侃〈论语义疏〉的整理与研究》，黄怀信、李景明主编：《儒家文献研究》，齐鲁书社 2004 年版，第 139—157 页；又载鞠曦主编，《恒道》第 3 辑，吉林文史出版社 2005 年版，第 418—433 页。刘咏梅：《皇侃〈论语义疏〉研究》，曲阜师范大学 2006 年历史学硕士学位论文，期刊网。此外，亦有些著作或论文涉及这一问题，如〔日〕鸟田翰《汉籍善本考》（北京图书馆出版社 2003 年版），杨守敬《日本访书志补》（《杨守敬集》第 8 册，湖北人民出版社、湖北教育出版社 1988 年版），吴承仕《论语集解皇疏校理自序》（吴承仕注《经典释文序录疏证》，中华书局 1984 年版），徐望驾《皇侃〈论语义疏〉版本研究述评》（《古籍整理研究学刊》2002 年第 2 期），卓忠信《论语何氏集解、朱子集注比较研究》（"国立"政治大学中国文学研究所 1967 年硕士学位论文），宋钢《六朝论语学研究》（中华书局 2007 年版）等。

② 刘文仅用一章（共两节），从思想史、经学史的角度探讨《论语义疏》文本。

③ （清）孙志祖：《读书脞录》卷 2，《清经解》卷 492，上海书店 1988 年版。

④ （清）王大隆：《论语皇疏考证跋》，桂文灿：《论语皇疏考证》，《丛书集成续编》第 13 册，上海书店 1994 年版，第 863 页。

⑤ （清）陈澧：《东塾读书志（外一种）》，第 25—26 页。

皇疏已经散佚甚明。"① 武内氏此论，甚为谨慎！此外，王重民也云："宋咸平中，邢昺奉诏依皇本作新疏，颁列学官，皇疏遂微，至南宋而竟失传。"②

二者，亡佚于南宋庆元（1195—1200）之后。此说肇自清儒邹伯奇。邹伯奇云："皇氏此书著录于《遂初堂书目》，尤延之与朱子同时交好。是朱子时，此疏未泯。又考朱子《论语要义序》亦言邢昺等取皇疏约而修之以为《正义》。"并列举十处朱注与皇疏相合而邢疏不取者，佐证其论云"安知朱子不犹及见之，未必尽偶合也"。③ 邹氏之论实际上暗示了朱子生前仍见该书，其亡佚时间上限不能早于朱子的卒年——宋宁宗庆元六年（1200）。此论对后世具有重大影响，诸如日本学者大田锦城《九经谈》通过列举二家相合的例子，认为："晦庵先生解《论语》，与古注异者多出自皇侃《义疏》。"④ 陈金木则云："自朱子卒后，即南宋光宗庆元六年（西元一二〇〇年），学者撰著《论语》注释之书，即未再有人援引矣！至此，皇侃《论语义疏》于中国恐已亡佚！"⑤ 傅熊（Bernhard Fueh-rer）亦云："尽管似乎不可能指出《论语义疏》在中国流失的确切时间，但这一点却可以显示出，即在朱熹以后我们未见任何一位注解者提到皇疏的书。这表明如此说法是靠得住的，即在 1200 年左右，它在中国已经确定无疑地佚失了。"⑥

三者，乾道（1165—1173）、淳熙（1174—1189）以后亡佚。《四库总目提要》、孙述圻等持此说。《四库全书总目》云："此书《宋国史志》、《中兴书目》、晁公武《读书志》、尤袤《遂初堂书目》皆尚著录。……迨乾、淳之后，讲学家门户日坚，羽翼日众，铲除异己，惟恐有一字之遗，遂无复称引之者。"⑦ 孙述圻承续此论，云："自南宋乾道、淳熙（西元 1165—1190 年）以后，再不见有人著录、称引皇侃《论语义疏》这部书

---

① 武内义雄：《校论语义疏杂识》，《先秦经籍考》（中册），第 711 页。
② 王重民：《敦煌古籍叙录》，中华书局 1997 年版，第 70 页。
③ （清）邹伯奇：《皇侃论语义疏跋》，（清）张维屏选：《学海堂三集》卷 13，清咸丰九年（1859）启秀山房刊本。
④ 转引自陈东《关于皇侃〈论语义疏〉的整理与研究》，《儒家文献研究》，第 155 页。
⑤ 陈金木：《皇侃之经学》，第 151 页。
⑥ 〔英〕傅熊：《经典注释文本与流行版本的异同——以〈四库全书〉本皇侃〈论语义疏〉为例》，《世界汉学》第 3 期，第 199 页。
⑦ 魏小虎编撰：《四库全书总目汇订》，上海古籍出版社 2012 年版，第 1061 页。

了，即便是南宋著名藏书家陈振孙的《直斋书录解题》也未收录。它竟然成了不明下落的佚书。"①

四者，淳熙（1174—1189）、绍熙（1190—1194）以后亡佚。刘咏梅持此说。刘氏主要根据尤袤的卒年绍熙五年（1194）推断："《论语义疏》亡佚的大致时间当在南宋中期淳熙、绍熙年间。……公元1165—1173年是乾道年间，尤袤还生活在这一时期，因此，把皇疏后人不再著录、称引的时间放在淳熙、绍熙之后更为合适。"② 此外，卓忠信也提出大致与刘氏类似的说法："自乾道淳熙以后，学者无复称引皇疏者。是皇疏之失，或更可缩为南宋孝光二宗之世矣！"③

五者，绍熙元年（1190）、景定二年（1261）之间亡佚。徐望驾持此说。徐氏的依据乃是陈振孙的卒年与宋光宗赵惇继位之年。陈振孙生于淳熙十年（1183），卒于景定二年（1261）。徐氏认为，既然如《四库全书总目》所云乾、淳以后，"遂无复称引者，而陈氏《书录解题》亦不著录"，故"皇疏佚失时间不会晚于陈氏有生之年，即最迟在宋景定二年（1261）"。而皇侃《论语义疏序》中晋著作郎江淳本为"江惇"，避宋光宗赵惇之讳。皇疏又屡次出现"敢重"一词，"敢"当为"敦"。"敦"与"惇"音近，也是避赵惇之讳。绍熙元年（1190）宋光宗赵惇始继皇帝之位。故"皇疏从中土流失的时间不会早于宋绍熙元年"。④

检别以上诸说，其判断标准可概括为：尤袤、朱子、陈振孙三人的卒年与赵惇继位之年。据尤袤卒年判断，刘咏梅所持"淳熙、绍熙以后"亡佚之说最为合理，而《四库总目提要》、孙述圻等所持"乾淳之后"亡失之说，推断偏早。如果再向后推断散佚时间，必须关注朱子卒年与陈振孙卒年。陈氏卒于朱子之后。如果连与尤袤关系密切且注《论语》甚勤的朱子都未得见，陈氏见到的可能性也就更小了。故而研究的关键在于判

---

① 孙述圻：《论皇侃〈论语义疏〉》，林庆彰：《中国经学史论文选集》（上册），文史哲出版社1992年版，第604—605页（原载《南京大学学报》1986年第3期，第89—96页）。在引文中，孙氏记"淳熙（西元1165—1190年）"，然据《宋史》卷36《光宗本纪》：淳熙十六年（1189）二月，宋孝宗赵眘禅位给太子赵惇，次年改元淳熙，即西元1190年为宋光宗绍熙元年。孙氏所记有误。

② 刘咏梅：《皇侃〈论语义疏研究〉》，曲阜师范大学2006年历史学硕士学位论文。

③ 卓忠信：《论语何氏集解、朱子集注比较研究》，"国立"政治大学中国文学研究所1967年硕士学位论文，第15页。

④ 徐望驾：《〈论语义疏〉语言研究》附录1，中国社会科学出版社2006年版，第202页。

断朱子是否得见。然而，"皇疏与朱注之间的关系依然是个谜"①，将此谜揭开方有助于断定下限。事实上，在现有史料缺乏明确记载二者关系的情况下，邹伯奇、大田锦城等人所做的尝试，即采用二家注相对比的方法是最有说服力的，惜二人没有进行全面考察，故留下了"偶合"、"暗合"的担心或猜疑。② 据笔者初步考察，皇疏与朱注相合者多达67条③，如此多的数量，绝非"偶合"、"暗合"！显然，朱注极有可能直接或间接地受到了皇疏的影响。因此，愚以为《论语义疏》散佚的时间暂可以推断为：至早不应超过朱熹去世的时间（1200），故其上限晚于赵惇继位之年（1190），下限不超过陈振孙去世的时间（1261）。

相对于《论语义疏》的佚失研究，从日本重新传回国内的情况因史料记载较为明确，学界基本上没有分歧，介绍性论著也颇多。兹列举数篇重要论著：卢文弨《皇侃〈论语义疏〉序》、翟灏《四书考异·总考三十二》《四库全书总目》卷三五、吴承仕《论语集解皇疏校理自序》、陈东《关于皇侃〈论语义疏〉的整理与研究》、刘咏梅《皇侃〈论语义疏研究〉》《〈论语义疏〉点校说明》（《儒藏》本）等文章。④ 此类文章大致认为：日本享保十五年（清雍正八年，1730）日本山井鼎《七经孟子考文》成书，在其《凡例》中称日本存有唐代传入⑤、后由足利学堂刊刻的《论语义疏》。该书在雍正期间已传至国内，后吴兴商人伊海（字孚九，号莘野，又号汇川，桴鸠，自称云水伊人。尝游日本，为日人所推重）在长崎购得此书传至国内，流入藏书家汪启淑（1728—1799，字秀峰，号䜣庵，一字慎仪。自称印癖先生。清著名藏书家、金石学家、篆刻家。安徽歙县人，居于杭州）之手。乾隆二十六年（1761）崔灏、杭世骏于汪氏处根据《七经孟子考文》中记事知《论语义疏》尚存，此信息在国

----

① 陈东：《关于皇侃〈论语义疏〉的整理与研究》，《儒家文献研究》，第156页。

② "偶合"、"暗合"见于邹伯奇《皇侃论语义疏跋》，卓忠信《论语何氏集解、朱子集注比较研究》。

③ 详见附录二"皇侃《论语义疏》与朱熹《论语集注》相合考"。

④ 前注已注明出处的论著，此处不再赘录。卢文弨《皇侃〈论语义疏〉序》（《丛书集成初编》《知不足斋丛书》等版本的《论语义疏》存有）、翟灏《四书考异·总考三十二》（《皇清经解》本）、《〈论语义疏〉点校说明》（《儒藏》精华编第104册，北京大学出版社2007年版）。

⑤ 刘咏梅认为，"皇《疏》流落日本的时间有可能在隋末唐初"，亦可备一说。

内尤其是江浙学者间逐渐传播。至乾隆二十九年（1764）左右①，杭州商人汪鹏（字翼沧，号竹里山人）从日本购得根本逊志据足利学堂所藏《论语义疏》旧抄本的校刻本。该书亦由汪鹏进献于清廷为编纂《四库全书》之用，进而由当时的浙江布政使王亶望进呈，被收入《四库全书》。王氏在进献该书的同时，鲍廷博（字以文，1728—1814）加以校正翻刻。在乾隆四十七年（1882）王氏获罪自尽后，刻板归鲍廷博所据，并加以刊印，收录进《知不足斋丛书》。日本学者藤塚邻认为，鲍氏在将此书收录进《知不足斋丛书》时，"因为不便再写有王亶望之名，所以均将其从每卷之首消去，故虽跨有三行的空格，但刻有名字的，只有何晏、皇侃的两行而已。而且如上所举的《八佾篇》等疏文，也改易了原刻本，和《四库全书》一样进行了改易"②。而国内一些学者认为，关于此刊刻过程的研究存在着某些问题："四库采进本是汪鹏所献还是鲍廷博所献？何时所献？关系到四库本皇疏文字改动的年代与责任，但现在还仍然是个谜。"③

二　关于《论语义疏》的版本辨伪、内容校勘等研究

《论语义疏》不仅在日本国内版本众多，勘校困难，而且传入国内的版本与故有书籍中的残存引文，在文字、语句等方面也出现了诸多差别，乃至抵牾，这引起了学术界的广泛关注。故而，该书是不是伪书？对不同版本的识别、校勘、考证与研究等成为清季以来学术界的聚焦所在，研究成果也颇多。以下仅对这方面的研究成果择要做一回顾与检讨。

这方面的代表性论著有武内义雄《校论语义疏杂识》及其所校勘的《论语义疏》、澀江全善等编《经籍访古志》、吴骞《皇氏论语义疏参订》、陈澧《东塾读书志》卷2、涂象渊所校《论语义疏》、桂文灿《论语皇疏考证》与《皇侃论语义疏跋》、邹伯奇《皇侃论语义疏跋》、章凤

①　崔灏记载为乾隆三十六年（1771），有误。参见藤塚邻《皇侃〈论语义疏〉及其日本刻本对清朝经学的影响》，刘玉才主编：《从钞本到刻本：中日〈论语〉文献研究》，第434页。

②　藤塚邻：《皇侃〈论语义疏〉及其日本刻本对清朝经学的影响》，刘玉才主编：《从钞本到刻本：中日〈论语〉文献研究》，第438页。

③　陈东：《关于皇侃〈论语义疏〉的整理与研究》，《儒家文献研究》，第154—155页；刘咏梅：《皇侃〈论语义疏研究〉》，曲阜师范大学2006年历史学硕士学位论文。

翰《皇侃论语义疏跋》、潘继李《论语义疏跋》、孙志祖《读书脞录》卷
2《论语补》、桂坫《皇氏论语义疏真伪考》、祁永膺《皇氏论语义疏真伪
考》、傅维森《皇氏论语义疏真伪考》、杨守敬《留真谱》与《日本访书
志补》中的相关考察、王重民《敦煌古籍叙录》之《论语疏》、李方
《唐写本论语皇疏的性质及其相关问题》、陈金木《皇侃之经学》、陈东
《关于皇侃〈论语义疏〉的整理与研究》、徐望驾《〈论语义疏〉语言研
究》附录"中外皇疏版本简介"、刘咏梅《皇侃〈论语义疏〉研究》、
《论语义疏》（儒藏本）等。① 这些论著除了对《论语义疏》的文字、语
句进行勘校，取得大量的研究成果外，还彻底解决了该书自日本传回国内
后学术界出现的有关该书真伪之辨的问题。

　　概言之，《论语义疏》版本除敦煌写本外，所流传版本大致有两个系
统：一是以足利学校所藏大永天文间古抄本为底本，而刊刻的根本逊志
本，后传入中国国内。二是以京都龙谷大学所藏文明九年抄本为底本，以
十种古抄本为合校本的武内义雄校勘本。但初传回中国的为根本逊志本，
该版本存在着篡改体式、任意校改经文与注疏，且未加说明等问题，故
而，清代学者在研读时，对该书做出了"真书说"、"伪书说"或不尽真
说的判断。持真书说的主要有孙志祖《读书脞录》、杨守敬《留真谱》、
祁永膺《皇氏论语义疏真伪考》、皮锡瑞《经学历史》等；持不尽真说的
主要是陈澧《东塾读书志》、桂坫《皇氏论语义疏真伪考》等，持伪书说
的主要为江藩《国朝汉学师承记》。② 然而，自武内义雄《校论语义疏杂

① 〔日〕澁江全善等编《经籍访古志》（贾贵荣辑：《日本藏汉籍善本书志书目集成》，北京图书馆出版社2003年版。皇疏评介内容见第114—118页），吴骞《皇氏论语义疏参订》（《续修四库全书》经部153册），涂象渊所校《论语义疏》（《汉魏遗书钞》第3册，钟肇鹏编：《古籍丛残汇编》，北京图书馆出版社2001年版，第729—763页），桂文灿《论语皇疏考证》（《丛书集成续编》第13册，上海书店1994年版，第847—863页），邹伯奇、桂文灿、章凤翰、潘继李三人《皇侃论语义疏跋》（均载张维屏选《学海堂三集》卷13，清咸丰九年启秀山房刊本），孙志祖《读书脞录》（嘉庆四年刊本）、余萧客《古经解钩沉》（乾隆间刊本）、桂坫《皇氏论语义疏真伪考》（桂坫《晋砖宋瓦室类稿》卷4，光绪间刻本），祁永膺《皇氏论语义疏真伪考》（祁永膺《勉勉鉏室类稿》卷4，光绪三十一年刻本），傅维森《皇氏论语义疏真伪考》（傅维森《缺斋遗稿》卷1，1922年铅印本），杨守敬《留真谱》（上册，北京图书馆出版社2004年版，第225—228页），李方《唐写本论语皇疏的性质及其相关问题》（《文物》1988年第2期），陈金木《皇侃之经学》（国立编译馆1995年版，第152—174页）。

② 刘咏梅先生在分析该问题时以"真实说"、"不尽真说"、"伪造说"做了划分，分析甚详。以下论说参考刘说。陈金木又罗列了清儒朱一新、李慈铭、郑献甫等人之论说，亦不出上述论断（《皇侃之经学》，第175—176页）。

识》及所校勘本《论语义疏》、陈金木《皇侃之经学》问世后，学术界对
该书的来历、日本一些现存版本及其经注间的差异有了更深刻的认识，真
书之说逐渐彰明。

上述检视表明，虽然前贤对《论语义疏》的版本研究做出了许多的
贡献，尤其是武内义雄、陈金木两位先生贡献突出，但是武内氏校勘本，
漏采了诸多中国学者的研究成果，存在着一些缺憾。而且陈金木辑得现存
《论语义疏》抄本、刊本就多达 20①，也远超过武内氏当初所利用的 11
种，故其校勘也存在着参校本不足的遗憾。2007 年 4 月国内出版的《儒
藏》（精华编 104 册）也收录了陈苏镇等 6 位学者点校的《论语义疏》，
该本以怀德堂本为底本，参校《知不足斋丛书》本，同时将武内氏校勘
记略做删节，置于正文相关各句之下，加以新式标点。虽然该书在武内氏
校勘本的基础上做了一些提升，但是仍忽视了武内氏之后发现的诸多版本
和以往诸多学者的研究成果，仍不为憾事！因此看来，学术界所期盼的更
高质量的《论语义疏》校勘本的出现尚待时日！

三　《论语义疏》注疏特点的研究与检讨

对文本注疏特点的解读是经学研究关注的主要内容，而《论语义疏》
作为南北朝时期仅存的一部《论语》学完书，对其注疏特点的研究自然
成了这一时期经学研究不可忽视的内容。故而，清代以降，各类著论不乏
对其注疏特征的解读，如皮锡瑞云：“皇侃《论语义疏》，名物制度，略
而弗讲，多以老、庄之旨，发为骈俪之文，与汉人说经相去悬绝。”② 章
凤翰云：“唐疏例不破注，凡与注异者，每从摈斥，即注义实有未安亦必
曲为迴护，皇氏此疏则不然。”③ 然而，清儒所论尚未周全，笔者所见分
析最为深入者莫过于董季棠《评论语皇疏之得失》、陈金木《皇侃之经
学》、唐明贵《〈论语〉学的形成、发展与中衰——汉魏六朝隋唐〈论
语〉学研究》、刘咏梅《皇侃〈论语义疏研究〉》、宋钢《六朝论语学研
究》等论著。董文从材料入手阐述了《论语义疏》博采众说、疏释精当、

---

① 陈金木：《皇侃之经学》，第 158 页。
② 皮锡瑞：《经学历史》，第 123 页。
③ 章凤翰：《皇侃论语义疏跋》，《学海堂三集》卷 13，清咸丰九年（1859）启秀山房刊
本。

阐述周详、详于典实的优点，与以佛家之说经、以道家之说经、以阴阳五行之说经、所解怪异不经、所解繁琐冗杂、所解牵强不适的缺失。① 陈著从考察疏语构成入手，揭示其中勘正注文、分析句读、解释词义等 12 项疏释内容，以及援用道家思想、阴阳家思想、佛家思想注书的特征；并认为皇疏的中心思想为"《论语》为圣书、孔子为圣人"，又具有"浸染时代风尚"、"意图玄同三教"的思想特征。② 唐著从"旁征博引、内容翔实"，"释读篇名，阐述排序原因"，"经注文兼疏"，"援佛释《论》"四个方面加以分析。③ 刘文则从"篇名作疏，释读篇名，阐述排序原因"，"标明经、注起止"，"经、注文兼疏"的外在体制，与"诠解"、"串讲"、"论难"、"案断"的训解体制方面解读。④ 宋文也从"先解篇名，次释章义，并分析篇章结构"，"'疏而不漏——对经文、注文作全面解释'"，"标明注释起讫"，"疏文中常有问答"，"疏亦破注"五个方面阐述。⑤

检视以上诸论，其分析雷同或相似之论颇多，究其因，乃是以经学的研究范式探究《论语义疏》的注疏特征，所论多聚焦于文本表层结构的分析，故而很难再发现其他特点，古今学者之论也必然趋于一致。若清儒皮锡瑞、章凤翰之论，后人承续，虽非尽是叠床架屋，但难有发明创建！因此，摆脱这种递相模学的境遇须在上述研究的基础上，进一步深入义理层面。

四 关于《论语义疏》思想的研究与检讨

据笔者陋见，这一方面的研究大致可以分为两个层面：一是总体性的评价；二是哲学范畴的研究。

---

① 参见董季棠《评论语皇疏之得失》上、下篇，分别载《孔孟学报》1974 年第 28 期；《孔孟学报》1975 年第 29 期。

② 陈金木：《皇侃之经学》，第 223—263 页。

③ 唐明贵：《〈论语〉学的形成、发展与中衰——汉魏六朝隋唐〈论语〉学研究》，中国社会科学出版社 2005 年版，第 180—194 页。

④ 刘咏梅：《皇侃〈论语义疏研究〉》，第 23—34 页。

⑤ 宋钢：《六朝论语学史》，中华书局 2007 年版，第 187—192 页。此外，宋著在"《论语义疏》的价值"一节里也从一些方面补充或深化了上述注释特点（第 193—206 页）。

（一）总体性的评价

清季以来，学术界关于《论语义疏》的研究，主要集中于对其思想的总体性评价之上。概言之有二：

其一，"以玄虚说《论语》"。此说认为，《论语义疏》深受正始以来玄学（道家）的影响，具有鲜明的玄学（道家）特点或倾向。以皮锡瑞、陈澧、吴承仕、钱穆等人为代表。皮锡瑞云："皇侃《论语义疏》，名物制度，略而弗讲，多以老、庄之旨，发为骈俪之文。"① 陈澧云："何注始有元（按：当为玄，避清圣祖玄烨讳）虚之语。……自是以后，玄谈竞起。……而皇氏元（玄）虚之说尤多。甚至谓原壤为方外圣人，孔子为方内圣人。"② 吴承仕云："自何氏《集解》以迄梁、陈之间，说《论语》者，义有多家，大抵承正始之遗风，标玄儒之远致，辞旨华妙，不守故常，不独汉师家法荡然无复存，亦与何氏所集者异趣矣。皇氏本通《三礼》，尤好玄言，故其为《论语疏》，颇采华辞以饰经说。"③ 钱穆亦云："有何晏、皇侃以玄虚说《论语》。"④ 此类论述，也广为现代学术界所认同。戴君仁、董季棠、孙述圻、牟钟鉴、宋钢等进一步立足于文本分析，深化了上述观点。⑤ 甚至此说在当前学术界也被一些学者推演为"玄学主旨"论。如云："在本体论、认识论、人生观方面，《论语义疏》则建立了玄学化的经学理论体系。"⑥

其二，"持佛理以解儒书"。此说揭示了《论语义疏》深受佛教的影响。以陈澧、黄侃、陈寅恪等人为代表。陈澧云："皇《疏》云：'外教无三世之义。周孔之教，唯说现在，不明过去、未来。'此用佛氏语说

---

① 皮锡瑞：《经学历史》，中华书局2004年版，第123页。
② 陈澧：《东塾读书记（外一种）》，第23—24页。
③ 吴承仕：《经典释文序录疏证》，中华书局1984年版，第146页。
④ 钱穆：《国学概论》，商务印书馆1997年版，第169页。
⑤ 参见戴君仁《皇侃〈论语义疏〉的内涵思想》，《孔孟学报》1977年第21期；董季棠《评论语皇侃义疏之得失》（下），《孔孟学报》1975年第29期；孙述圻《论皇侃的〈论语义疏〉》，林庆彰主编：《中国经学史论文选集》（上册），文史哲出版社1992年版，第608—611页；牟钟鉴《魏晋南北朝时期的经学》，《中国经学史论文选集》（上册），第469页；宋钢《六朝论语学研究》，中华书局2007年版，第194—198页。
⑥ 张文修：《皇侃〈论语义疏〉的玄学主旨与汉学佛学影响》，《燕山大学学报》2003年第4期。

经，殊乖说经之体。且谓周孔为外教，尤非儒者之语矣。"① 黄侃云："皇氏《论语义疏》所集，多晋末旧说，自来经生持佛理以解儒书，殆莫先于是书也。其中所用名言，多由佛籍转化。"② 陈寅恪亦云："南北朝佛教大行于中国，士大夫治学之法亦有受其熏习者。……惟皇侃《论语义疏》引《论释》以解《公冶长章》，殊类天竺《譬喻经》之体，殆六朝儒学之士渐染于佛教者至深，亦尝袭用其法，以诂孔氏之书耶？"③ 继后，张恒寿、董季棠、孙述圻、唐明贵等进一步将皇疏与佛典加以多方面的比较，深入佐证此说。④

检讨以上论述，关于《论语义疏》思想的总体性评价，集中于揭示其中所蕴含的玄、佛倾向，基本不涉及深层的义理分析。故而，也不可避免地出现一些"过度"性的评价。事实上，如上所论，此类研究与学术界以经学的研究范式解读文本密不可分：在对文本进行了文字章句、体例结构等的分析之后，得出某些结论。此类结论也多停留于表层地甄别其中融混的三教思想乃至间杂的阴阳五行学说。一如高获华所评价的："关于皇侃《论语集解义疏》的研究，一直较偏向于外围的考据以及认为其杂染佛、老思想所起之批评。"⑤ 高氏之论，切中肯綮！

（二）哲学范畴的研究

较之总体性的评价研究，学术界关于皇侃哲学范畴的研究相当薄弱。据笔者寓目所及，采取哲学进路（或侧重于思想揭示）的研究论著，仅有高获华的硕士学位论文《皇侃〈论语集解义疏〉研究》、周丰董的硕士学位论文《皇侃性情论——〈论语义疏〉性情思想探讨》、邱培超的

---

① 陈澧：《东塾读书记（外一种）》，第 23—24 页。

② 黄侃：《汉唐玄学论》，《黄侃论学杂著》，上海古籍出版社 1980 年版，第 486 页。

③ 陈寅恪：《论语疏证序》，《论语疏证》，《论语》（四部要籍注疏丛刊），中华书局 1998 年版，第 2485 页。

④ 参见张恒寿《六朝儒经注疏中之佛教影响》，张恒寿：《中国社会与思想文化》，人民出版社 1989 年版，第 389—410 页；董季棠《评论语皇疏之得失》（下），《孔孟学报》第 29 期；孙述圻《论皇侃的〈论语义疏〉》，《中国经学史论文选集》（上册），第 612—616 页。

⑤ 高获华：《皇侃〈论语集解义疏〉研究》提要，"国立"中央大学中文研究所 1990 年硕士学位论文。该文于 2007 年由花木兰文化出版社出版。本书的研究受其启发甚多，谨致谢忱。

《皇侃〈论语义疏〉之礼学观》等寥寥数文。① 但上述诸文均做出了一些创见，尤其是高文。故就其中的创见，略而析之：高文紧密围绕《论语义疏》中的"性"、"命"、"仁"、"道"、"德"四个哲学范畴展开论述，其突出创见大致有三：一是认为皇疏中的"性"为"禀气之性"，具有"无善无恶"的特质，不具有先天超越性。故人的价值彰显不在于性，而在于德行实践。二是揭示皇疏中的"仁"有"仁性"（个性特质）与"行仁"（行为实践）两种面相，而又重在阐发"利他"、"施予"、"付出"的"行仁"实践。三是认为皇侃通过由"道"而"德"而"仁"的思考进路，关注人的个体理想实现与在群体中立身处世之间的问题。周文的创见，则在于揭示皇侃性情论的核心包括两个方面："全生之谓性"与"情之谓成"。"全生之谓性"，未涉乎用，是先天之生，不能用善恶来说明。而"情之谓成"则涉乎用，进入了后天经验领域。故认为性无善恶，情也无所谓善恶，但是情的活动却有邪正。邱文则从"礼理起于大一"、"圣人以人情制礼"、"中庸原则的实践"、"礼乐与家国社会的关怀"等方面对皇侃礼学思想做了概述。

检讨以上论述，从总体上看虽然研究成果不多，系统化、深入化的成果更为缺乏，但是在上述成果中最为突出的贡献当是认识到"性"在皇侃思想体系中的基础性地位，并做出了较为深入的研究。以下仅就上述高荻华、周丰堇等的研究成果，论其数端：其一，揭示了皇侃"性"论中"性无善恶"的特质，但又存在着较大的分歧，是高氏所谓的气性论，还是周氏所谓的至善全性，尚需进一步甄别。其二，虽然在上述研究中，或揭示玄学（道家）性论，或揭示汉代气性论对皇侃思想的影响，但是魏晋南北朝时期各种性论纷沓而出，各种论"性"的进路与方法亦频频出现，故而对皇侃性论的哲学史资源的揭示，尚需深入研究。其三，关于"性"、"情"关系。高氏未见详述，而周氏所谓先天之性无善恶、情也无

① 周丰堇：《皇侃性情论——〈论语义疏〉性情思想探讨》，北京大学哲学系 2007 年硕士学位论文，期刊网；邱培超：《皇侃〈论语义疏〉之礼学观》，载《第三届儒道国际学术研讨会——魏晋南北朝》，2007 年刊印。此外，尚有个别论著也作过一些相关分析，诸如：强昱《简析皇侃〈论语义疏〉的性情问题》（《天津社会科学》2007 年第 2 期）对皇侃性情问题的分析；桂文灿《论语皇疏考证》（《丛书集成续编》第 13 册，上海书店 1994 年版），《皇侃论语义疏跋》（《学海堂三集》卷 13，清咸丰九年启秀山房刊本），章凤翰《皇侃论语义疏跋》（《学海堂三集》卷 13，清咸丰九年启秀山房刊本），陈澧《东塾读书记》，乐胜奎《皇侃与六朝礼学》（武汉大学 2002 年博士学位论文）等，对皇侃礼制思想也做出某些揭示。

善恶，但后天之情却又存在着活动上的邪正，性、情关系仍存在着一定的隔绝。若确如周氏所判分的性情论，则如何看待这一"鸿沟"？若非周氏之说，其性、情关系又当如何？这也需进一步考察。其四，《论语》中"仁"为最核心的哲学范畴，皇侃如何诠释这一范畴及其与"礼"、"性"、"情"等哲学范畴的关系。若如高氏对仁进行的"仁性"与"仁行"的划分，一为先天特质，一为后天实践，那么二者的关系如何？二者又是如何转化的？与其他哲学范畴的关系如何？等等，仍需要做进一步的考察。其五，在《论语》中，"礼"是仅次于"仁"的哲学范畴。作为南朝时著名的礼学家，皇侃又著有《礼记义疏》。皇侃是如何诠释"礼"的？礼的性质、功用，乃至礼与仁、礼与乐的关系又是如何的？面对汉魏以来，学术界普遍受到郑玄、王肃礼学之争的影响，皇侃礼学是如何回应这一礼学思潮的？其六，"孝"不仅是《论语》《孝经》的重要范畴，也是皇侃生命践履和理论阐述中的重要关注点，皇侃是如何阐述"孝"的？"孝"与其他哲学范畴的关系又如何？等等。对这些问题，当前学术界还鲜有人问津。

此外，关于《论语义疏》语言学方面的研究，也取得了一些重要的成就。在语言学研究方面，最突出的著作为徐望驾的《〈论语义疏〉语言研究》。徐著为当前第一部系统研究《论语义疏》语言学的专著，用力甚勤，尤其是梳理出皇疏中的三教语言，也有益于对其哲学思想的解读！

综上，从总体上看，清代以来关于《论语义疏》的研究，主要集中于关于该书的流传过程、版本辨伪与内容校勘、注疏特点等方面。而对该书思想的研究，学术界主要采取经学的研究范式做出了一些总体性的评价，深入揭示其义理的论著尚不多见。因此，愚以为现阶段关于《论语义疏》的研究，不仅需要在吸收和反思前人研究成果的基础上，揭示该书的主要哲学范畴，而且，又需要进一步考察各个范畴之间的关系，及其与皇侃之前已有的哲学思想之间的关系，进而达到较为系统地呈现皇侃思想体系的目的。

附录二　皇侃《论语义疏》与朱熹《论语集注》相合①考

　　皇侃《论语义疏》（以下简称"皇《疏》"）与朱熹《论语集注》（以下简称"朱熹《集注》"）是《论语》学史上的两部重要著作。历来学界关于皇《疏》与朱熹《集注》关系的研究都存在着诸多疑案：皇《疏》在何时亡佚中土？朱熹是否得见？②朱熹作《集注》是否援引皇《疏》？朱熹《集注》是否与皇《疏》存在"偶合"现象，等等。这些问题的澄清有助于学术界对此二书的研究。清儒邹伯奇曾认为，朱熹《论语集注》与皇侃《论语义疏》"未必尽偶合"，并于其《皇侃论语义疏跋》中列举了朱熹《集注》与皇《疏》相合者10处。③笔者进一步对校

---

　　①　"相合"侧重于语义的吻合或相似。
　　②　朱熹生平对《论语》用力甚勤，其《论语》著述大致有六：其一，《论语集解》。是书已佚失，成书于宋高宗绍兴三十年前。其二，《论语要义》。是书成书于宋孝宗隆兴元年，朱子34岁时。现已散佚，但其序存于《晦庵文集》中。据《序》知，是书初乃"遍求古今诸儒之说，合而编之"，后"尽删余说，独去二先生及其门人朋友数家之说补辑订正"。其三，《论语训蒙口义》。是书撰成于《要义》之后。据《晦庵文集》所存序文知，乃删录《要义》而成。其四，《论孟精义》。是书成书于宋孝宗隆兴八年，朱子43岁时。书名初为"要义"，又改为"集义"。取二程、张载、范祖禹、吕希哲、吕大临、谢良佐、游酢、杨时、侯仲良、尹焞诸家之说。其五，《论语集注》。是书撰成于淳熙四年，乃是以《精义》为基础，择其菁华，提炼而成。其六，《论语或问》。是书撰成于《集注》之后，但是朱子后对《集注》多加修改，而并未修改《或问》，故《集注》与《或问》有不合之处。据现存史料，未见朱子撰写以上六书，援引皇侃《论语义疏》的记载。至多可以推测，早年撰写《论语要义》，在最初"遍求古今诸儒之说"时，或许见到皇《疏》。
　　③　邹伯奇：《皇侃论语义疏跋》，张维屏选编：《学海堂三集》卷13，清咸丰九年（1859）启秀山房刊本。

朱熹《集注》、皇《疏》，初步索得相合者 67 条。① 因此，笔者进一步认为，朱熹《集注》直接或间接地受到皇《疏》影响当是事实。故拟把初步对校的结果罗列如下。为了明确本文所揭示的皇《疏》与朱熹《集注》的相合之处，拟在征引二书"相合"引文外，做出相关"按语"，以期一方面揭示二书"相合"的语义，另一方面征引诸儒言论，以观在历代《论语》注中尚存"相合"语义之外的言论，可做一对比。

学而第一

1. "人不知而不愠，不亦君子乎？"

皇《疏》："一言古之学者为己，己学得先王之道，含章内映，而他人不见知，而我不怒，此是君子之德也。有德已为可贵，又不怒人之不知，故曰'亦'也。"（4 页）

《集注》："尹氏曰：'学在己，知不知在人，何愠之有。'程子曰：'虽乐于及人，不见是而无闷，乃所谓君子。'愚谓及人而乐者顺而易，不知而不愠者逆而难，故惟成德者能之。然德之所以成，亦曰学之正、习之熟、说之深，而不已焉耳。"（47 页）

按：此句有二解。一释为：人不知我，我不愠怒。皇《疏》、《集注》于此义相合。一释为：他人不能通晓事理，君子不愠怒。刘宝楠《论语正义》持此解。

2. "贤贤易色。"

皇《疏》："凡人之情，莫不好色，而不好贤。今若有人能改易好色之心，以好于贤，则此人便是贤于贤者。故云'贤贤易色'也。然云'贤于贤者'，亦是奖劝之辞也。"（10 页）

《集注》："贤人之贤而易其好色之心，好善有诚也。"（50 页）

按："贤贤易色"有二解：一释为：改易好色之心以尊贤。皇《疏》、《集注》于此义相合。一释为：明夫妇之伦，重妻子之德甚于其色。刘宝楠《论语正义》引宋翔凤《朴学斋札记》持此说。

---

3. "君子不重则不威，学则不固。"

皇《疏》："言君子不重，非唯无威，而学业亦不能坚固也。"（10页）

《集注》："重，厚重。威，威严。固，坚固也。轻乎外者，必不能坚乎内，故不厚重则无威严，而所学亦不坚固也。"（50页）

按："固"有二解。一释"固"为"坚固"。皇《疏》、《集注》于此义相合。一释"固"为"弊"。孔安国注、刘宝楠《论语正义》持此说。

4. "主忠信"。

皇《疏》："言君子既须威重，又忠信为心，百行之主也。"（11页）

《集注》："人不忠信，则事皆无实，为恶则易，为善则难，故学者必以是为主焉。"（50页）

按："主"有二解：一释"主"为"以……为主"。皇《疏》、《集注》于此义相合。一释"主"为"亲"。郑玄《论语》注持此说。

5. "无友不如己者"。

皇《疏》："不得友不如己，友不如己，则己有日损。故云'无友不如己者'。"（11页）

《集注》："友所以辅仁，不如己，则无益而有损。"（50页）

按：此句有三解：一释"如"作"胜"字。皇《疏》、《集注》于此义相合。一释"不如己者，不类乎己，所谓'道不同不相为谋'也。"黄式三《论语后案》持此说。一释"如"为"似"。"不如己者，下于己者。如己者，与己相似，均齐也。胜己者，上于己者也。如己者德同道合，自然相交。"陈天祥《四书辨疑》持此说。

6. "父在，观其志；父没，观其行。"

皇《疏》："言人子父在，则己不得专行。应有善恶，但志之在心。在心而外必有趣向意气，故可观志也。父若已没，则子得专行无惮，故父没，则观此子所行之行也。"（13页）

《集注》："父在，子不得自专，而志则可知。父没，然后其行可见。故观此足以知其人之善恶，然又必能三年无改于父之道，乃见其孝，不然，则所行虽善，亦不得为孝矣。"（51页）

按：此句有二解：一释"其"为"子"，观子之志与行。皇《疏》、《集注》于此义相合。一释"其"为父，观父之志与行。范祖禹《论语说》持此说。

为政第二

1. "为政以德，譬如北辰，居其所而众星共之。"

皇《疏》："譬人君若无为而御民以德，则民共尊奉之而不违背，犹如众星之共尊北辰也。"（18 页）

《集注》："北辰，北极，天之枢也。居其所，不动也。共，向也，言众星四面旋绕而归向之也。为政以德，则无为而天下归之，其象如此。"（53 页）

按：此句有二解：一释以"无为"为"德"。皇《疏》、《集注》于此义相合。一释"若于德上加一无为以为化本，则已淫入于老氏无为自正之旨。抑于北辰立一不动之义，既于天象不合，且陷入老氏轻为重君，静为躁根之说，毫厘千里，其可谬与？"王夫之《读四书大全说》持此说。

2. "有耻且格。"

皇《疏》："既导德齐礼，故民服从而知愧耻，皆归于正也。"（20 页）

《集注》："一说，格，正也。《书》曰：'格其非心。'"（54 页）

按：皇《疏》此处为疏释何晏《集解》中"格，正也"语。"格"有五解：一释为"正"。皇《疏》与《集注》所援引"一说"相合。一释为"至"。《集注》也录此说。一释为"革"。黄式三《论语后案》、程树德《集释》持此说。一释为"来"。郑玄注、《正义》等持此说。一释为"敬"。《尔雅·释诂》持此说。

3. "父母唯其疾之忧。"

皇《疏》："言人子欲常敬慎自居，不为非法，横使父母忧也。若己身有疾，唯此一条当非人所及，可测尊者忧耳，唯其疾之忧也。"（22 页）

《集注》："言父母爱子之心，无所不至，惟恐其有疾病，常以为忧也。人子体此，而以父母之心为心，则凡所以守其身者，自不容于不谨矣，岂不可以为孝乎？旧说，人子能使父母不以其陷于不义为忧，而独以其疾为忧，乃可谓孝。亦通。"（55 页）

按：此句有二解：一释为父母忧子疾。皇《疏》、《集注》于此义相合。一释为子忧父母疾。王充《论衡·问孔》、《淮南子》高诱注持此说。

4. "今之孝者，是谓能养。至于犬马，皆能有养；不敬，何以别乎？"

皇《疏》："犬能为人守御，马能为人负重载人，皆是能养而不能行敬者。故云'至犬马皆能有养'也。（以下疏释：不敬，何以别乎？）言犬马者亦养人，但不知为敬耳。人若但知养而不敬，则与犬马何以为殊别乎？"（22—23页）

《集注》："犬马待人而食，亦若养然。言人畜犬马，皆能有以养之，若能养其亲而敬不至，则与养犬马者何异。甚言不敬之罪，所以深警之也。"（56页）

按：此句有二解：一释为"人养犬马"，皇《疏》、《集注》于此义相合。一释为"犬马养人"。皇《疏》也存此说。

5．"色难"。

皇《疏》："言为孝之道，必须承奉父母颜色。此事为难，故曰'色难'也。故颜延之云：'夫气色和，则情志通。善养亲之志者，必先和其色，故曰"难"也。'"（23页）

《集注》："色难，谓事亲之际，惟色为难也。……盖孝子之有深爱者，必有和气；有和气者，必有愉色；有愉色者，必有婉容；故事亲之际，惟色为难耳，服劳奉养未足为孝也。旧说，承顺父母之色为难，亦通。"（56页）

按：此说有二解：一释为承顺父母颜色。皇《疏》与《集注》所援引"旧说"相合。一释为和颜悦色事亲。《集注》与皇《疏》所援引颜延之注持此说，也与此义相合。

6．"有酒食先生馔"。

皇《疏》："此言'弟子'以对'先生'，则似非'子弟'对'父兄'也。而注必谓'先生'为'父兄'者，其有二意焉：一则既云问孝，孝是事亲之目，二则既释先生为父兄，欲寄在三事同，师、亲情等也。"（23页）

《集注》："先生，父兄也。"（56页）

按：皇《疏》为对马融注"先生，谓父兄也"的疏释。《集注》承袭此义，故可视为与皇《疏》相合。

7．"君子周而不比，小人比而不周。"

皇《疏》："周，忠信也。比，阿党也。……然周是传遍之法，故谓为忠信；比是亲狎之名，故谓为阿党耳。"（26页）

《集注》："周，普遍也。比，偏党也。"（57 页）

按："周"、"比"有二释：一释"周"为"普遍"、"比"为"阿党"。皇《疏》与《集注》于此义相合。一释"周"为"以义合"，"比"为"以利合"。王引之《经义述闻》持此说。

8. "攻乎异端，斯害也已。"

皇《疏》："攻，治也。"（27 页）

《集注》："范氏曰：'攻，专治也，故治木石金玉之工曰攻。'"（57页）

按："攻"有三解：一释"攻"为"治"。《集注》引范氏注，并无作他解，乃赞成范氏注。皇《疏》、《集注》于此义相合。一释为"攻击"之攻。刘勰《文心雕龙序》、蔡节《论语集说》、孙弈《示儿编》等持此说。一释为"序"，即"使紊乱而害于道者悉归于义"。焦循《论语补疏》持此说。

9. "攻乎异端，斯害也已。"

皇《疏》："此章禁人杂学诸子百家之书也。"（27页）

《集注》："范氏曰：'……异端，非圣人之道，而别为一端，如杨墨是也。其率天下至于无父无君，专治而欲精之，为害甚矣！'程子曰'佛氏之言，比之杨墨，尤为近理，所以其害为尤甚。学者当如淫声美色以远之，不尔，则骎骎然入于其中矣。'"（57 页）

按："异端"有三解：一释为道、释等儒家之外的学说或书籍。皇《疏》、《集注》于此义相合。二释为"溺于偏识，暗于正理"。蔡节《论语集说》持此说。三释为"小道"、"杂学"。程树德《论语集释》持此说。

10. "由！诲女知之乎？"

皇《疏》："孔子呼子路名云：我欲教汝知之文事乎。"（27 页）

《集注》："盖有强其所不知以为知者，故夫子告之曰：我教女以知之之道乎！"（58 页）

按："知"有二解：一释为"知晓"。皇《疏》与《集注》于此义相合。一释为"志"。俞樾《群经平议》持此说。

11. "子张学干禄。"

皇《疏》："干，求也。禄，禄位也。弟子子张就孔子学干禄位之术也。"（28 页）

《集注》："干，求也。禄，仕者之奉也。"（58 页）

按："干禄"有三解：一释为"干，求也；禄，禄位也"。皇《疏》、《集注》于此义相合。一释为"于学《诗》时研求其义"。俞樾《群经平议》持此说。一释为"福"。郑浩《论语集注述要》持此说。

12. "举直错诸枉，则民服。"

皇《疏》："直，谓正直之人也。错，置也。枉，邪委曲佞之人也。言若举正直之人为官位，为废置邪佞之人，则民服君德也。"（29 页）

《集注》："错，舍置也。诸，众也。程子曰：'举错得义，则人心服。'谢氏曰：'好直而恶枉，天下之至情也。顺之则服，逆之则去，必然之理也。然或无道以照之，则以直为枉，以枉为直者多矣，是以君子大居敬而贵穷理也。'"（58 页）

按：此句有二解：一释为"废置邪佞之人"。皇《疏》、《集注》于此义相合。一释为"置枉人于直人之下"。孙应时《论语说》、刘逢禄《论语述何》、刘宝楠《论语正义》等持此说。

13. "孝慈则忠"。

皇《疏》："又言君若上孝父母，下慈民人，则民皆尽竭忠心以奉其上也。故江熙曰：'言民法上而行也。上孝慈，则民亦孝慈。孝于其亲，乃能忠于君。求忠臣必于孝子之门也。'"（29 页）

《集注》："孝于亲，慈于众，则民忠于己。"（58 页）

按："孝慈"有二解：一释为"孝于亲，慈于众"。君主能孝能慈，则民忠于己。皇《疏》与《集注》于此义相合。一释为"上爱利其民谓孝慈"。王引之《经义述闻》持此说。

八佾第三

1. "人而不仁，如礼何？人而不仁，如乐何？"

皇《疏》："此章亦为季氏出也。季氏三家僭滥王者礼乐，其既不仁，则奈此礼乐何乎？"（37 页）

《集注》："然记者序此于八佾雍彻之后，疑其为僭礼乐者发也。"（61 页）

按：此句有二解：一释为僭礼乐者发。皇《疏》、《集注》于此义相合。一释为"有为而发"。程树德《论语集释》持此说。

2. "子入大庙，每事问。或曰：'孰谓鄹人之子知礼乎？入大庙，每事问。'子闻之曰：'是礼也。"

皇《疏》："孔子闻或人讥己多问，故释之也。所以云'是礼'者，宗庙事重，不可轻脱，愈知愈问，是敬慎之礼也。"（47 页）

《集注》："孔子自少以知礼闻，故或人因此而讥之。孔子言是礼者，敬谨之至，乃所以为礼也。尹氏曰：'礼者，敬而已矣。虽知亦问，谨之至也，其为敬莫大于此。谓之不知礼者，岂足以知孔子哉？'"（65 页）

按：此句有二解：一释为孔子知礼贵在敬谨，固每事问。皇《疏》、《集注》于此义相合。一释为鲁国僭越天子之礼，孔子每事问以示其讽。俞樾《群经平议》、刘逢禄《论语述何》等持此说。

3. "赐也，尔爱其羊，我爱其礼。"

皇《疏》："孔子不许子贡去羊也。言子贡欲去羊之意，政言既不告朔，徒进羊为费，故云'爱羊'也；而我不欲去羊者，君虽不告朔，而后人见有告朔之羊，犹识旧有告朔之礼；今既已不告，若又去羊，则后人无复知有告朔之礼者，是告朔礼都亡已；我今犹欲使人见羊，知其有礼，故云'我爱其礼'也。"（49—50 页）

《集注》："子贡盖惜其无实而妄费。然礼虽废，羊存，犹得以识之而可复焉。若并去其羊，则此礼遂亡矣，孔子所以惜之。"（66 页）

4. "管仲之器小哉！"

皇《疏》："器者，谓管仲识量也。小者，不大也。言管仲识量不可大也。……孙绰曰：'功有余而德不足。以道观之，得不曰小乎？'"（52 页）

《集注》："器小，言其不知圣贤大学之道，故局量褊浅、规模卑狭，不能正身修德以致主于王道。"（67 页）

按：器，作识量、局量解。皇《疏》、《集注》于此义相近。

里仁第四

1. "苟志于仁矣，无恶也。"

皇《疏》："言人若诚能志在于仁，则是为行之胜者，故其余所行皆善，无复恶行也。"（59 页）

《集注》："恶，如字。苟，诚也。志者，心之所之也。其心诚在于仁，则必无为恶之事矣。"（70 页）

按："恶"有二解：一释为"为恶"。皇《疏》、《集注》于此义相合。二释为"好恶"之"恶"。俞樾《群经平议》、王闿运《论语训》等持此说。

2."人（皇《疏》作"民"）之过也，各于其党。观过，斯知仁矣。"

皇《疏》："过，犹失也。党，类也。人之有失，各有党类。小人不能为君子之行，则非小人之失也。犹如耕夫不能耕乃是其失，若不能书则非耕夫之失也。若责之，当就其辈类责也。"（62页）

《集注》："党，类也。程子曰：'人之过也，各于其类。君子常失于厚，小人常失于薄；君子过于爱，小人过于忍。'……愚按：此亦但言人虽有过，犹可即此而知其厚薄，非谓必俟其有过，而后贤否可知也。"（71页）

按："党"有二解：一释为"类"。皇《疏》、《集注》于此义相合。一释为"比"。刘开《论语补注》持此说。

3."放于利而行，多怨。"

皇《疏》："放，依也。谓每事依财利而行者也。"（63页）

《集注》："放，上声。孔氏曰：'放，依也。多怨，谓多取怨。'程子曰：'欲利于己，必害于人，故多怨。'"（72页）

按："放"有二解：一释为"依"。皇《疏》、《集注》于此义相合。一释为"逐"，后引申为"放纵"、"放弃"。黄式三《论语后案》持此说。

4."君子喻于义，小人喻于利。"

皇《疏》："君子所晓于仁义，小人所晓于财利。故范宁曰：'弃货利而晓仁义，则为君子；晓货利而弃仁义，则为小人。'"（65页）

《集注》："程子曰：'君子之于义，犹小人之于利也。唯其深喻，是以笃好。'杨氏曰：'君子有舍生而取义者，以利言之，则人之所欲无甚于生，所恶无甚于死，孰肯舍生而取义哉？其所喻者义而已，不知利之为利故也，小人反是。'"（73页）

按："君子"、"小人"有二解：一就"德"而言。皇《疏》、《集注》于此义相合。一就"位"而言。包慎言《温故录》、焦循《雕菰楼文集》持此说。

5."事父母几谏。见志不从，又敬不违，劳而不怨。"

皇《疏》："若谏又不从，或至十至百，则己不敢辞己之劳，以怨于

亲也。故《礼记》云'凡虽挞之流血，不敢疾怨'是也。"（66 页）

《集注》："劳而不怨，所谓'与其得罪于乡、党、州、闾，宁熟谏。父母怒不悦，而挞之流血，不敢疾怨，起敬起孝'也。"（73 页）

按："劳"有二解：一释为"劳辱"。皇《疏》、《集注》于此义相合。一释为"忧"。王引之《经义述闻》、刘宝楠《论语正义》等持此说。

6. "父母之年，不可不知也。一则以喜，一则以惧。"

皇《疏》："人有年多而容少，或有年少而体老。此处不可为定，故为人子者，必宜知父母之年多少也。……此宜知年之事也。知父母年高而形犹壮，此是寿考之征。故孝子所以喜也。……年实未老而形容衰减，故孝子所以怖惧也。"（67 页）

《集注》："常知父母之年，则既喜其寿，又惧其衰，而于爱日之诚，自有不能已者。"（74 页）

7. "古者（皇《疏》作：古之者）言之不出，耻躬之不逮也。"

皇《疏》："古人不轻出言者，耻躬行之不能及也。故子路不宿诺也。"（67 页）

《集注》："行不及言，可耻之甚。古者所以不出其言，为此故也。范氏曰：'君子之于言也，不得已而后出之，非言之难，而行之难也。人惟其不行也，是以轻言之。言之如其所行，行之如其所言，则出诸其口必不易矣。'"（74 页）

按："出"有四解：一释为"出口"，皇《疏》、《集注》于此义相合。一释为"逾"、"过"。管同《四书记闻》持此说。一释为"讲说"。王夫之《读四书大全说》持此说。一释为"出位"。王闿运《论语训》持此说。

公冶长第五

1. "宰予昼寝。"

皇《疏》："寝，眠也。宰予惰学而昼寝也。"（76 页）

《集注》："昼寝，谓当昼而寐。"（78 页）

按："昼"有二解：一释为"昼"。皇《疏》、《集注》于此义相合。一释为"绘画"。《韩李笔解》、翟灏《四书考异》等持此说。

2. "子路有闻，未之能行，唯恐有闻。"

皇《疏》："前有所闻于孔子，即欲修行。若未及能行，则不愿更有

所闻，恐行之不周，故'唯恐有闻'也。"（79 页）

《集注》："前所闻者既未及行，故恐复有所闻而行之不给也。"（79 页）

按："闻"有二解：一释为"听闻"。皇《疏》、《集注》于此义相合。一释为"闻誉"。包慎言《闻故录》、黄式三《论语后案》持此说。

3."孰谓微生高直？或乞醯焉，乞诸其邻而与之。"

皇《疏》："时微生家自无醯，而为乞者就己邻有醯者乞之，以与或人也。直人之行，不应委曲，今微生高用意委曲，故其讥非直也。"（85 页）

《集注》："夫子言此，讥其曲意殉物，掠美市恩，不得为直也。"（82 页）

4."（愿无伐善）无施劳。"

皇《疏》："又愿不施劳役之事于天下也。"（87 页）

《集注》："或曰：'劳，劳事也。劳事非己所欲，故亦不欲施之于人。'亦通。"（82 页）

按："施劳"有二解：一释为"以劳事施于人"。皇《疏》、《集注》于此义相合。一释为"施，亦张大之意。劳，谓有功，《易》曰'劳而不伐'是也。"（82 页）《集注》也存此说。

雍也第六

1."犁牛之子骍且角，虽欲勿用，山川其舍诸？"

皇《疏》："此明不以父无德而废子之贤。仲弓父劣，当是于时为仲弓父劣而不用仲弓，故孔子明言之也。范宁曰：'谓非必对言也。'……譬如仲弓之贤，其父虽劣，若遭明王圣主，岂为仲弓父劣而舍仲弓之贤，不用为诸侯乎？明必用也，故鲧则殛死，禹乃嗣兴，是也。"（92 页）

《集注》："仲弓父贱而行恶，故夫子以此譬之。言父之恶，不能废其子之善，如仲弓之贤，自当见用于世也。然此论仲弓云尔，非与仲弓言也。范氏曰：'以瞽瞍为父而有舜，以鲧为父而有禹。古之圣贤，不系于世类，尚矣。子能改父之过，变恶以为美，则可谓孝矣。'"（85—86 页）

按：此句有二解：一释"犁牛之子"为仲弓。不以仲弓父之劣掩盖其贤。皇《疏》、《集注》于此义相合。一释"犁牛之子"为泛论古今之人。仲弓贤，平日留意人才，孔子广其义而说。宦懋庸《论语稽》、方观旭《论语偶记》等持此说。

2. "谁能出不由户？何莫由斯道也？"

皇《疏》："言人之在室，出入由户而通，亦如在世由道理而生，而人皆知出室由户，而未知在世由道，故云'谁能出不由户，何莫由斯道也'。"（98页）

《集注》："言人不能出不由户，何故乃不由此道邪？怪而叹之之辞。洪氏曰：'人知出必由户，而不知行必由道。非道远人，人自远尔。'"（88—89页）

述而第七

1. "自行束脩以上，吾未尝无诲焉。"

皇《疏》："束脩，十束脯也。古者相见必执物为贽。贽，至也。表己来至也。……束脩最是贽之轻者也。"（110页）

《集注》："脩，脯也。十脠为束。古者相见，必执贽以为礼，束脩其至薄者。"（94页）

按："束脩"有四解：一释为"十束脯"。皇《疏》、《集注》于此义相合。一释为"谨饬砥砺"。包慎言《温故录》持此说。一释为"束身修行"。方观旭《论语偶记》持此说。一释15岁时所行的"束脩"礼。宋翔凤《朴学斋札记》持此说。

2. "加我数年，五十以学易，可以无大过矣。"

皇《疏》："此孔子重《易》，故欲令学者加功于此书也。"（116页）

《集注》："愚按：此章之言，《史记》作为'假我数年，若是我于《易》则彬彬矣'。……学《易》，则明乎吉凶消长之理，进退存亡之道，故可以无大过。"（97页）

按："易"有二解：一释为"《易》"。皇《疏》、《集注》于此义相合。一释为"亦"。惠栋《九经古义》持此说。

3. "天生德于予，桓魋其如予何？"

皇《疏》："言天生圣德于我，我与天同然，桓魋虽无道，安能违天而害我乎？"（119页）

《集注》："孔子言天既赋我以如是之德，则桓魋其奈我何？言必不能违天害己。"（98页）

4. "吾闻君子不党，君子亦党乎？君取于吴为同姓，谓之吴孟子。

君而知礼，孰不知礼？"

皇《疏》："相助匿非曰党。昭公不知礼，而孔子云'知礼'……司败此举昭公不知礼事。昭公是周公后，吴是太伯后，太伯是周公伯祖，昭公与吴同是姬姓。周礼百世婚姻不通，而昭公娶其吴之女……君娶同姓，君是知礼，则谁为恶事者而谓为不知礼乎？"（123页）

《集注》："相助匿非曰党。礼不娶同姓，而鲁与吴皆姬姓。谓之吴孟子者，讳之使若宋女子姓者然。"（100页）

泰伯第八

1. "三年学，不至于谷，不易得也。"

皇《疏》："孙绰曰：'谷，禄也。云三年学足以通业，可以得禄，虽时不得禄，得禄之道也。'"（135页）

《集注》："谷，禄也。……为学之久，而不求禄，如此之人，不易得也。杨氏曰：'虽子张之贤，犹以干禄为问，况其下者乎？然则三年学而不至于谷，宜不易得也。'"（106页）

按："谷"有二解：一释为"禄"。皇《疏》所援引孙绰注与《集注》于此义相合。一释为"善"。皇《疏》也另备此说。

子罕第九

1. "子疾病，子路使门人为臣。病闲，曰：'久矣哉！由之行诈也，无臣而为有臣。吾谁欺？欺天乎？'"

皇《疏》："孔子病少差也，小差曰间。谓小差为间者。若病不差，则病病相续无间断也。若小差，则病势断绝有间隙也。"（152页）

《集注》："闲，如字。病闲，少差也。"（112页）

按："闲"有二解：一释为"间隙"之"间"。皇《疏》、《集注》于此义相合。一释为"安闲"之"闲"。金履祥《论语集注考证》持此说。

2. "（子欲居九夷。或曰：陋，如之何？）子曰：'君子居之，何陋之有？'"

皇《疏》："孔子答曰：君子所居即化，岂以鄙陋为疑乎？不复远申己意也。孙绰曰：'九所以为陋者，以无礼义也。君子所居者化，则陋有泰也。'"（154页）

《集注》："君子所居则化，何陋之有？"（113页）

按：此句有三解：一释为君子所居则化夷之陋俗。皇《疏》、《集注》于此义相合。一释"九夷"为东方的君子国，不必化夷之俗。翟灏《四书考异》引《山海经》证此说。一释"君子"为"箕子"。何异孙《十一经问对》云箕子受封于朝鲜，故"君子"指箕子而非孔子。

3. "子曰：'语之而不惰者，其回也与！'"

皇《疏》："余人不能尽解，故闻孔子语而有疲懈。唯颜回体之，故闻语即解。所以曰'语之而不惰者，其回也与'。"（156 页）

《集注》："范氏曰：'颜子闻夫子之言，而心解力行，造次颠沛未尝违之。如万物得时雨之润，发荣滋长，何有于惰，此群弟子所不及也。'"（114 页）

按：此句有二解：一释为颜回不惰。皇《疏》、《集注》于此义相合。一释为孔子语之不惰。刘宝楠《论语正义》、焦循《论语补疏》持此说。

乡党第十

1. "厩焚。子退朝，曰：'伤人乎？'不问马。"

皇《疏》："厩是养马处，而孔子不问伤马，唯问：'人之乎？'是重人贱马，故云'不问马'也。"（176 页）

《集注》："非不爱马，然恐伤人之意多，故未暇问。盖贵人贱畜，理当如此。"（121 页）

按：此句有三解：一释为"重人贱马"。皇《疏》、《集注》于此义相合。一释为"先问人，后问马，呈现孔子仁民爱物之义"（断句为："伤人乎不？问马。"或"伤人乎？否。问马"）。邢昺《论语注疏》引《释文》、李济翁《资暇录》等持此说。一释为"仓卒之间，以人为急，偶未遑问马耳，非真贱畜，置马于度外，以为不足恤而不问"。李颙《四书反身录》持此说。

2. "寝不尸。"

皇《疏》："寝，眠也。尸，谓死尸也。眠当小欹，不得直脚申布似死人也。"（179 页）

《集注》："尸，谓偃卧似死人也。范氏曰：'寝不尸，非恶其类于死也。惰慢之气不设于身体，虽舒布其四体，而亦未尝肆耳。'"（122 页）

按："尸"有二解：一释为"死尸"。皇《疏》、《集注》于此义相合。一释为"坐如尸"之"尸"。崔适《论语足征记》、程树德《论语集释》等持此说。

3. "居不容。"

皇《疏》:"谓家中常居也。"（179 页）

《集注》:"居，居家。"（122 页）

按:"居"有二解:一释为"居家"。皇《疏》、《集注》于此义相合。一释为"坐"。崔适《论语足征记》、程树德《论语集释》等持此说。

4. "（凶服者式之。）式负版（皇《疏》作"板"）者。"

皇《疏》:"负，谓担揭也。板，谓邦国图籍也。古未有纸，凡所书画皆于板，故云'板'也。孔子见人担揭国之图板者，皆式敬之也。"（180 页）

《集注》:"负版，持邦国图籍者。"（122 页）

按:"负版"有三解:一释为"持邦国图籍者"。皇《疏》、《集注》于此义相合。一释为"丧服之板"。周柄中《四书典故辨正》持此说。一释为"负版"为"负贩"之误。"式负贩者"与上述"凶服者式之"为一事。俞樾《群经平议》持此说。

先进第十一

1. "季康子问:'弟子孰为好学?'孔子对曰:'有颜回者好学，不幸短命死矣! 今也则亡。'"

皇《疏》:"又一云，哀公是君之尊，故须具答。而康子是臣，为卑，故略以相酬也。故江熙云:'此与哀公问同。哀公虽无以赏，要以极对。至于康子，则可量其所及而答也。'"（187 页）

《集注》:"范氏曰:'哀公、康子问同而对有详略者，臣之告君，不可不尽。若康子者，必待其能问乃告之，此教诲之道也。'"（124 页）

按:此句与哀公问同，有二解:一释为"哀公是君，须具答。康子是臣，略以相酬也"。皇《疏》所援引"又一云"与《集注》于此义相合。一释为"缘哀公有迁怒、贰过之事，故孔子因答以箴之也。康子无此事，故不烦言也。"此释也见于皇《疏》。

2. "赐不受命，而货殖焉，亿则屡中。"

皇《疏》:"一云:不受命者，谓子贡性动，不能信天任命，是'不受命'也。"（194 页）

《集注》："命，谓天命。"（127）

按："命"有四解：一释为"天命"。皇《疏》"一云"与《集注》于此义相合。一释为"禄命"。皇《疏》所援引江熙注持此说。一释为"教命"。皇《疏》也存有此说。一释为"官命"。俞樾《群经平议》持此说。

颜渊第十二

1. "（爱之欲其生，恶之欲其死。既欲其生，又欲其死，是惑也）诚不以富，亦祇以异。"

皇《疏》："引《诗》证为惑人也。言生死不定之人，诚不足以致富，而只以为异事之行耳也。"（213 页）

《集注》："此《诗·小雅·我行其野》之辞也。旧说：夫子引之，以明欲其生死者不能使之生死。如此诗所言，不足以致富而适足以取异也。"（136 页）

按：此句有二解：一释为承续"爱之欲其生，恶之欲其死。既欲其生，又欲其死，是惑也"，意为：生死不定，不足以致富，故适足以为异。皇《疏》与《集注》援引"旧说"于此义相合。一释"诚不以富，亦祇以异"为错简，当在第十六篇"齐景公有马千驷"之上。《集注》援引程子注持此说。

子路第十三

1. "吾党有直躬者。"

皇《疏》："躬，犹身也。言言无所邪曲也。"（232 页）

《集注》："直躬，直身而行者。"（146 页）

按："躬"有二解：一释为"身"。皇《疏》、《集注》于此义相合。一释为人名"弓"。陆德明《经典释文》援引郑玄注持此说。

2. "人而无恒，不可以作巫医。"

皇《疏》："无恒，用行无常也。巫，接事鬼神者。医，能治人病者。南人旧有言云，人若用行不恒者，则巫医为治之不差，故不可作巫医也。"（235 页）

《集注》："恒，常久也。巫，所以交鬼神。医，所以寄死生。故虽贱役，而犹不可以无常，孔子称其言而善之。"（147 页）

按：此句有二解：一释为巫医不能用行无常。皇《疏》、《集注》于此义相合。一释为巫医不能治无常之人。何晏《论语集解》援引郑玄注、皇《疏》援引卫瓘注持此说。

宪问第十四

1. "问管仲。曰：'人也。'"

皇《疏》："答云：管仲是人也。"（245 页）

《集注》："人也，犹言此人也。"（150 页）

按："人"有二解：一释为"此人"。皇《疏》、《集注》于此义相合。一释为"仁"。朱彬《经传考证》、程树德《论语集释》按语等持此说。

2. "管仲之力也。如其仁！如其仁！"

皇《疏》："管仲不用民力，而天下平静，谁如管仲之智乎。再言之者，深美其仁也。"（253 页）

《集注》："如其仁，言谁如其仁者，又再言以深许之。盖管仲虽未得为仁人，而其利泽及人，则有仁之功矣。"（153 页）

按："如其仁"有二解：一释为如管仲之仁。皇《疏》、《集注》于此义相合。一释为如召忽之仁。翟灏《四书考异》持此说。

3. "子路问事君。子曰：'勿欺也，而犯之。'"

皇《疏》："答事君当先尽忠而不欺也。君若有过，则必犯颜而谏之也。"（257 页）

《集注》："犯，谓犯颜谏争。范氏曰：'犯非子路之所难也，而以不欺为难。故夫子教以先勿欺而后犯也。'"（155 页）

4. "子贡方人。"

皇《疏》："方，比方人也。子贡以甲比乙，论彼此之胜劣者。"（259 页）

《集注》："方，比也。……比方人物而较其短长。"（156 页）

按："方"有二解：一释为"比"。皇《疏》、《集注》于此义相合。一释为"谤"。钱坫《论语后录》、潘维城《论语古注集笺》持此说。

卫灵公第十五

1. "君子固穷，小人穷斯滥矣。'"

皇《疏》："言君子之人固穷，亦有穷时耳。若不安穷而为滥溢，则

是小人。故云'小人穷斯滥'者矣。"（270 页）

《集注》："言君子固有穷时，不若小人穷则放溢为非。'"（161 页）

按："固穷"有二解：一释为"固有穷时"。皇《疏》、《集注》于此义相合。一释为"固守其穷"。《集注》援引程子注持此说。

2. "君子贞而不谅。"

皇《疏》："贞，正也。谅，信也。"（284 页）

《集注》："贞，正而固也。谅，则不择是非而必于信。"（168 页）

按："谅"有二解：一释为"信"。皇《疏》、《集注》于此义相合。一释为"让"。韩愈《论语笔解》持此说。

季氏第十六

1. "益者三友，损者三友。友直，友谅，友多闻，益矣。友便辟，友善柔，友便佞，损矣。"

皇《疏》："明与朋友益者有三事，故云'益者三友'。"（292 页）

《集注》："友直，则闻其过。友谅，则进于诚。友多闻，则进于明。"（171 页）

按："友"有二解：一释为"朋友"。皇《疏》、《集注》于此义相合。一释为"君臣"。刘宝楠《论语正义》持此说。

阳货第十七

1. "如有用我者，吾其为东周乎？"

皇《疏》："鲁在东，周在西，云'东周'者，欲于鲁而兴周道，故云'吾其为东周'也。"（305 页）

《集注》："为东周，言兴周道于东方。"（177 页）

按："东周"有二解：一释为"东方"或东方的鲁国。皇《疏》、《集注》于此义相合。一释为"成周"。皇《疏》援引"一云"与郑玄注持此说。

2. "吾岂匏瓜也哉？焉能系而不食？"

皇《疏》："言人非匏瓜，匏瓜系滞一处，不须饮食而自然生长，乃得不用，何通乎？而我是须食之人，自应东西求觅，岂得如匏瓜系而不食耶？"（307 页）

《集注》："匏，瓠也。匏瓜系于一处而不能饮食，人则不如是也。"

（177 页）

按："匏瓜"有二解：一释为植物匏瓜。皇《疏》、《集注》于此义相合。一释为"星名"。皇《疏》援引"一通"与焦竑《焦氏笔乘》持此说。

3. "礼云礼云，玉帛云乎哉？乐云乐云，钟鼓云乎哉？"

皇《疏》："王弼云：'礼以敬为主，玉帛者，敬之用饰。乐主于和，钟鼓者，乐之器也。'"（311 页）

《集注》："敬而将之以玉帛，则为礼；和而发之以钟鼓，则为乐。遗其本而专事其末，则岂礼乐之谓哉？"（178 页）

按：礼乐之本有二解：一释为"敬"与"和"。皇《疏》援引王弼注与《集注》于此义相合。一释为"安民易俗"。邢昺《论语注疏》与皇《疏》中也存有此说。

微子第十八

"子路问曰：'子见夫子乎？'丈人曰：'四体不勤，五谷不分。孰为夫子？'"

皇《疏》："丈人故答子路也，言当今乱世，汝不勤劳四体以播五谷，而周流远走，问谁为汝之夫子，而问我索之乎？"（329 页）

《集注》："犹言不辨菽麦尔，责其不事农业而从师远游也。"（185 页）

按：此句有二解：一释为子路不事农业。皇《疏》、《集注》于此义相合。一释为丈人四体不勤，五谷不分。吕本中《紫薇杂说》、周亮工《因树屋书影》等持此说。

子张第十九

1. "百工居肆以成其事，君子学以致其道。"

皇《疏》："言百工由日日居其常业之处，则其业乃成也。……君子由学以至于道，如工居肆以成事也。"（338—339 页）

《集注》："尹氏曰：'学所以致其道也。百工居肆，必务成其事。君子之于学，可不知所务哉？'"（189 页）

按：此句有二解：一释为百工务其业，成其事；君子之于学，致其道。皇《疏》、《集注》引尹氏语于此义相合。一释为：百工、君子分别受环境影响而能成其事和致其道。陈天祥《四书通》、《集注》中存有此说。

2. "百工居肆以成其事。"

皇《疏》："居肆者，其居者常所作物器之处也。"（338 页）

《集注》："肆，谓官府造作之处。"（189 页）

按："肆"有二解：一释为作物器之处。皇《疏》、《集注》于此义相合。一释为市中陈物之处。俞樾《群经平议》持此说。

3. "堂堂乎张也，难与并为仁矣。"

皇《疏》："言子张虽容貌堂堂，而仁行浅薄，故云'难并为仁'。"（342 页）

《集注》："言其务外自高，不可辅而为仁，亦不能有以辅人之仁也。"（191 页）

按：此句有二解：一释为子张仁行浅薄。皇《疏》、《集注》于此义相合。一释为子张仁不可及，难与并比。王闿运《论语训》持此说。

参考文献

一 古代典籍

（南朝梁）皇侃：《论语义疏》，《儒藏》（精华编第 104 册），北京大学出版社 2007 年版。

（南朝梁）皇侃：《礼记皇氏义疏》，《玉函山房辑轶书》卷 26，续修四库全书第 1202 册。

（清）桂文灿：《论语皇疏考证》，《丛书集成续编》第 13 册，上海书店 1994 年版。

（清）吴骞：《皇氏论语义疏参订》，《续修四库全书》第 153 册。

（汉）班固：《汉书》，中华书局 1962 年版。

（汉）郑玄注，（唐）孔颖达正义：《礼记正义》，上海古籍出版社 2008 年版。

（汉）孔安国传，（唐）孔颖达疏：《尚书正义》，北京大学出版社 2000 年版。

（魏）何晏注，（宋）邢昺疏：《论语注疏》，北京大学出版社 2000 年版。

（魏）王弼著，楼宇烈校释：《王弼集校释》，中华书局 1980 年版。

（吴）康僧会：《六度集经》，《大正藏》第 3 卷。

（晋）陈寿：《三国志》，中华书局 1959 年版。

（南朝宋）范晔：《后汉书》，中华书局 1965 年版。

（南朝宋）刘义庆著，（南朝梁）刘孝标注、余嘉锡笺疏：《世说新语笺疏》，上海古籍出版社 1993 年版。

（南朝梁）贺场：《礼记新义疏》，《玉函山房辑轶书》卷 26，续修四库全书第 1202 册。

（南朝梁）宝亮等：《大般涅盘经集解》，《大正藏》第 37 卷。

（隋）萧吉：《五行大义》，宛委别藏本。

（唐）菩提流志译：《大宝积经》，《大正藏》第 11 卷。

（唐）玄奘译：《阿毗达磨大毗婆沙论》，《大正藏》第 27 卷。

（唐）姚思廉：《梁书》，中华书局 1973 年版。

（唐）李延寿：《南史》，中华书局 1975 年版。

（唐）魏徵等：《隋书》，中华书局 1973 年版。

（唐）李隆基注，（宋）邢昺疏：《孝经注疏》，北京大学出版社 2000
年版。

（后晋）刘昫等：《旧唐书》，中华书局 1975 年版。

（宋）欧阳修等：《新唐书》，中华书局 1975 年版。

（宋）程颢、程颐：《二程集》，中华书局 2004 年版。

（宋）朱熹：《四书章句集注》，中华书局 1983 年版。

（宋）陈澔：《礼记集说》，《四库全书珍本·九集》第 38 册。

（宋）朱熹：《论孟精义》，《朱子全书》第 7 册，上海古籍出版社、安徽
教育出版社 2002 年版。

（宋）黎靖德编：《朱子语类》，中华书局 1986 年版。

（宋）金履祥：《论孟集注考证》，《文渊阁四库全书》第 202 册。

（清）黄式三：《论语后案》，《续修四库全书》第 155 册。

（清）宋翔凤：《论语说义》，《续修四库全书》第 155 册。

（清）刘宝楠：《论语正义》，中华书局 1990 年版。

（清）简朝亮：《论语集注补正述疏》，北京图书馆出版社 2007 年版。

（清）孙希旦：《礼记集解》，中华书局 1989 年版。

（清）朱彬：《礼记训纂》，中华书局 1996 年版。

（清）史绳祖：《学斋占毕》，《文渊阁四库全书》第 854 册。

（清）阮元：《揅经堂集》，中华书局 1993 年版。

（清）陈澧：《东塾读书记（外一种）》，生活·读书·新知三联书店 1998
年版。

（清）张维屏选：《学海堂三集》，咸丰九年启秀山房刊本。

（清）焦循：《孟子正义》，中华书局 1987 年版。

（清）皮锡瑞：《经学历史》，中华书局 2004 年版。

（清）刘师培：《经学教科书》，上海书店 1990 年版。

（清）刘师培：《刘申叔遗书》，江苏古籍出版社 1997 年版。

（清）永瑢等：《四库全书总目》，中华书局1965年版。

（清）杨守敬：《日本访书志补》，《杨守敬集》第8册，湖北人民出版社、湖北教育出版社1988年版。

（清）杨守敬：《留真谱》，北京图书馆出版社2004年版。

（清）王先谦：《汉书补注》，中华书局1983年版。

（清）章学诚著，叶瑛校注：《文史通义校注》，中华书局1985年版。

（清）孙志祖：《读书脞录》，嘉庆四年刊本。

（清）余萧客：《古经解钩沉》，乾隆间刊本。

（清）桂坫：《晋砖宋瓦室类稿》，光绪间刻本。

（清）祁永膺：《勉勉钼室类稿》，光绪三十一年刻本。

（清）罗振玉：《罗雪堂先生全集·七编》第3册，台湾大通书局1976年版。

（清）王国维：《王国维论学集》，云南人民出版社2008年版。

（清）傅维森：《缺斋遗稿》，1922年铅印本。

程树德：《论语集释》，中华书局1990年版。

石峻等：《中国佛教思想资料选编》第1卷，中华书局1981年版。

钟肇鹏编：《古籍丛残汇编》，北京图书馆出版社2001年版。

二 现代著作

陈金木：《皇侃之经学》，国立编译馆1995年版。

高荻华：《皇侃〈论语集解义疏〉研究》，花木兰文化出版社2007年版。

梁启超：《佛学研究十八篇》，上海古籍出版社2001年版。

汤用彤：《汉魏两晋南北朝佛教史》，北京大学出版社1997年版。

汤用彤：《魏晋玄学论稿》，上海古籍出版社2001年版。

汤用彤：《高僧传》，《汤用彤全集》第6卷，河北人民出版社2000年版。

钱穆：《论语新解》，生活·读书·新知三联书店2002年版。

钱穆：《中国学术思想史论丛》（三），东大图书公司1981年版。

钱穆：《国学概论》，商务印书馆1997年版。

钱穆：《两汉经学今古文平议》，商务印书馆2001年版。

马宗霍：《中国经学史》，上海书店1984年版。

周予同：《群经概论》，上海书店1990年版。

黄侃：《黄侃论学杂著》，上海古籍出版社1980年版。

吴承仕：《经典释文序录疏证》，中华书局 1984 年版。

王重民：《敦煌古籍叙录》，中华书局 1997 年版。

唐君毅：《中国哲学原论·原性篇》，中国社会科学出版社 2005 年版。

唐君毅：《中国哲学原论·导论篇》，中国社会科学出版社 2005 年版。

徐复观：《中国人性论史》，华东师范大学出版社 2005 年版。

徐复观：《徐复观论经学史二种》，上海书店出版社 2005 年版。

徐复观：《汉代思想史》，华东师范大学出版社 2001 年版。

金春峰：《汉代思想史》，中国社会科学出版社 2006 年版。

牟宗三：《牟宗三先生全集》第 27 册，联经出版公司 2003 年版。

牟宗三：《才性与玄理》，广西师范大学出版社 2006 年版。

牟宗三：《心体与性体》，上海古籍出版社 1999 年版。

张岱年：《中国哲学大纲》，中国社会科学出版社 1982 年版。

张舜徽：《广校雠略》（附释例三种），中华书局 1963 年版。

杨树达：《论语疏证》，《论语》（四部要籍注疏丛刊），中华书局 1998
年版。

韦政通：《中国思想史台》，台湾水牛出版社 1986 年版。

劳思光：《新编中国哲学史》（二卷），广西师范大学出版社 2005 年版。

戴君仁：《经学论文集》，黎明文化事业股份有限公司 1981 年版。

饶宗颐：《饶宗颐二十世纪学术文集卷》，新文丰股份出版有限公司 2003
年版。

牟润荪：《论儒释两家之讲经与义疏》，《现代佛学大系》第 26 册，弥勒
出版社 1984 年版。

余敦康：《何晏王弼玄学新探》，齐鲁书社 1991 年版。

余敦康：《魏晋玄学史》，北京大学出版社 2004 年版。

王葆玹：《正始玄学》，齐鲁书社 1987 年版。

林丽真：《王弼》，东大图书公司 1988 年版。

郭齐勇主编：《儒家文化研究》，生活·读书·新知三联书店 2007 年版。

陈戍国：《中国礼制史》（先秦卷），湖南教育出版社 2002 年版。

陈来：《古代宗教与伦理——儒家思想的根源》，生活·读书·新知三联
书店 1996 年版。

陈来：《古代思想文化的世界》，生活·读书·新知三联书店 2002 年版。

王晓毅：《知人者智——〈人物志〉解读》，中华书局 2008 年版。

王晓毅：《王弼评传（附何晏评传）》，南京大学出版社 1996 年版。

葛兆光：《中国思想史》第 1 卷，复旦大学出版社 1998 年版。

蔡仁厚：《中国哲学史大纲》，吉林出版集团有限责任公司 2009 年版。

张立文：《中国哲学范畴发展史》，中国人民大学出版社 1988 年版。

周桂钿：《董学探微》，北京师范大学出版社 1989 年版。

刘学智：《儒道哲学阐释》，中华书局 2002 年版。

刘学智主编：《中国思想学说史》（魏晋南北朝卷），广西师范大学出版社 2007 年版。

康中乾：《有无之辨——魏晋玄学本体思想再解读》，人民出版社 2003 年版。

康中乾：《魏晋玄学》，人民出版社 2008 年版。

周群振：《论语章句分类义释》，鹅湖出版社 2003 年版。

周一良：《魏晋南北朝札记》，中华书局 2007 年版。

林庆彰主编：《中国经学史论文选集》（上册），文史哲出版社 1992 年版。

唐翼明：《魏晋清谈》，人民出版社 2002 年版。

丁四新：《郭店楚墓竹简思想研究》，东方出版社 2000 年版。

伍晓明：《吾道一以贯之：重读孔子》，北京大学出版社 2003 年版。

王凯鹏：《历代论语著述综录》，花木兰文化工作坊 2005 年版。

徐望驾：《〈论语义疏〉语言研究》，中国社会科学出版社 2006 年版。

梁涛：《郭店竹简与思孟学派》，中国人民大学出版社 2008 年版。

梁涛主编：《中国思想史前沿》，陕西师范大学出版社 2008 年版。

刘丰：《先秦礼学思想与社会的整合》，中国人民大学出版社 2003 年版。

陈光忠等：《道家与中国哲学》（汉代卷），人民出版社 2004 年版。

程宇宏等：《道家与中国哲学》（魏晋南北朝卷），人民出版社 2004 年版。

张寿安：《十八世纪礼学考证的思想活力》，北京大学出版社 2005 年版。

王启涛：《魏晋南北朝语言学史论考》，巴蜀书社 2001 年版。

张恒寿：《中国社会与思想文化》，人民出版社 1989 年版。

唐明贵：《〈论语〉学的形成、发展与中衰——汉魏六朝隋唐〈论语〉学研究》，中国社会科学出版社 2005 年版。

宋钢：《六朝论语学研究》，中华书局 2007 年版。

黄俊杰编：《东亚儒者的〈四书〉诠释》，华东师范大学出版社 2008 年版。

黄俊杰编：《中日〈四书〉诠释传统初探》，华东师范大学出版社 2008 年版。

杨菁：《刘宝楠〈论语正义〉研究》，花木兰文化出版社 2006 年版。

罗安宪主编：《中国孔学史》，人民出版社 2008 年版。

黄怀信、李景明主编：《儒家文献研究》，齐鲁书社 2004 年版。

陈一风：《孝经注疏》，四川大学出版社 2007 年版。

［日］小野泽精等：《气的思想——中国自然观和人的观念的发展》，上海
　　人民出版社 1978 年版。

［日］松川健二编：《论语思想史》，万卷楼图书股份有限公司 2006 年版。

［日］安居香山、中村璋八辑：《纬书集成》，河北人民出版社 1994 年版。

［日］鸟田翰：《汉籍善本考》，北京图书馆出版社 2003 年版。

［日］澁江全善等编：《经籍访古志》，《日本藏汉籍善本书志书目集成》，
　　北京图书馆出版社 2003 年版。

三　学术论文

［日］武内义雄：《校论语义疏杂识：先秦经籍考》（中册），上海文艺出
　　版社 1990 年版。

周丰董：《皇侃性情论——〈论语义疏性情思想探讨〉》，北京大学 2007
　　年硕士学位论文。

刘咏梅：《皇侃〈论语义疏〉研究》，曲阜师范大学 2006 年硕士学位
　　论文。

乐胜奎：《皇侃与六朝礼学》，武汉大学 2002 年博士学位论文。

戴君仁：《皇侃〈论语义疏〉的内涵思想》，《孔孟学报》1977 年第
　　21 期。

董季棠：《评论语皇侃义疏之得失》（上），《孔孟学报》1974 年第 28 期。

董季棠：《评论语皇侃义疏之得失》（下），《孔孟学报》1975 年第 29 期。

董季棠：《论语皇本异文举要》，《孔孟学报》1972 年第 23 期。

卓忠信：《论语何氏集解、朱子集注比较研究》，"国立"政治大学 1967
　　年硕士学位论文。

孙述圻：《论皇侃的〈论语义疏〉》，《南京大学学报》1986 年第 3 期。

周大兴：《王弼"性其情"的人性远近论》，《中国文哲研究集刊》2000
　　年第 16 期。

王家冷：《从王弼"性其情"说到程颐"性其情"说》，《中国文学研究》
　　2001 年第 15 期。

张文修:《皇侃〈论语义疏〉的玄学主旨与汉学佛学影响》,《燕山大学学报》2003 年第 4 期。

邱培超:《皇侃〈论语义疏〉之礼学观》,《第三届儒道国际学术研讨会——魏晋南北朝》,台湾师范大学国文系 2007 年刊印。

顾涛:《汉唐经学史料索引——"皇侃〈论语义疏〉存汉晋经学之一线"说绎析》,《传统中国研究集刊》,上海人民出版社 2007 年版。

强昱:《简析皇侃〈论语义疏〉的性情问题》,《天津社会科学》2007 年第 2 期。

甘祥满:《〈论语义疏〉的体式与结构及其诠释学意义》,《儒家典籍与思想研究》第 1 辑,北京大学出版社 2009 年版。

唐明贵:《朱熹〈论语集注〉探研》,《中华文化论坛》2006 年第 3 期。

后　记

　　本书乃数年前旧作。是时尚言"因个人学养、时间等所限，原拟订的部分内容或未能撰写，或未能充分展开，实不得不为憾事！只能俟日后补写、修改"。然而，至今日随着学术方向的转移，亦无太多兴趣关注皇侃，以下仅略述成书及出版始末事宜。

　　关注皇侃约始自2004年下半年业师刘学智教授安排阅读皇侃《论语义疏》，是时面对这部繁杂的义疏体著作，虽然通读，但限于学力，仍苦无头绪，无法贯通；后又因某些原因亦无心力再继续研读，留存些许研读成果：一是随文的摘录（为日后资料整理做了准备，且初步认识到皇侃人性论的气性特征）；二是撰写了清儒桂文灿《〈论语义疏〉考证》的某些评述文字。搁置数年后，至2009年初，迫于其他科研任务已占用了大量时间，为了尽快完成研究生学业，"取巧"式地重检旧日资料，再次研读皇侃著述，截至是年底完成初稿撰写。出版前除对个别文字和内容做了修改外，又在过去资料长编的基础上补写了未完成的"君子"章部分文字。

　　在写作和修改过程中，得到诸多师友、领导的帮助，业师刘学智教授给予了大量指导，林乐昌教授帮助修改了体例，吴根友教授、丁为祥教授、康中乾教授、许宁教授、孙萌教授等在学业答辩时提出了宝贵的修改意见，虞万里教授、张俊教授、朱妍博士、杨承嗣博士、彭玉康博士、王俊博士、郭文华博士等提供了诸多珍贵资料，李文华兄通读并帮助修改了诸多文字。在策划、出版过程中，原本校党委书记、横渠书院院长王志刚教授不弃拙稿鄙陋，将其列入"横渠书院丛书"出版计划；本校哲学学科石玉平教授、王兴尚教授、孔润年教授、何振鹏教授等讨论出版计划，并审定通过资助拙作出版；本校党委书记白黎教授、校长司晓宏教授、副校长赵荣侠教授、学科处处长吴毅教授等在我办理出版手续过程中给予大力支持和热情帮助。没有以上师友、领导的帮助，本书依旧会闲置箧中，嵩此一并感谢！

张 波

2015 年 5 月 9 日记于古陈仓